二型模糊决策理论
与方法及其推荐应用

秦晋栋　　刘新旺/著

国家自然科学基金青年科学基金项目"基于粒计算的二型模糊决策方法及其在群体推荐中的应用"(项目编号：71701158)、国家自然科学基金面上项目"二型模糊社会化商务决策方法及其推荐应用"（项目编号：71771051)、教育部人文社会科学基金"大数据驱动的二型模糊决策方法及其在突发事件应急预案评估中的应用"(项目编号：17YJC630114)，以及中央高校基本科研业务基金"粒计算视角下的群决策方法及其推荐应用"(项目编号：2018IVB036)资助。

科 学 出 版 社
北 京

内 容 简 介

二型模糊决策是不确定决策科学中的热点和难点问题，已经成为当前模糊决策分析研究中较为活跃的领域之一。本书将重点介绍二型模糊决策的基本理论和方法，集中反映作者近年来在二型模糊决策理论及应用方面的研究积累，系统展示二型模糊决策理论和应用方面的研究现状与前沿发展动态。全书共九章，内容上涉及二型模糊信息集成、二型模糊决策，研究方法上突出从粒计算的视角来研究二型模糊决策问题，应用上将二型模糊决策运用于个性化推荐，强调决策理论在经济管理实践中的应用，书中全部内容均为作者及其团队的研究成果。

本书可供从事决策分析、不确定理论、电子商务相关专业的科研人员阅读参考，也可作为高等院校管理科学与工程、系统工程、运筹学与控制论等专业的研究生教材。

图书在版编目（CIP）数据

二型模糊决策理论与方法及其推荐应用/秦晋栋，刘新旺著. —北京：科学出版社，2019.11

ISBN 978-7-03-058965-1

Ⅰ. ①二… Ⅱ. ①秦… ②刘… Ⅲ. ①模糊逻辑–应用–决策学 Ⅳ. ①C934

中国版本图书馆 CIP 数据核字（2018）第 223943 号

责任编辑：邓 娴 / 责任校对：贾娜娜
责任印制：吴兆东 / 封面设计：无极书装

科 学 出 版 社 出版
北京东黄城根北街 16 号
邮政编码：100717
http://www.sciencep.com

北京虎彩文化传播有限公司 印刷
科学出版社发行 各地新华书店经销

*

2019 年 11 月第 一 版 开本：720×1000 B5
2020 年 1 月第二次印刷 印张：13 1/4
字数：268 000

定价：106.00 元
（如有印装质量问题，我社负责调换）

前　言

　　自 1975 年扎德(Zadeh)教授提出二型模糊集(type-2 fuzzy sets)的概念以来，二型模糊理论已广泛地应用于工程控制领域。其本身具有较高的计算复杂性，因此，在相当长的一段时间里限制了其在管理与决策科学中的应用。近 10 年来，伴随着二型模糊和词计算理论的快速发展，基于二型模糊信息的多属性决策理论也引起了越来越多从事决策分析研究学者的广泛关注，并在信息融合、偏好建模和决策方法等方面取得了一系列丰富的研究成果，目前二型模糊决策已经成为不确定决策科学中的热点和难点问题。

　　目前，基于大数据驱动的管理与决策方法研究，是管理科学领域研究的前沿热点问题。由于决策环境和决策行为的复杂性，在大数据背景下如何根据用户的行为偏好和知识发现，实现对用户的个性化推荐，以及如何将多属性决策方法与个性化推荐系统进行有机结合，研究基于多属性决策理论的个性化推荐系统就具有重要的理论价值与现实意义。本书将主要利用二型模糊集对语言和语义信息的强大处理能力，以二型模糊信息集成与决策方法为切入点，结合粒计算的相关方法和技术，研究基于二型模糊决策方法的个性化推荐模型，为大数据背景下的复杂、动态、信息不完全的个性化推荐问题研究提供新的思路和解决方案。本书主要研究内容如下。

　　(1)基于信息集成理论，提出基于麦克劳林(Maclaurin)对称平均的区间二型模糊信息集成算子，并给出其对偶形式及指数扩展形式。研究其参数单调性，并指出相较于现有的区间二型模糊信息集成算子，区间二型模糊 Maclaurin 对称平均算子能够柔性地处理具有多重关联关系的区间二型模糊信息的集成问题。在此基础上，提出了一种处理区间二型模糊决策问题的方法，并将其应用于中国科技论文在线的论文评审推荐系统中。这为研究具有关联关系的二型模糊决策问题提供了新的方法。

　　(2)基于多属性决策理论，分别从排序理论、效用理论和优化模型三个方面研究基于区间二型模糊信息的多属性决策方法。首先，针对二型模糊集中的一个难点问题——排序问题，给出了一种基于三种初等平均算子(算术、几何、调和)的组合排序值方法，并且从数学的角度证明了该排序方法不但满足线性序(全序)关系，还满足 admissible 序关系。在此基础上，进一步研究基于组合排序值的区间二型模糊决策方法。其次，基于行为决策理论，借鉴行为经济学中的柔性三参数(flexible three parameters，FTP)效用函数，给出基于 FTP 效用函数的二型模糊序加权平均(order weighted average，OWA)算子，并针对大规模复杂决策问题，提出基于模糊聚类的区间二型模糊决策方法。进一步将前景理论与经典的 VIKOR(VlseKriterijumska Optimizacija I Kompromisno Resenje)方法进行结合，研究基于动态参考点的区间二型模糊行为决策方法，并将其应用于高新技术风险投资评估推荐系统中。最后，将多目标优化中的多维偏好线性规划分析(linear programming technique for multidimensional analysis of preference，LINMAP)方法扩展到区间二型模糊环境下，研究决策者偏好的提取方法，建立一系列属性权重信息不完全时的优化决策模型，并将其运用于手机购买的个性化推荐中。这些新方法的提出，进一步丰富了二型模糊决策方法的理论体系，同时也扩展了二型模糊决策理论在处理个性化商务推荐的应用范围。

(3)基于粒计算理论，研究个性化推荐中的评分矩阵的稀疏性问题。以粒计算方法为切入点，建立以覆盖率和特异性决策准则为核心的协同优化模型，提出求解该模型的智能优化算法，这在一定程度上克服了现有的基于矩阵分解和变分优化方法所带来的高计算复杂性，为解决个性化推荐中的瓶颈问题提供了新的研究手段和方法。

(4)基于二型模糊决策方法研究个性化推荐模型。以两种新的多属性决策方法，即最优最劣(best worst method，BWM)和全乘比例分析多目标优化(multiobjective optimisation by ratio analysis plus full multiplicative form，MULTIMOORA)方法为基础，结合最优信息粒建模的思想，提出基于多属性协同过滤和内容的混合推荐模型。对于推荐模型求解中的参数设置问题，研究个性化、差异化的参数设置方法。

本书中所提到的方法都在二型模糊决策问题中得到了应用。相关研究成果在理论层面上可以进一步丰富和完善基于二型模糊信息的多属性决策理论与方法；在应用层面上可以为电子商务的个性化推荐提供新的工具与方法。

本书是作者在 2013～2018 年的研究成果的基础上经过完善和扩充而成的，其中包括了最新的一些研究进展。在撰写的过程中，作者参考和吸收了国内外学者的优秀研究成果，在此谨向这些专家学者致以诚挚的谢意。

本书的出版得到了国家自然科学基金青年科学基金项目"基于粒计算的二型模糊决策方法及其在群体推荐中的应用"(项目编号：71701158)、教育部人文社会科学基金"大数据驱动的二型模糊决策方法及其在突发事件应急预案评估中的应用"(项目编号：17YJC630114)，以及中央高校基本科研业务基金"粒计算视角下的群决策方法及其推荐应用"(项目编号：2018IVB036)的资助。同时，本书撰写过程得到了加拿大阿尔伯塔大学 Witold Pedrycz 教授、美国南加利福尼亚大学 Jerry Mendel 教授、西班牙哈恩大学 Luis Martínez 教授，中国四川大学董玉成教授、北京化工大学李想教授、华中科技大学伍冬睿教授、台湾科技大学 Shyi-Ming Chen 教授，以及梅艳兰、梁迎迎、徐舟、刘宽等研究生和科学出版社邓娴编辑的大力支持与帮助，在此一并表示感谢！

　　由于时间仓促和作者水平有限，书中难免存在不足和疏漏之处，敬请广大读者批评指正。

秦晋栋
2018 年 5 月于武汉理工大学

目　　录

第1章 绪 论

1.1 本书研究背景

在线商务个性化推荐是建立在海量数据挖掘基础上的一种高级商务智能平台[1-5]。个性化推荐可以促成电子商务用户由浏览者到购买者的转变,以及提高交叉销售能力和客户忠诚度。Amazon(亚马逊)、eBay(易趣网)、Netflix(网飞),以及中国的淘宝、京东和当当等都推出了具有各自特点的个性化推荐系统。2009年,国内成立了首个个性化推荐系统科研团队——北京百分点信息科技有限公司,通过推荐引擎和分析引擎掌握用户的消费偏好,为电子商务企业提供精准的营销策略。推荐算法是整个个性化推荐系统中最核心和最关键的部分。然而随着大数据的涌现和社会化网络的繁荣[2017年全球信息化资料量为 2.8×10^{12} 吉字节(gigabyte,GB),大约相当于地球上每人每天接收170份报纸的信息量;平均每过1分钟,苹果手机就已经下载了4.7万次应用,淘宝卖出了6万件商品,百度产生了90万次搜索查询],现有推荐系统的数据模型和方法由于其对数据的依赖与封闭性,已适应高维、动态、多样、稀疏、实时的复杂数据、网络链接和多元需求。数据分析前、中、后期的专家知识和用户偏好成为决定推荐效率与效果的核心[6]。如何实现内部数据和外部知识的融合,并应用于体现用户偏好的个性化推荐模型中,目前还没有成熟的和占主导地位的方法与技术[7,8]。个性化推荐是将所有参考属性的信息进行综合集成,因此,可以将其看成一个广义的多属性决策问题;同时,属性信息本身存在不确定性,因此适合于用模糊集作为工具进行处理[9]。与此同时,随着大数据时代的来临[10,11],基于大数据驱动的管理与决策方法研究已经成为当前管理科学领域的研究热点和前沿[12],个性化推荐系统作为大数据背景下商务管理的一个热点应用研究方向,也受到了学术界的广泛关注[13,14]。

自1965年Zadeh教授提出模糊集(fuzzy sets)理论以来,模糊集理论已经走过了五十多年的研究历程[15-17],在经济[18]、管理[19-21]、控制[22]、人工智能[23]等领域成功地得到了应用,并已成为现代不确定理论的重要分支。1970年,Bellman和Zadeh教授在管理科学旗舰期刊 *Management Science* 上发表了 *Decision-making in a fuzzy environment* 一文,标志着模糊决策研究的开始,并成为现代决策科学领域发展的一个重要里程碑[24]。目前,模糊决策(fuzzy decision making)已经成为决策分析研究中一个最为活跃的研究领域，涌现出了一大批优秀的研究成果[25-32]。然而，随着现实管理决策问题复杂性的日益增加，传统的一型模糊集(type-1 fuzzy sets)在描述决策信息的不确定性方面显示出了一定程度的不足。如何克服传统的一型模糊集在描述不确定信息方面所存在的不足，就成为模糊集理论研究中的一个重要问题。1975 年，Zadeh 教授对传统的一型模糊集进行了拓展，在此基础上提出了二型模糊集的概念[33]。其核心思想是将隶属度进行模糊化，即隶属度本身也是一个一型模糊集，通俗地讲就是"模糊的模糊"，是对高阶不确定性的定量表示，因此，能够极大程度地增强对不确定信息的描述能力[34,35]。其中，美国南加利福尼亚大学(University of Southern California)的 Mendel 教授及其所带领的研究团队在二型模糊的理论研究领域做出了许多开创性的研究工作，并成功地将其应用在控制科学和计算智能领域[36-53]。目前，在二型模糊研究领域中另一个较为活跃的是英国埃塞克斯大学(University of Essex)的 Hagras 教授领导的计算智能研究团队，主要开展对二型模糊集在人工智能领域的研究，尤其是在广义二型模糊逻辑的理论及应用层面取得了较好的研究结果[54-58]，并因此获得了 2015 年美国电气和电子工程师协会(Institute of Electrical and Electronics Engineers，IEEE)的最高奖——诺伯特·维纳奖(Norbert Wiener Award)。国内对二型模糊集理论的研究起步较晚，研究方向也主要集中在模糊控制、人工智能、词计算和语言动力学等方面[59-68]。相较于二型模糊集在控制领域的大量研究及成功应用，二型模糊集在多属性决策分析领域的研究则显得滞后很多。其主要原因在于二型模糊集本身所存在的较高的计算复杂性。目前，二型模糊决策的研究主要集中在对区间二型模糊决策问题的研究，对于广义二型模糊决策的研究较少[69,70]。近年来，尽管在二型模糊决策方面取得了一定的研究成果，但几乎都是对传统决策方法在二型模糊环境下的简单拓展，缺乏系统而深刻的理论结果，没有形成一套完整的二型模糊决策方法的理论框架体系。无论是在理论研究还是在应用拓展上，都还需要进一步丰富和完善。正是基于这种背景，本书将从二型模糊信息集成——二型模糊组合排序——基于信息粒的偏好决策三位一体的研究思路出发，重点研究二型模糊信息的集成及决策方法，构建一套比较系统的二型模糊软计算模型，并将其应用于电子商务的个性化推荐。首先，从信息集成(融合)的视角出发，研究基于 Maclaurin 对称平均算子的信息集成方法；其次，基于排序理论、行为决策和效用理论及优化理论分别研究基于区间二型模糊信息的多属性决策方法；最后，基于粒计算的思想，研究个性化稀疏推荐矩阵的填充方法，并结合多属性决策理论的最新研究成果，研究基于二型模糊决策的个性化推荐算法，并将其应用于电影的个性化推荐。

本书以二型模糊的信息融合与决策理论研究为起点，以个性化推荐模型为研究对象，通过进一步的理论研究，深化目前的区间二型模糊系统的数据处理和决策方法，拓展广义二型模糊系统信息集成与决策的相关理论；另外，利用模糊系统在处理语义信息和专家知识方面的独特优势，研究基于二型模糊系统的在线商务个性化推荐方法与技术，为基于知识的个性化推荐系统提供模型和方法支持。

本书首先拓展和深化现有的二型模糊系统决策理论，推动模糊决策理论与方法研究的进一步广泛和深入；同时切合了目前大数据和复杂社会化网络背景下的信息管理和决策需求，把基于用户和专家知识的个性化推荐应用于在线电子商务和网络信息管理实践，这具有重要的理论意义和应用价值。

1.2 国内外研究现状

1.2.1 二型模糊决策理论与方法研究现状

1. 基于信息集成算子的区间二型模糊决策方法研究现状

目前，基于信息集成算子的区间二型模糊决策方法研究主要集中在以下三个方面。①基于 OWA 的二型模糊信息集成算子。例如，Zhou 等提出了基于扩展原理的二型模糊 OWA 算子，该方法是通过对集成函数进行离散化处理，并对提取信息进行合成运算，以达到对信息进行融合的目的，从本质上看是一种离散的近似求解方法[71]。Chiclana 和 Zhou 运用降型(type-reduction)的方法对二型模糊 OWA 算子进行简化，提高了信息融合的精确度[72]。②基于 Bonferroni 平均的二型模糊信息集成算子。Gong 等将 Bonferroni 平均扩展到区间二型模糊环境下，提出了基于几何 Bonferroni 平均的区间二型模糊信息集成算子，并研究了相关的数学性质[73]。Qin 和 Liu 基于 Frank 三角模，提出了一系列区间二型模糊 Frank 信息集成算子，根据模糊扩展原理证明了基于 Frank 三角模信息的集成算子所具有的通用性质并给出了生成方法[74]。③基于模糊加权平均的二型模糊信息集成算子。Wu 和 Mendel 从数值分析的角度出发，提出了区间二型模糊加权平均(fuzzy weighted average，FWA)的数值计算方法，并从理论上证明了算法的收敛性[75]。Liu 等基于 KM(Karnik-Mendel)算法，提出了一种计算区间二型模糊加权平均的解析算法，能够得到集成结果的精确值，该算法具有数学结构严谨、简单易用等特点，是目前二型模糊信息集成研究中最好的一个结果[76]。随后，Liu 和 Wang 进一步对该方法进行扩展，研究了广义模糊加权平均的解析解[77]。Wu 等基于多粒度语言信息，提出了二维区间二型模糊信息集成算子，并分析了其具有的性质[78]。Qin 在经典 Maclaurin 对称平均算子的基础上，提出了区间二型模糊 Hamy 平均的二型模糊集成算子[79]。这些研究成果对今后开展广义二型模糊的信息集成算子研究提供了有益的借鉴。

2. 基于偏好关系的区间二型模糊决策方法研究现状

偏好关系是通过决策者的价值判断,从判断矩阵中挖掘决策偏好信息以此来对备选方案进行排序的决策方法[80-82],其一直是决策分析中最为经典和重要的方法,并已在各种模糊环境下成功地得到了拓展与应用[83-90]。其中,比较有代表性的成果有:Kahraman 等将经典的层次分析法(analytic hierarchy process,AHP)[91]推广到区间二型模糊环境下,给出了区间二型模糊 AHP 决策模型[92]。Abdullah和 Najib 对区间二型模糊 AHP 的方法进行了改进,从词计算(computing with words,CWW)的视角出发,将语言变量引入决策偏好信息融合的过程中,提出了一种新的区间二型模糊 AHP 决策方法[93]。Pedrycz 和 Song 从粒计算(granular computing,GrC)的视角出发,研究了基于最优信息粒分布(optimal allocation of information granularity)的 AHP 方法,给出了各种参数设定条件下的仿真结果,研究结果表明当信息粒退化为区间二型模糊集时,即得到最优信息粒分布下的区间二型模糊AHP 方法,是广义层次上的有效推广[94,95]。此外,Wu 等将经典的网络层次分析法(analytic network process,ANP)扩展到区间二型模糊环境,提出了区间二型模糊 ANP 多属性决策方法,并将其用于企业技术创新能力的评价[96]。Chen 和 Lee提出似然偏好关系(likelihoods preference relations)的概念,并将其应用于区间二型模糊决策问题[97]。Chen 对此方法进行了改进,提出了一种新的基于似然偏好关系的区间二型模糊决策方法[98]。最近,Chen 等进一步基于决策方案与最优理想解的相似度对似然偏好矩阵进行了修正,研究了偏好序关系下的区间二型模糊最大似然决策方法,并将其与 PROMETHEE(preference ranking organization method for enrichment evaluation)融合,得到了一种新的区间二型模糊 PROMETHEE 决策模型[99-103]。Runkler 等在 Zadeh 扩展原理的基础上,考虑风险偏好,研究了基于区间二型模糊逻辑偏好的多属性决策方法[104]。此外,Qin 等近期还将 LINMAP 方法与二型模糊优化方法相结合,在考虑决策偏好的基础上,提出了基于区间二型模糊偏好关系的 LINMAP 方法,并给出了相应的求解模型和方法[105]。

3. 基于经典决策方法拓展的区间二型模糊决策方法研究现状

目前,将经典的决策方法拓展到区间二型模糊环境下是二型模糊决策研究的热点方向,取得了较多的研究成果[106-123]。其中,比较有代表性的研究成果有:Chen 和 Lee 研究了区间二型模糊的 TOPSIS(technique for order preference by similarity to an ideal solution,逼近理想解排序)方法[102]。Sang 和 Liu 在 KM 算法的基础上,研究了区间二型模糊 TOPSIS 方法的解析形式,并将其应用于多属性决策问题中[103]。Chen 等扩展了经典的 QUALIFLEX(qualitative flexible multiple criteria method)到区间二型模糊环境下，并将其应用于医疗决策问题[106]。Ghorabaee 等研究了区间二型模糊环境下的 COPRAS(complex proportional assessment)和 VIKOR 多属性群决策(multiple criteria group decision making, MCGDM)模型，并将其分别应用于供应商选择和项目管理评价问题[107,108]。Chen 在考虑决策者风险的情况下，研究了基于 ELECTRE(elimination and choice expressing reality)的区间二型模糊决策方法[109]。胡军华和张砚基于扩展 TOPSIS 方法和信息融合的思想，给出了一种基于模糊相似度的区间二型模糊决策方法[110]。Baležentis 和 Zeng 将多目标优化的思想引入二型模糊决策中，建立了参考点系统、比率系统和全乘模型，并在原模型的基础上提出了基于扩展形式 MULTIMOORA 方法的区间二型模糊决策模型，改进后的模型较原模型具有更好的鲁棒性[111]。Chen 将线性分配法(linear assignment method)拓展到区间二型模糊环境下，研究了区间二型模糊线性分配决策方法[112]。现实决策问题中先验信息通常具有不完备的特性，因此，Chen 将 LINMAP 方法推广到二型模糊决策问题，研究了基于近似理想解的区间二型模糊 LINMAP 方法，并将其应用于供应商风险评价问题中[113]。在此基础上，Wu 等将社会网络与 TOPSIS 相结合，研究了基于社会网络信息的大规模(large-scale)区间二型模糊决策问题[124]。Zhong 和 Yao 将 ELECTRE-I 方法扩展到区间二型模糊环境中，并将其用于供应商选择问题[125]。2017 年，Qin 等将经典的行为决策——TODIM(an acronym in portuguese of interactive and multi criteria decision making，交互式多属性决策)方法拓展到区间二型模糊环境下，并将其应用于绿色供应商的选择问题中[126]。

4. 基于排序方法的区间二型模糊决策方法研究现状

符号距离是一种重要的模糊排序测度，是目前较为广泛采用的模糊集排序方法[127]。Chen 将符号距离扩展到区间二型模糊集上，提出了区间二型模糊集的符号距离测度，进一步定义了区间二型模糊集的排序方法[128]，并在此基础上，将其与经典的决策分析方法相结合，研究了区间二型模糊环境下的决策方法[129,130]。Mitchell 从统计学的视角出发，提出了区间二型模糊数的排序方法[131]。Chen 等对西班牙学者 Herrera 提出的广义梯形模糊数的排序值方法进行了拓展，借鉴统计学中的均值与方差的概念，定义了区间二型梯形模糊数的排序方法，并将其用于二型模糊决策问题中[132]。Gong 等在一型模糊集可能度方法的基础上，结合质心(centroid)的截集表示方法，研究了区间二型模糊可能度排序方法[133]。Qin 和 Liu 借鉴组合优化的思想，提出了一种基于算术平均–几何平均–调和平均的组合排序方法，该方法同时满足线性序和 admissible 序两种关系，具有比较完备的数学结构和优美的数学性质，并在此基础上将其应用于区间二型模糊的群决策问题中[134]。此外,Sang 和 Liu 给出了一种基于可能均值和变异系数的区间二型模糊排序方法[135]。

Chen 和 Wang 基于面积排序法，对截集的运算建立了上下近似得分函数，并在此基础提出了一种新的区间二型模糊得分函数，给出了相应的区间二型模糊决策方法[136]。

5. 基于混合方法的区间二型模糊决策方法研究现状

基于混合方法的区间二型模糊决策方法也是当前的一个热点研究方向。Celik 等将 TOPSIS 方法与灰色关联分析(grey relational analysis，GRA)进行融合，提出了一种基于 TOPSIS-GRA 的区间二型模糊决策方法，并将其应用于伊斯坦布尔的公共交通评价[137]。Qin 等将前景理论(prospect theory)与 VIKOR 相结合，提出了一种新的区间二型模糊 VIKOR 决策方法[138]。区间二型模糊集与其他扩展模糊集的融合也引起了学者们的广泛关注。例如，Hu 等将犹豫模糊集与区间二型模糊集进行融合，提出了区间二型犹豫模糊集的概念，研究了基于区间二型犹豫模糊信息的多属性决策方法[139,140]。Naim 和 Hagras 把直觉模糊集[141]和犹豫模糊集[142]的思想拓展到区间二型模糊环境下，研究了基于直觉模糊信息和犹豫模糊信息的区间二型模糊决策方法[143,144]。Chen 和 Hong 将排序方法和 TOPSIS 方法进行融合，提出了一种新的区间二型模糊组合决策方法[145]。Onar 等将犹豫模糊 TOPSIS 方法与区间二型模糊 AHP 进行组合，提出了一种新的决策模型，并将其应用于企业发展的战略决策问题[146]。Liu 等将 ANP 和 VIKOR 方法相结合，提出了一种新的区间二型模糊 VIKOR 网络层次决策方法[147]。

6. 基于广义二型模糊信息的决策方法研究现状

相对于区间二型模糊决策的研究，广义二型模糊决策方法的研究才刚起步。相关的研究文献较少，目前只有英国埃塞克斯大学 Hagras 教授所领导的计算智能小组及少数管理决策科学领域的学者开展了相关方向的研究工作。Naim 和 Hagras 基于模糊逻辑推理规则，提出了一种基于近似推理的广义二型模糊群决策方法[148]。Bilgin 等通过计算试验的方法，研究了基于次隶属度为线性函数的广义二型模糊词计算方法[149]。Ngan 将概率论的思想引入广义二型模糊集，建立了基于统计信息挖掘的广义二型模糊决策模型[150]。王坚强和韩知秋研究了一种特殊的广义二型模糊集——三角二型模糊集，即主隶属度函数和次隶属度函数均为正则的三角模糊数，并提出了基于 OWA 的集结算子及其加权形式，在此基础上研究了广义二型模糊信息的决策方法[151]。

综上可知，目前二型模糊决策的研究主要集中在对区间二型模糊决策问题的研究，并且大部分研究只是将经典决策方法简单拓展到区间二型模糊环境下，缺乏系统而深刻的结果，对于广义二型模糊决策问题的研究，以及对数据驱动的二型模糊决策理论的研究成果还相当匮乏。

1.2.2　基于模糊信息的个性化推荐研究现状

由于二型模糊系统在推荐系统(recommender system，RS)应用研究中基本上还处于萌芽和探索阶段，为了研究二型模糊决策方法在基于知识的在线商务个性化推荐中的应用，本书主要分析传统的一型模糊系统在推荐系统，以及二型模糊系统在推荐方案评价中的应用，以便为基于二型模糊系统的在线商务个性化推荐研究奠定基础。

针对基于精确数据的推荐算法的局限性，模糊系统在对复杂对象、动态环境、语言信息和专家主观知识的概念描述与建模方法方面具有明显优势，其在个性化推荐的各个方面都得到了广泛应用[152-155]，具体表现为以下几个方面。

1. 基于模糊测度的推荐模型

作为模糊测度的应用，基于模糊测度的推荐模型是传统确定型测度推荐模型的扩展。Karacapilidis 和 Hatzieleftheriou 运用模糊多属性决策(multiple criteria decision making，MCDM)方法研究了推荐系统的相似性计算[156]。Leung 等研究了基于模糊关联规则和多层相似性的协同过滤模型[157]。Lee 等用模糊关联记忆完成协同过滤的相似性和关联规则计算，并将其应用于网络协同过滤(collaborative filtering)[158]。Komkhao 等利用模糊隶属度函数 Mahalanobis 径向基函数对用户进行分类和提取偏好信息[159]。Astrain 等采用将模糊相似度和余弦融合的方法，提出了高准确度的标签分类方法[160]。Li 和 Kao 运用模糊推理系统与模糊多属性决策方法研究了基于社交网络信任的服务推荐系统[161]。黄洪等则认为商品满意度是一个模糊的概念，提出了运用模糊逻辑来处理商品满意度的方法[162]。Zhang 等根据模糊扩展原理研究了一种基于混合模糊个性化电信产品服务推荐系统[163]。Zenebe 和 Norcio 运用相似度与模糊信息集成方法，提出了基于模糊内容的推荐系统[164]。Lu 等提出了一种基于模糊相似度评估和语言变量表示的衣着推荐方法[165]。

2. 基于模糊语言和语义的推荐模型

模糊推荐模型相比传统推荐模型的优势在于其对不确定的用户偏好信息和语义信息的挖掘与处理能力更强。Lee 研究了基于用户网络信息偏好及其语义理解的推荐系统模型[166]。牟向伟和陈燕提出了模糊语义推荐系统模型，实现了概念层次关系在兴趣程度和关联程度上的传递，可以更准确地产生更符合用户兴趣的推荐项目[167]。那日萨和钟佳丰运用模糊语义情感技术，研究了基于消费者在线评论(online review)信息的模糊智能产品推荐系统[168]。西班牙学者 Porcel 等研究了基于多粒度模糊语言(multi-granularity fuzzy linguistic)建模的推荐系统，并用西班牙格拉纳达大学的研究数据对方法的有效性进行了验证[169]。Wu 等基于模糊偏好树

(fuzzy preference tree)的方法研究了 B2B(business-to-business)电子政务个性化推荐系统[170]。Mohanty 和 Passi 提出了一种基于个体的电子商务推荐系统,该系统根据个人的偏好来向用户推荐产品,运用模糊逻辑和模糊线性规划方法识别用户的反馈信息[171]。与传统的协同推荐方法不同,国际模糊领域知名学者 Yager 教授提出的基于个人模糊偏好信息的推荐系统只需要考虑对象的属性而无须其他的用户信息,同时可以作为协同过滤算法的对照和补充而无须协同过滤算法[172]。Ciaramella 等运用模糊引擎来处理语义规则条件下的模糊性[173]。Martínez 等基于多粒度语言建模方法,研究了基于知识推理的模糊推荐系统[174]。Wong 等提出了整合基于规则的专家系统与模糊筛选技术来处理语义和分类的信息[175]。Rodríguez 等研究了语义信息的转化与相似度计算方法,以及不完全语言偏好信息方法在推荐系统冷启动中的应用[176]。

3. 基于知识推理的模糊推荐模型

模糊理论的应用使许多主观值得到了量化,也使一部分模糊语义信息得到了有效的处理。近年来,基于模糊逻辑的专家推理机制开始被应用于推荐系统中。Herrera 和 Herrera-Viedma 用模糊语言变量模型建立了基于知识的模糊推荐系统,并将其应用于技术转让和资源搜索[177]。Cheng 和 Wang 研究了基于主观偏好与客观信息的模糊推荐系统[178]。Nguyen 等研究了基于网络使用记录和领域知识的网页推荐模型[179]。刘胜日基于概念格(concept lattice)的思想,研究了基于模糊概念格的影视个性化推荐系统[180]。崔春生基于 Vague 集研究了在 Vague 集环境下的电子商务推荐系统的理论与应用,并在此基础上提出了一种集团序的推荐方法[181,182]。Martinez-Cruz 等运用模糊逻辑对推理系统中的数据、知识及推荐任务的不确定性进行计算,模拟实验结果表明,模糊方法具有更高的推荐准确性[183]。Li 等提出了结合模糊语言变量和模糊文本分类的专家推荐系统模型[184]。Heinonen 等提出了一种基于分层结构的 Mamdani 模糊专家推荐系统来做营养指导应用[185]。Kant 和 Bharadwaj 等整合基于规则的专家系统和模糊筛选技术来处理语义与分类的信息[186]。Boratto 等从粒计算的视角出发,研究了大数据驱动的一型模糊信息粒群体推荐系统,从计算智能的角度来探讨群体推荐系统的分析与设计问题[187]。

4. 多属性决策在推荐方案评价中的应用

Nilashi 等通过维数约简和神经网络方法,研究了基于这两种方法的多属性推荐系统[188]。Park 等利用多属性决策方法和贝叶斯网络,研究了基于手机移动信息的个性化推荐算法[189]。Fuchs 和 Zanker 研究了基于多属性决策的个性化旅游推荐系统[190]。Hdioud 等对基于多属性决策方法的推荐系统进行了综述,指出了该领域未来的研究方向[191]。del Vasto-Terrientes 等研究了基于混合多属性决策方法的推荐系统[192]。Soui 等研究了基于模糊信息的多属性决策个性化推荐系统[193]。王茜等提出了基于用户偏好的属性评分值分布协同过滤算法[194]。梁昌勇等运用多属性群决策方法对电子商务推荐系统中的群体用户推荐问题进行了研究[195]。张文力结合模糊数学和多属性决策方法，研究了基于 AHP 和 TOPSIS 方法的混合多属性推荐系统[196]。朱国玮和周利基于决策分析方法，研究了基于遗忘函数和领域最近邻的混合推荐系统[197]。陈秀明和刘业政针对群体推荐中的信息不确定性，提出了属性权重信息不完全情况下的基于犹豫模糊信息的多属性群体推荐方法，并将其应用于电影的个性化推荐中[198]。

5. 考虑社会网络关系的模糊推荐系统模型

除了结构化的知识，建立在多人和专家群体基础上，考虑决策社会网络关系下的知识推荐系统也引起了学者广泛关注。Victor 等利用模糊关联关系研究了推荐系统的成员社会关系信任度问题[199]。Tajeddine 等提出了一种基于模糊声望的信任关系模型[200]。Su 等研究了基于模糊逻辑的价值评估机制来建立成员之间的信任关系，在此信任关系推荐中，模糊多属性相似性测度使得信任推荐更加切合实际[201]。Serrano-Guerrero 等研究了利用 Google(谷歌)搜索和多人团队协同效应，运用模糊语言变量推荐系统给出团队的推荐结果[202]。Deng 等研究了基于社会网络关系的信任模型，并将其用于服务推荐[203]。Luo 等研究了基于模糊推荐的移动随机网络的信任模型[204]。刑星研究了基于社交网络的模糊个性化推荐算法[205]。Wu Z 和 Wu H 通过考虑信任关系和声望，运用多主体和模糊规则方法研究了用户购买偏好下的产品推荐问题[206]。Castro 等基于社会网络分析(social network analysis，SNA)和偏好建模(preference modeling)方法研究了群体推荐系统，提出了新的推荐算法模型，并在此基础上进一步研究了推荐系统中噪声问题的处理方法[207]。2013 年，Li 等提出了基于信任模型的协同过滤群体推荐算法，并将其应用于科学文献的推荐中[208]。

6. 二型模糊推荐系统的出现

区间二型模糊集在推荐系统有关文献中刚刚出现，并且其研究缺乏深度和系统性。Lee 等采用二型模糊本体方法研究了糖尿病患者的饮食推荐。通过基于区间二型模糊集的二型模糊本体论(type-2 fuzzy ontology，T2FO)，构建了本体推荐模型，并将其应用于糖尿病患者饮食推荐领域的知识陈述[209-211]。Almohammadi 等基于二型模糊逻辑方法，研究了二型模糊推荐系统，并将其应用于电子教学平台的课程推荐[212]。Akay 等介绍了一种新的概念选择方法论，它拓展了模糊信息原理方法并使之与区间二型模糊集相结合[213]。目前将二型模糊系统决策理论及主观知识应用到在线商务个性化推荐系统中的研究才处于起步探索阶段。2016 年，

Cheng 等利用信息融合技术，对群体成员推荐信息进行集成，在此基础上提出了基于自动决策的群体推荐模型，并将其应用于商务推荐中[214]。

目前还没有看到将二型模糊决策理论应用于在线商务群体推荐中的研究。在模糊推荐系统领域的知名学者，悉尼科技大学 Lu 教授 2015 年在管理科学权威期刊 *Decision Support Systems* 上发表的一篇关于推荐系统的综述文章中指出，基于高阶不确定性的群体推荐系统将成为个性化推荐后推荐系统研究领域中的又一个热点和前沿方向[215]。

1.2.3　发展动态分析

截止到 2017 年 12 月 31 日，在 Web of Science 和中国知网以 "type-2 fuzzy decision making" 和"二型模糊决策"为关键词进行检索，共检索到中英文文献 332 篇，其中，英文文献 299 篇，中文文献 33 篇，文献检索数量发展趋势如图 1.1 所示。

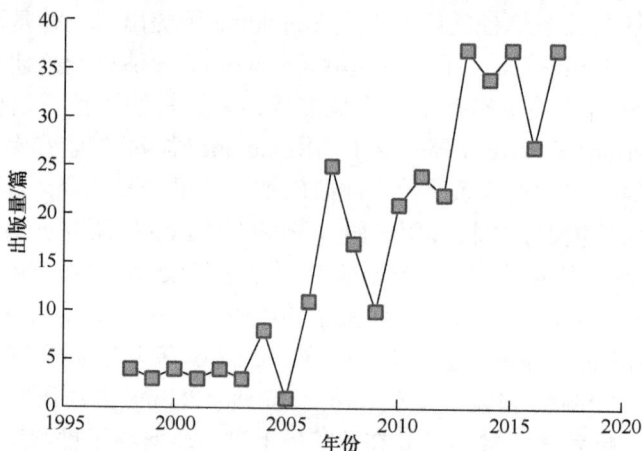

图 1.1　二型模糊决策文献检索数量发展态势

综合上述的分析可以看出：一方面，二型模糊决策在不确定决策中受到了越来越多学者的关注，也取得了一些研究成果。但与一型模糊决策和其他扩展模糊决策（直觉、犹豫）理论相比，二型模糊决策的发展还较为滞后，缺乏系统而深刻的理论结果。目前，基于二型模糊信息的决策理论与方法研究主要存在以下三个瓶颈问题。

（1）二型模糊决策的理论基础还不够完善。尽管目前二型模糊决策的基本理论框架已经初步建立，但还存在许多亟待解决的问题，如二型模糊的信息集成问题、二型模糊隶属度的确定问题、二型模糊偏好关系、二型模糊群体决策的一致性（consistency）和共识性（consensus）建模，以及基于数据驱动的二型模糊决策方法等。

（2）二型模糊决策从理论到应用存在计算的瓶颈问题。二型模糊集具有主、次两个隶属度，使得计算复杂性迅速增加。目前在理论上尚没有一套有效的方法对二型模糊集进行运算。因此，二型模糊决策信息的表示和运算问题限制了二型模糊决策理论在实际中的应用。

（3）尽管区间二型模糊决策理论的研究近 10 年来取得了快速发展，但还缺乏系统性和深入性。已有结果只是对区间值模糊集(interval-valued fuzzy sets)在多属性决策中的简单拓展，并非真正意义上的区间二型模糊决策。同时，对于广义二型模糊和数据驱动的决策理论与方法的研究较少。

另一方面，尽管一型模糊决策理论在个性化推荐系统中得到了广泛的应用，但随着大数据和"互联网+"时代的来临，越来越多的虚拟社区开始涌现，传统的针对单个用户的个性化推荐也不能满足对群体用户的推荐需求。同时，由于商务智能和数据的移动泛在性，将模糊集理论应用到个性化推荐系统对动态、实时、复杂环境下的基于社会网络和专家知识的群体推荐系统的开发与设计提出了迫切要求。二型模糊决策支持系统可以为大数据背景下的群体推荐系统提供一种新的研究视角和方法，其主要体现在以下三个方面。

（1）个性化推荐系统是一个具有多属性特征的决策支持系统，属性信息具有复杂的高阶不确定性，适合采用二型模糊集来进行建模。

（2）相较于传统推荐方法，一型模糊推荐已在个性化推荐和群体推荐系统中表现出较大的优势并已得到广泛的应用。然而，目前基于二型模糊信息的个性化推荐方法研究还处于萌芽阶段。

（3）二型模糊决策方法是目前处理用户主观知识信息最有效的方法。粒计算作为数据驱动建模的有效工具，能够对复杂、动态、实时、交互的个性化推荐系统研究提供一种新的视角和解决方法。

1.3　本书研究内容

目前，基于多属性决策的个性化推荐是推荐系统研究的一个热点[216,217]。基于二型模糊方法的个性化推荐的研究还相对较少。同时，二型模糊决策与信息集成方法也一直是模糊集理论研究中的难点。本书将以二型模糊决策研究为起点，结合粒计算的方法，针对个性化推荐中的稀疏性问题，研究基于二型模糊决策方法的个性化推荐模型。主要研究内容包括以下几个方面。

（1）二型模糊信息集成方法。二型模糊信息集成方法一直是理论研究的一个难点问题，其难点在于二型模糊运算的高复杂性。相对于一型模糊集合及其他扩展形式的模糊集信息集成方法，二型模糊信息集成的研究成果相对匮乏。本书将经典的 Maclaurin 对称平均算子引入二型模糊信息的集成过程中，提出区间二型模糊 Maclaurin 对称平均算子，并给出其对偶形式及指数扩展形式，即区间二型模糊对偶 Maclaurin 对称平均算子和区间二型模糊指数 Maclaurin 对称平均算子。该算子(族)除了具备传统算子的幂等性、单调性、有界性和置换性，还具有以下三个突出的优点。①能够处理具有多重关联关系的二型模糊信息集成问题，有效地克服了现有区间二型模糊 Bonferroni 平均算子仅能刻画两个元素关联关系的局限性。②在信息融合过程中，参数设置具有良好的柔性和鲁棒性。因为所提出的算子是单参数的算子族，且满足参数单调性，所以可以根据决策者的偏好和需要选择合适的参数对信息进行集成。③可以扩展得到加权的区间二型模糊 OWA 算子，既在一定程度上克服了现有二型模糊 OWA 算子运用扩展原理所导致的计算复杂性，同时又具有良好的数学分析性质。

（2）二型模糊排序方法。要研究二型模糊的决策方法，首先要研究二型模糊集的排序方法。本书在现有研究的基础上，提出一种区间二型模糊信息的组合排序方法。该方法以三种初等平均算子(算术、几何、调和)作为基础，运用 OWA 算子的扩展解析方法，研究了一种既满足全序(线性序)，同时也满足 admissible 序的区间二型模糊排序方法。该方法与目前较为广泛采用的质心排序法相比有如下优点：①区间二型模糊的质心是一个区间，而区间数的排序本身是一个偏序结构，并且已有研究证明所有基于质心的模糊数排序方法都存在理论上的缺陷[218]，本书中所给出的组合排序法可以有效地解决这个问题。②所给出的排序方法不但可以在绝对意义上比较大小，同时还可以度量出一个区间二型模糊集相对于另一个的优劣程度。

（3）二型模糊决策方法。研究基于 LINMAP 方法的区间二型模糊 LINMAP 决策方法，同时充分考虑决策者的行为特征和个性化偏好，将前景理论和经典的 VIKOR 方法进行融合，提出一种新的基于前景理论和 VIKOR 的区间二型模糊多属性混合决策方法。在此基础上，针对行为经济学中的 FTP 效用函数和关联分析理论，研究基于关联分析视角下 FTP 效用函数的区间二型模糊决策方法。针对大规模群体决策问题，给出一种新的区间二型模糊聚类算法，并在此基础上给出一套完整的处理大规模复杂区间二型模糊决策问题的方法。

（4）基于二型模糊决策方法的个性化推荐模型。首先结合粒计算的方法，研究稀疏推荐矩阵的填充方法。该方法完全基于数据驱动(data-driven)，采用粒子群优化(particle swarm optimization，PSO)算法对推荐矩阵进行优化，克服了传统的矩阵分解和变分优化等方法对稀疏程度的要求，能够最大限度地提高填充数据的准确性。在此基础上，应用两种新的决策方法 BWM 和 MULTIMOORA，给出基于 BWM 和 MULTIMOORA 的区间二型模糊个性化推荐算法。该算法在集成这两种决策方法的基础上，引入最优信息粒分布的方法，运用计算智能的方法对问题进行优化和求解，求解结果具有好的鲁棒性。

（5）基于二型模糊决策方法的个性化推荐应用研究。以个性化电影推荐系统为例，建立多属性评估推荐系统的评价指标体系。然后，根据基于 BWM 和 MULTIMOORA 的区间二型模糊个性化推荐算法对用户进行推荐。

综上所述，在理论层面，本书进一步丰富了二型模糊信息集成与决策理论，尤其是对二型模糊决策方法中的难点问题进行了较为深入的研究。将优化理论与行为特征引入二型模糊的决策过程中。同时，利用粒计算的方法与技术，从一个新的视角进行研究，较好地解决了个性化推荐系统的稀疏性问题，并在此基础上提出了基于二型模糊决策方法的个性化推荐模型。在应用层面，本书将基于 BWM 和 MULTIMOORA 的区间二型模糊决策方法应用于个性化推荐系统中，这对于处理具有高阶不确定性的电子商务推荐系统研究具有重要的理论价值和实践意义。

1.4 本书框架和结构安排

本书是作者对近五年研究工作的凝练和总结。全书结构安排如下。

第 1 章综述了二型模糊决策及个性化推荐系统的国内外研究现状，概括了本书的主要内容及结构安排。

第 2 章简要地介绍本书中所要用到的一些预备知识。主要包括：①二型模糊集和区间二型模糊集的数学定义；②二型模糊集的排序方法；③多属性决策方法在个性化推荐系统和群体推荐系统中的应用。

第 3 章研究区间二型模糊的信息集成方法：基于 Maclaurin 对称平均的区间二型模糊信息集成算子及其加权形式，给出区间二型模糊 Maclaurin 对称平均算子的定义，并研究其具有的若干性质。在此基础上，进一步研究区间二型模糊对偶 Maclaurin 对称平均算子和区间二型模糊指数 Maclaurin 对称平均算子，分析在不同参数取值下的特殊情形，并研究这三种算子在区间二型模糊决策问题中的应用。

第 4 章提出区间二型模糊集的组合排序方法，该方法不但满足全序（线性序）结构，还是定义在一个完备格上的 admissible 序。能从绝对意义和相对意义两个方面来刻画两个区间二型模糊集间的大小（优劣）关系。在此基础上，给出基于组合排序值的区间二型模糊决策方法。

第 5 章研究基于 LINMAP 方法的区间二型模糊 LINMAP 决策方法，定义区间二型模糊环境下决策者对方案的偏好序与方案排序关系的一致性和非一致性测度，并研究模型的性质及求解方法。结合有限理性行为决策理论，提出基于 TODIM 的二型模糊决策方法，并扩展相应的决策模型。

第 6 章研究针对决策者的行为偏好特征，以 VIKOR 方法为载体研究基于前景理论、VIKOR 方法相结合的混合区间二型模糊决策方法，并且进行算例分析。在此基础上，针对数学优化方法在决策科学中的广泛应用，研究区间二型模糊混合多属性决策方法。同时，针对区间二型模糊行为决策方法：一方面，基于经典的 FTP 效用函数，提出区间二型模糊 FTP-OWA 算子；另一方面，结合关联分析理论，提出在一般决策环境和大规模复杂决策环境下的两种决策方法。

第 7 章运用粒计算的思想研究个性化推荐矩阵的稀疏性问题，给出一种基于最优信息粒优化的稀疏推荐矩阵填充方法。在此基础上，结合两种新的多属性决策方法——BWM 和 MULTIMOORA 方法，提出基于 BWM 和 MULTIMOORA 的区间二型模糊多属性推荐算法。

第 8 章设计一个在线实验，搜集数据集，建立评估指标体系，运用所提出的模型研究一个电影个性化推荐的实例。

第 9 章对全书进行总结。简要概述全书的主要创新之处，并讨论今后的研究方向。全书各章节之间的联系如图 1.2 所示。

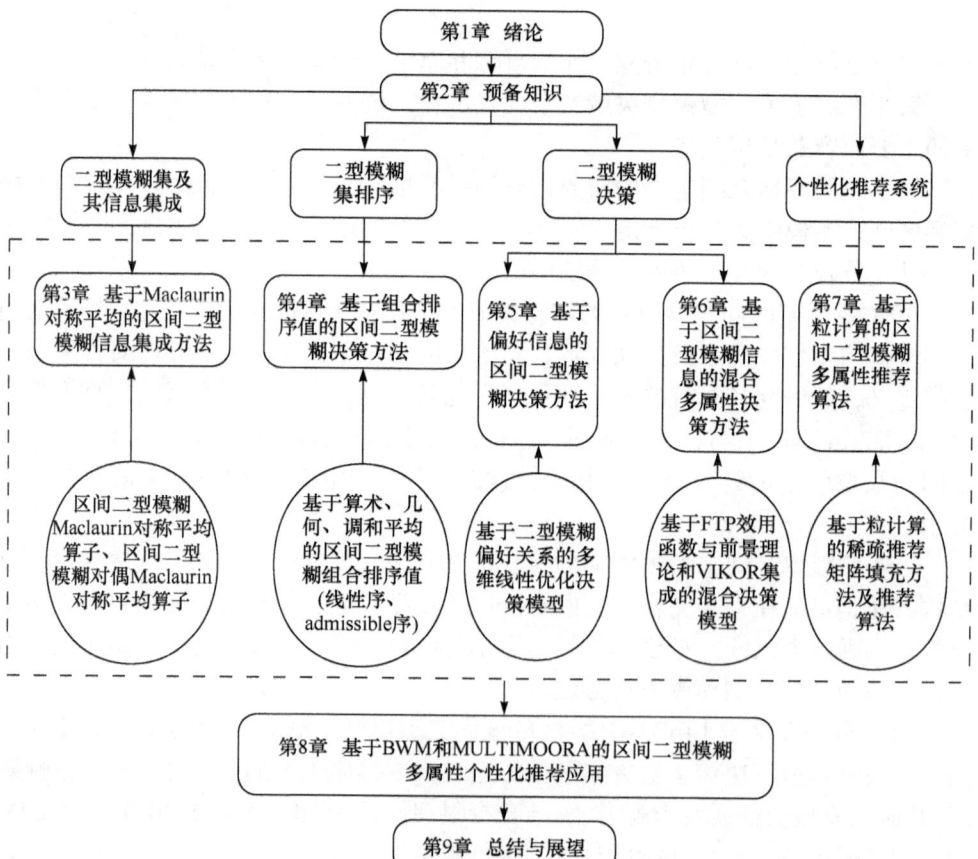

图 1.2 全书框架结构

第2章 预备知识

2.1 二型模糊集

定义 2.1[37]   设 X 为论域，则定义在论域 X 上的二型模糊集 A 可以表示为

$$A = \left\{ (x,u), \mu_A(x,u) \mid \forall x \in X, u \in J_x, 0 \leqslant \mu_A(x,u) \leqslant 1 \right\} \qquad (2.1)$$

其中，x 表示主要变量；$J_x \in [0,1]$ 表示 x 的主隶属度函数；u 表示次要变量。因此，式 (2.1) 可以等价改写成如下形式：

$$A = \int_{x \in X} \int_{u \in J_x} \mu_A(x,u)/(x,u) = \int_{x \in X} \left(\int_{u \in J_x} \mu_A(x,u)/(x,u) \right) \Big/ x \qquad (2.2)$$

其中，$\int_{u \in J_x} \mu_A(x,u)/(x,u)$ 表示变量 x 的次隶属度函数，积分符号 $\iint$ 表示遍历所有的 x 和 u。其几何示意如图 2.1 所示。

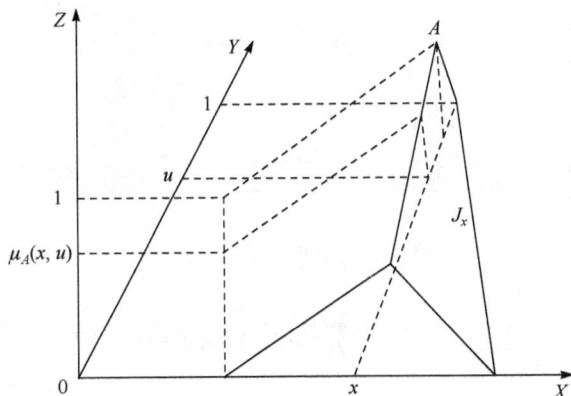

图 2.1   二型模糊集 A

当主要变量 x 的次隶属度恒为 1 时，我们就得到了区间二型模糊集 $\tilde{A}$，其数学定义如下。

定义 2.2[37]   设 X 为论域，对定义在论域 X 上的二型模糊集 $\tilde{A}$，如果满足 $\mu_{\tilde{A}}(x,u) = 1$，则称 $\tilde{A}$ 为区间二型模糊集 (interval type-2 fuzzy sets，IT2FSs)，其数学表达形式如下：

$$\tilde{A} = \int_{x \in X} \int_{u \in J_x} 1/(x,u) = \int_{x \in X} \left(\int_{u \in J_x} 1/(x,u) \right) \Big/ x \tag{2.3}$$

其中，x 表示主要变量；$J_x \in [0,1]$ 表示 x 的主隶属度函数。显然，区间二型模糊集是一种特殊的二型模糊集。

定义 2.3[37,40]　区间二型模糊集 $\tilde{A}$ 的全体主隶属度函数所围成的区域被称为不确定迹（footprint of uncertainty，FOU），其数学表达形式为

$$\mathrm{FOU}\big(\tilde{A}\big) = \bigcup_{x \in X} x \times J_x \tag{2.4}$$

显然，从几何直观来解释，区间二型模糊集的不确定迹是由上隶属度函数（upper membership function，UMF）$\mu_{\tilde{A}}^{U}(x)$ 和下隶属度函数（lower membership function，LMF）$\mu_{\tilde{A}}^{L}(x)$ 所围成的区域。区间二型模糊集的不确定迹的几何示意如图 2.2 所示。

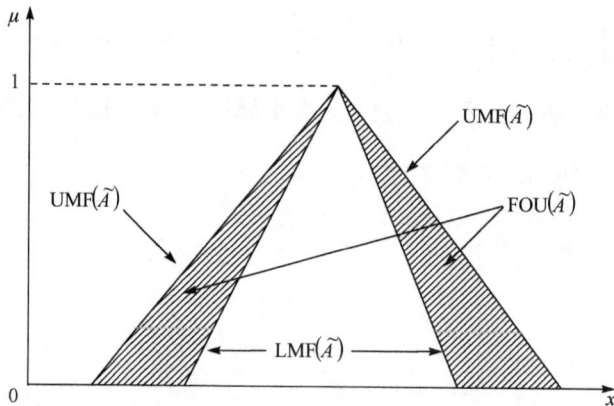

图 2.2　区间二型模糊集 $\tilde{A}$

2.2　二型模糊集的排序方法

二型模糊集的排序问题一直是二型模糊基础理论研究的一个热点。目前采用比较多的是基于 KM 质心区间的排序方法[39]，其具体定义如下。

定义 2.4[39]　设 $\tilde{A}$ 为一个正则的区间二型模糊集，则基于 KM 算法的模糊数排序公式为

$$c\big(\tilde{A}\big) = \frac{c_l\big(\tilde{A}\big) + c_r\big(\tilde{A}\big)}{2} \tag{2.5}$$

其中，$c_l\big(\tilde{A}\big)$ 和 $c_r\big(\tilde{A}\big)$ 分别表示区间二型模糊集 $\tilde{A}$ 质心区间的左端点和右端点，

其数学表达式为

$$c_l\left(\tilde{A}\right)=\frac{\sum\limits_{i=1}^{k_l}x_i\mu_{\tilde{A}}^U(x_i)+\sum\limits_{i=k_l+1}^{N}x_i\mu_{\tilde{A}}^L(x_i)}{\sum\limits_{i=1}^{k_l}\mu_{\tilde{A}}^U(x_i)+\sum\limits_{i=k_l+1}^{N}\mu_{\tilde{A}}^L(x_i)}$$

$$c_r\left(\tilde{A}\right)=\frac{\sum\limits_{i=1}^{k_r}x_i\mu_{\tilde{A}}^L(x_i)+\sum\limits_{i=k_r+1}^{N}x_i\mu_{\tilde{A}}^U(x_i)}{\sum\limits_{i=1}^{k_r}\mu_{\tilde{A}}^L(x_i)+\sum\limits_{i=k_r+1}^{N}\mu_{\tilde{A}}^U(x_i)}$$

(2.6)

其中，k_l 和 k_r 表示转折点，满足条件 $x_{k_l}\leqslant c_l\left(\tilde{A}\right)\leqslant x_{k_l+1}$ 和 $x_{k_r}\leqslant c_r\left(\tilde{A}\right)\leqslant x_{k_r+1}$，其具体的确定方式可以用 KM 算法确定。

2001 年，Karnik 和 Mendel 提出了区间二型模糊的降型算法，其具体算法如表 2.1 所示[39]。

表 2.1　KM 算法计算区间二型模糊集质心

步骤	KM 算法计算 c_l $$c_l=\min_{\forall\theta_i\in\left[\mu_{\tilde{A}}^L(x_i),\mu_{\tilde{A}}^U(x_i)\right]}\frac{\sum\limits_{i=1}^{N}x_i\theta_i}{\sum\limits_{i=1}^{N}\theta_i}$$	KM 算法计算 c_r $$c_r=\max_{\forall\theta_i\in\left[\mu_{\tilde{A}}^L(x_i),\mu_{\tilde{A}}^U(x_i)\right]}\frac{\sum\limits_{i=1}^{N}x_i\theta_i}{\sum\limits_{i=1}^{N}\theta_i}$$
1	初始化 $\theta_i=\left[\mu_{\tilde{A}}^L(x_i)+\mu_{\tilde{A}}^U(x_i)\right]/2, i=1,2,\cdots,N$ 计算 $c'=c(\theta_1,\theta_2,\cdots,\theta_N)=\sum\limits_{i=1}^{N}x_i\theta_i\Big/\sum\limits_{i=1}^{N}\theta_i$	
2	选择合适的 k，使得 $x_k\leqslant c'\leqslant x_{k+1}$	
3	当 $i\leqslant k$ 时，$\theta_i=\mu_{\tilde{A}}^U(x_i)$；当 $i\geqslant k+1$ 时，$\theta_i=\mu_{\tilde{A}}^L(x_i)$，计算 $$c_l(k)=\frac{\sum\limits_{i=1}^{k_l}x_i\mu_{\tilde{A}}^U(x_i)+\sum\limits_{i=k_l+1}^{N}x_i\mu_{\tilde{A}}^L(x_i)}{\sum\limits_{i=1}^{k_l}\mu_{\tilde{A}}^U(x_i)+\sum\limits_{i=k_l+1}^{N}\mu_{\tilde{A}}^L(x_i)}$$	当 $i\leqslant k$ 时，$\theta_i=\mu_{\tilde{A}}^L(x_i)$；当 $i\geqslant k+1$ 时，$\theta_i=\mu_{\tilde{A}}^U(x_i)$，计算 $$c_r(k)=\frac{\sum\limits_{i=1}^{k_r}x_i\mu_{\tilde{A}}^L(x_i)+\sum\limits_{i=k_r+1}^{N}x_i\mu_{\tilde{A}}^U(x_i)}{\sum\limits_{i=1}^{k_r}\mu_{\tilde{A}}^L(x_i)+\sum\limits_{i=k_r+1}^{N}\mu_{\tilde{A}}^U(x_i)}$$
4	若 $c_l(k)=c'$，则停止迭代，最优点 $L=k$ 且 $c_l(k)=c_l$，否则执行步骤 5	若 $c_r(k)=c'$，则停止迭代，最优点 $R=k$ 且 $c_r(k)=c_r$，否则执行步骤 5
5	令 $c'=c_l(k)$，返回步骤 2	令 $c'=c_r(k)$，返回步骤 2

对于任意给定的两个区间二型模糊集 $\tilde{A}$ 和 $\tilde{B}$，其排序准则如下[39,126]。

(1) 如果 $c\left(\tilde{A}\right)>c\left(\tilde{B}\right)$，则 $\tilde{A}\succ\tilde{B}$。

(2) 如果 $c(\tilde{A})=c(\tilde{B})$，则 $\tilde{A} \sim \tilde{B}$。

(3) 如果 $c(\tilde{A})<c(\tilde{B})$，则 $\tilde{A} \prec \tilde{B}$。

2.3 个性化推荐系统

个性化推荐是通过建立用户和商品间的二元映射关系，基于对用户的历史购买行为和自身的兴趣偏好，对用户感兴趣的商品进行推荐[1]。个性化推荐系统是以数据为载体，建立在数据挖掘基础上的一种智能商务平台，为用户(购买者)提供个性化的决策支持服务和信息交互。相较于传统的推荐系统，个性化推荐更加注重基于社会网络的个性化计算，结合用户的行为偏好分析，给出更加精准的推荐排序关系[6]。其主要优点体现在以下三个方面：①实现用户从电子商务网站的浏览者向购买者的转变；②提高电子商务网站的交叉销售能力；③提高用户对电子商务网站的忠诚度。

个性化推荐系统主要由三个部分组成：①推荐备选对象(商品)；②系统用户(购买者)；③个性化推荐算法。其中核心部分是个性化推荐算法的设计，其直接影响推荐结果的准确性。目前，个性化推荐算法主要包括以下四个方面[155]。

1. 基于协同过滤的个性化推荐算法

协同过滤(collaborative filtering)算法是目前采用最为广泛的个性化推荐算法，其基本思想是在用户群中找到与指定用户兴趣相似的用户群，通过相似用户群对商品的评分来对目标用户进行商品推荐[1,2]。其本质是通过过滤操作对相似目标客户群体进行聚类的一种机制。进一步可以细分为基于用户的协同过滤(user-based)算法和基于物品的协同过滤(item-based)算法，其基本原理相似，两者的区别在于前者关注用户间的相似性，而后者的着眼点在于物品间的相似性。值得指出的是，当用户数量急剧增加时(即信息超载)，user-based 算法会面临计算瓶颈的问题；而 item-based 算法在一定程度上可以解决这个问题，并且可以进行离线的实时推荐，因此，在一定程度上较好地解决了推荐结果的准确性问题。目前，协同过滤的个性化推荐算法主要存在以下三个方面的瓶颈问题：①稀疏性(sparsity)问题；②冷启动(cold-start)问题；③可扩展性(scalability)问题。

2. 基于内容的个性化推荐算法

基于内容推荐的算法是通过自然语言处理，以及人工智能、机器学习等方法，对用户的历史购买信息进行特征学习，挖掘用户的偏好信息和兴趣，在此基础上根据用户与配置文件(profile)之间的匹配程度，推荐与 profile 最为相似的产品[219]。

其核心是对 profile 的学习。目前，基于配置文件学习 (profile learning) 的算法主要包含以下几种：最邻近 (k-nearest neighbor，KNN) 算法、Rocchio 算法、决策树 (decision tree，DT) 算法、线性分类 (linear classification，LC) 算法、朴素贝叶斯 (naive Bayes，NB) 算法、泛函网络 (functional network，FN) 算法等[220,221]。profile learning 的优点主要包括以下三个方面：①可以较好地解决新用户和新产品的匹配问题；②可以在一定程度上解决数据的稀疏性问题；③通过对推荐项目特征的列举，可以较好地解释为什么推荐这个产品，并建立良好的用户体验。

3. 基于关联规则的个性化推荐算法

关联规则 (association rules) 推荐是从海量的数据信息中挖掘出有价值的数据项之间关联关系的推荐算法[3]。啤酒与尿布是基于关联规则推荐中最经典的案例。其核心部分包括三个关键要素，即支持度、置信度、提升度。基本的推荐流程分为三个步骤：首先对海量数据进行清理，过滤掉其中的冗余信息 (包括活跃度较低的用户和一些较冷门的商品)。其次是计算两两商品间的支持度、置信度和提升度。设定最低支持度、最低置信度和最低提升度，并以此作为基准把低于最低值的规则进行减枝。最后根据置信度的大小对用户的所有规则进行排序，得到 Top-N 推荐。目前，基于关联规则的个性化推荐技术主要包括两个方面[222]，即基于时间关联挖掘技术和基于空间关联挖掘技术。如何选取数据的粒度是影响关联推荐的关键，因此，基于信息粒 (information granule) 的关联规则推荐是目前个性化推荐系统研究中比较热门的一个研究方向。

4. 基于混合机制的个性化推荐算法

虽然基于协同过滤、基于内容和基于关联规则的算法都有其各自的优越性，但在大量的应用试验中也发现其都在不同程度上存在一定的局限性。例如，它们虽然都有处理数据稀疏性和冷启动的能力，但在知识管理和获取过程中又均有不同程度的放大效应。同时，由于数据信息的多样性，仅用单一的方法很难提取所有数据的有效信息。因此，混合推荐算法就成为解决这一问题的有效途径。目前，基于混合设计的推荐机制主要有以下几种[223]：①整体式混合设计；②并行式混合设计；③流水线式混合设计。在理论研究层面主要集中在三个方面：①组合方法选取的依据；②混合推荐算法的计算次序问题；③推荐结果的动态赋权方法和鲁棒性问题。

2.4 群体推荐系统

群体推荐系统 (group recommender system) 是建立在海量数据信息上的一种

高级商务智能平台。随着社交虚拟社区的不断出现，越来越多具有某种相同兴趣和爱好的用户逐渐形成群体，即用户的行为呈现出群体特征，如豆瓣网站里"我的小组"，以及团购、家庭集体出游等。目前，音乐、电影、餐饮、旅游等领域开发了相应的群体推荐系统，如 MusicFX、PolyLens、Intrigue、Pocket Restaurant Finder、HbbTV 等，并得到了广泛的应用。如何为群体用户提供精准的个性化服务，减少他们搜集、整理信息所耗费的时间和精力，以此来满足用户对群体推荐系统的需求，就成为当前电子商务群体推荐系统研究中的一个核心问题。传统的个性化推荐系统只能针对个体用户进行推荐，无法对群体用户进行推荐。同时，现有的群体推荐算法在处理群体成员之间的交互关系，以及群体成员偏好之间的共识性方面还存在较大的不足，如何针对群体推荐系统中的交互性和共识性问题进行建模，是群体推荐系统研究中的关键问题。此外，如何将客观的推荐评分数据与群体成员或专家的主观知识结合起来，并将多属性决策(multiple attribute decision making, MADM)理论应用于群体用户的推荐模型中，也是当前推荐系统研究的热点和难点问题，目前还没有成熟的理论方法和实现技术。群体推荐在本质上是对群体成员的偏好信息进行综合集成(聚合)，是群决策与商务智能的有机结合，因此，可以将其看成一个群体决策支持系统。同时，推荐属性(准则)信息本身所蕴含的复杂不确定性和群体成员之间的交互性，适合用二型模糊集作为工具进行处理。随着大数据与"互联网+"时代的来临，基于大数据驱动的管理与决策方法研究已经成为当前管理科学领域的研究热点，群体推荐系统作为大数据背景下商务智能管理的一个热点应用研究方向，也受到了学术界的广泛关注。

2.5　本章小结

本章首先介绍了二型模糊集和区间二型模糊集的基本概念，并从几何直观上对主隶属度、次隶属度、不确定迹等概念进行了解释。其次，介绍了 KM 算法和区间二型模糊集的排序方法。最后，介绍了个性化推荐系统的四种算法及群体推荐系统，分析了现有方法存在的不足，阐明了研究基于二型模糊决策理论个性化推荐方法的必要性，为后续章节的研究做好了必要的理论铺垫。

第3章 基于 Maclaurin 对称平均的区间二型模糊信息集成方法

Maclaurin 对称平均（Maclaurin symmetric mean，MSM）算子[224]是一种经典的广义对称平均算子，它是对 Bonferroni 平均算子[225]的推广。其特点体现在它能对多个具有关联关系的元素进行集成，克服了 Bonferroni 平均算子只能对两两之间具有关联关系元素进行集成的缺陷[226-228]，在一定程度上解决了现有集成算子难以处理具有关联关系的二型模糊信息集成问题。

3.1 基 本 概 念

首先，给出 Maclaurin 对称平均算子的定义。

定义 3.1[224]　设 $a_i(i=1,2,\cdots,n)$ 是一组非负的实数，且 $k=1,2,\cdots,n$，则存在一个集成函数：

$$\text{MSM}^{(k)}(a_1,a_2,\cdots,a_n)=\left(\frac{1}{\text{C}_n^k}\sum_{1\leqslant i_1<\cdots<i_k\leqslant n}\prod_{j=1}^{k}a_{i_j}\right)^{\frac{1}{k}} \tag{3.1}$$

其中，$\text{MSM}^{(k)}$ 表示 Maclaurin 对称平均算子；$(i_1,i_2,\cdots,i_k)$ 表示遍历 $(1,2,\cdots,n)$ 的 k 元组合；C_n^k 表示二项式系数。

基于上述定义，可以证明 Maclaurin 对称平均算子具有一个非常好的不等式性质，即参数单调递减性[229]。

定义 3.2[229]　设 $a_i(i=1,2,\cdots,n)$ 是一组非负的实数，且 $k=1,2,\cdots,n$，则存在如下不等式成立：

$$\text{MSM}^{(1)}(a_1,a_2,\cdots,a_n)\geqslant\text{MSM}^{(2)}(a_1,a_2,\cdots,a_n)\geqslant\cdots\geqslant\text{MSM}^{(n)}(a_1,a_2,\cdots,a_n) \tag{3.2}$$

称这个不等式为 Maclaurin 对称平均不等式。

容易证明 $\text{MSM}^{(k)}$ 满足如下四条性质[229,230]。

(1) $\text{MSM}^{(k)}(0,0,\cdots,0)=0$。

(2) $\text{MSM}^{(k)}(a,a,\cdots,a)=a$。

(3) 如果对任意 $a_i\leqslant b_i$，则 $\text{MSM}^{(k)}(a_1,a_2,\cdots,a_n)\leqslant\text{MSM}^{(k)}(b_1,b_2,\cdots,b_n)$。

(4) $\min_i \{a_i\} \leqslant \mathrm{MSM}^{(k)}(a_1, a_2, \cdots, a_n) \leqslant \max_i \{a_i\}$ 。

3.2　区间二型模糊 Maclaurin 对称平均算子

根据上述定义，我们首先给出区间二型模糊 Maclaurin 对称平均 (interval type-2 fuzzy Maclaurin symmetric mean，IT2FMSM) 算子的定义。

定义 3.3　设 $A_i = \left(A_i^U, A_i^L\right) = \left(\left(a_{i1}^U, a_{i2}^U, a_{i3}^U, a_{i4}^U; h_i^U\right), \left(a_{i1}^L, a_{i2}^L, a_{i3}^L, a_{i4}^L; h_i^L\right)\right)$ $(i = 1, 2, \cdots, n)$ 是一组区间二型模糊集，且 $k = 1, 2, \cdots, n$ ，则

$$\mathrm{IT2FMSM}^{(k)}(A_1, A_2, \cdots, A_n) = \left(\frac{1}{\mathrm{C}_n^k} \bigoplus_{1 \leqslant i_1 < \cdots < i_k \leqslant n} \bigotimes_{j=1}^{k} A_{i_j}\right)^{\frac{1}{k}} \tag{3.3}$$

称 $\mathrm{IT2FMSM}^{(k)}$ 为区间二型模糊 Maclaurin 对称平均算子。

根据区间二型模糊集的定义，我们可以得到如下结果。

定理 3.1　设 $A_i = \left(A_i^U, A_i^L\right) = \left(\left(a_{i1}^U, a_{i2}^U, a_{i3}^U, a_{i4}^U; h_i^U\right), \left(a_{i1}^L, a_{i2}^L, a_{i3}^L, a_{i4}^L; h_i^L\right)\right)$ $(i = 1, 2, \cdots, n)$ 是一组区间二型模糊集，且 $k = 1, 2, \cdots, n$ ，则根据式 (3.3) 集成的结果仍然是一个区间二型模糊集，且

$$\mathrm{IT2FMSM}^{(k)}(A_1, A_2, \cdots, A_n) = A = \left(A^U, A^L\right) \tag{3.4}$$

其中，

$$A^U = \left(\left(\frac{1}{\mathrm{C}_n^k} \sum_{1 \leqslant i_1 < \cdots < i_k \leqslant n} \prod_{j=1}^{k} a_{i1_j}^U\right)^{\frac{1}{k}}, \left(\frac{1}{\mathrm{C}_n^k} \sum_{1 \leqslant i_1 < \cdots < i_k \leqslant n} \prod_{j=1}^{k} a_{i2_j}^U\right)^{\frac{1}{k}},\right.$$
$$\left.\left(\frac{1}{\mathrm{C}_n^k} \sum_{1 \leqslant i_1 < \cdots < i_k \leqslant n} \prod_{j=1}^{k} a_{i3_j}^U\right)^{\frac{1}{k}}, \left(\frac{1}{\mathrm{C}_n^k} \sum_{1 \leqslant i_1 < \cdots < i_k \leqslant n} \prod_{j=1}^{k} a_{i4_j}^U\right)^{\frac{1}{k}}; \min_{i=1,2,\cdots,n} \left\{h_i^U\right\}\right) \tag{3.5}$$

和

$$A^L = \left(\left(\frac{1}{\mathrm{C}_n^k} \sum_{1 \leqslant i_1 < \cdots < i_k \leqslant n} \prod_{j=1}^{k} a_{i1_j}^L\right)^{\frac{1}{k}}, \left(\frac{1}{\mathrm{C}_n^k} \sum_{1 \leqslant i_1 < \cdots < i_k \leqslant n} \prod_{j=1}^{k} a_{i2_j}^L\right)^{\frac{1}{k}},\right.$$
$$\left.\left(\frac{1}{\mathrm{C}_n^k} \sum_{1 \leqslant i_1 < \cdots < i_k \leqslant n} \prod_{j=1}^{k} a_{i3_j}^L\right)^{\frac{1}{k}}, \left(\frac{1}{\mathrm{C}_n^k} \sum_{1 \leqslant i_1 < \cdots < i_k \leqslant n} \prod_{j=1}^{k} a_{i4_j}^L\right)^{\frac{1}{k}}; \min_{i=1,2,\cdots,n} \left\{h_i^L\right\}\right) \tag{3.6}$$

接下来，采用数学归纳法来证明这个定理。

证明：首先，我们需要证明

$$
\underset{1\leqslant i_1<\cdots<i_k\leqslant n}{\oplus}\overset{k}{\underset{j=1}{\otimes}}A_{i_j}=\left(\left(\sum_{1\leqslant i_1<\cdots<i_k\leqslant n}\prod_{j=1}^{k}a_{i1_j}^{U},\ \sum_{1\leqslant i_1<\cdots<i_k\leqslant n}\prod_{j=1}^{k}a_{i2_j}^{U},\ \sum_{1\leqslant i_1<\cdots<i_k\leqslant n}\prod_{j=1}^{k}a_{i3_j}^{U},\right.\right.
$$

$$
\left.\sum_{1\leqslant i_1<\cdots<i_k\leqslant n}\prod_{j=1}^{k}a_{i4_j}^{U};\ \min_{i=1,2,\cdots,n}\left\{h_i^{U}\right\}\right),\ \left(\sum_{1\leqslant i_1<\cdots<i_k\leqslant n}\prod_{j=1}^{k}a_{i1_j}^{L},\ \sum_{1\leqslant i_1<\cdots<i_k\leqslant n}\prod_{j=1}^{k}a_{i2_j}^{L},\tag{3.7}
$$

$$
\left.\left.\sum_{1\leqslant i_1<\cdots<i_k\leqslant n}\prod_{j=1}^{k}a_{i3_j}^{L},\ \sum_{1\leqslant i_1<\cdots<i_k\leqslant n}\prod_{j=1}^{k}a_{i4_j}^{L};\ \min_{i=1,2,\cdots,n}\left\{h_i^{L}\right\}\right)\right)
$$

根据区间二型模糊数的运算法则[132]，可以得到

$$
\overset{k}{\underset{j=1}{\otimes}}A_{i_j}=\left(\left(\prod_{j=1}^{k}a_{i1_j}^{U},\prod_{j=1}^{k}a_{i2_j}^{U},\prod_{j=1}^{k}a_{i3_j}^{U},\prod_{j=1}^{k}a_{i4_j}^{U};\ \min_{j=1,2,\cdots,k}\left\{h_{i_j}^{U}\right\}\right),\right.
$$

$$
\left.\left(\prod_{j=1}^{k}a_{i1_j}^{L},\prod_{j=1}^{k}a_{i2_j}^{L},\prod_{j=1}^{k}a_{i3_j}^{L},\prod_{j=1}^{k}a_{i4_j}^{L};\ \min_{j=1,2,\cdots,k}\left\{h_{i_j}^{L}\right\}\right)\right)\tag{3.8}
$$

根据数学归纳法，分以下两种情况进行讨论。

（1）当 $k=2$ 时，可知

$$
\underset{1\leqslant i_1<i_2\leqslant n}{\oplus}\overset{2}{\underset{j=1}{\otimes}}A_{i_j}=\left(\left(\sum_{1\leqslant i_1<i_2\leqslant n}\prod_{j=1}^{2}a_{i1_j}^{U},\ \sum_{1\leqslant i_1<i_2\leqslant n}\prod_{j=1}^{2}a_{i2_j}^{U},\ \sum_{1\leqslant i_1<i_2\leqslant n}\prod_{j=1}^{2}a_{i3_j}^{U},\right.\right.
$$

$$
\left.\sum_{1\leqslant i_1<i_2\leqslant n}\prod_{j=1}^{2}a_{i4_j}^{U};\ \min_{i=1,2,\cdots,n}\left\{h_i^{U}\right\}\right),\ \left(\sum_{1\leqslant i_1<i_2\leqslant n}\prod_{j=1}^{2}a_{i1_j}^{L},\ \sum_{1\leqslant i_1<i_2\leqslant n}\prod_{j=1}^{2}a_{i2_j}^{L},\tag{3.9}
$$

$$
\left.\left.\sum_{1\leqslant i_1<i_2\leqslant n}\prod_{j=1}^{2}a_{i3_j}^{L},\ \sum_{1\leqslant i_1<i_2\leqslant n}\prod_{j=1}^{2}a_{i4_j}^{L};\ \min_{i=1,2,\cdots,n}\left\{h_i^{L}\right\}\right)\right)
$$

显然，式(3.4)成立。

（2）当 $n=k$ 时，假设式(3.4)成立，即有

$$
\underset{1\leqslant i_1<\cdots<i_k\leqslant k}{\oplus}\overset{k}{\underset{j=1}{\otimes}}A_{i_j}=\left(\left(\sum_{1\leqslant i_1<\cdots<i_k\leqslant k}\prod_{j=1}^{k}a_{i1_j}^{U},\ \sum_{1\leqslant i_1<\cdots<i_k\leqslant k}\prod_{j=1}^{k}a_{i2_j}^{U},\ \sum_{1\leqslant i_1<\cdots<i_k\leqslant k}\prod_{j=1}^{k}a_{i3_j}^{U},\right.\right.
$$

$$
\left.\sum_{1\leqslant i_1<\cdots<i_k\leqslant k}\prod_{j=1}^{k}a_{i4_j}^{U};\ \min_{i=1,2,\cdots,k}\left\{h_i^{U}\right\}\right),\tag{3.10}
$$

$$
\left(\sum_{1\leqslant i_1<\cdots<i_k\leqslant k}\prod_{j=1}^{k}a_{i1_j}^{L},\ \sum_{1\leqslant i_1<\cdots<i_k\leqslant k}\prod_{j=1}^{k}a_{i2_j}^{L},\right.
$$

$$
\left.\left.\sum_{1\leqslant i_1<\cdots<i_k\leqslant k}\prod_{j=1}^{k}a_{i3_j}^{L},\ \sum_{1\leqslant i_1<\cdots<i_k\leqslant k}\prod_{j=1}^{k}a_{i4_j}^{L};\ \min_{i=1,2,\cdots,k}\left\{h_i^{L}\right\}\right)\right)
$$

又因为

$$\mathop{\oplus}\limits_{1\leqslant i_1<\cdots<i_k\leqslant k+1}\mathop{\otimes}\limits_{j=1}^{k+1} A_{i_j}=\left(\mathop{\oplus}\limits_{1\leqslant i_1<\cdots<i_k\leqslant k}\mathop{\otimes}\limits_{j=1}^{k} A_{i_j}\right)\otimes A_{i_{k+1}} \tag{3.11}$$

根据式(3.11)和区间二型模糊数的运算法则，可以推导出如下结论：

$$\mathop{\oplus}\limits_{1\leqslant i_1<\cdots<i_k\leqslant k+1}\mathop{\otimes}\limits_{j=1}^{k+1} A_{i_j}=\left(\mathop{\oplus}\limits_{1\leqslant i_1<\cdots<i_k\leqslant k}\mathop{\otimes}\limits_{j=1}^{k} A_{i_j}\right)\otimes A_{i_{k+1}}$$

$$=\left(\left(\sum_{1\leqslant i_1<\cdots<i_k\leqslant k}\prod_{j=1}^{k}a_{i1_j}^{U},\ \sum_{1\leqslant i_1<\cdots<i_k\leqslant k}\prod_{j=1}^{k}a_{i2_j}^{U},\right.\right.$$

$$\left.\sum_{1\leqslant i_1<\cdots<i_k\leqslant k}\prod_{j=1}^{k}a_{i3_j}^{U},\ \sum_{1\leqslant i_1<\cdots<i_k\leqslant k}\prod_{j=1}^{k}a_{i4_j}^{U};\ \min_{i=1,2,\cdots,k}\left\{h_i^{U}\right\}\right),$$

$$\left(\sum_{1\leqslant i_1<\cdots<i_k\leqslant k}\prod_{j=1}^{k}a_{i1_j}^{L},\ \sum_{1\leqslant i_1<\cdots<i_k\leqslant k}\prod_{j=1}^{k}a_{i2_j}^{L},\right.$$

$$\left.\left.\sum_{1\leqslant i_1<\cdots<i_k\leqslant k}\prod_{j=1}^{k}a_{i3_j}^{L},\ \sum_{1\leqslant i_1<\cdots<i_k\leqslant k}\prod_{j=1}^{k}a_{i4_j}^{L};\ \min_{i=1,2,\cdots,k}\left\{h_i^{L}\right\}\right)\right)\otimes A_{i_{k+1}} \tag{3.12}$$

$$=\left(\left(\sum_{1\leqslant i_1<\cdots<i_{k+1}\leqslant k+1}\prod_{j=1}^{k+1}a_{i1_j}^{U},\ \sum_{1\leqslant i_1<\cdots<i_{k+1}\leqslant k+1}\prod_{j=1}^{k+1}a_{i2_j}^{U},\ \sum_{1\leqslant i_1<\cdots<i_{k+1}\leqslant k+1}\prod_{j=1}^{k+1}a_{i3_j}^{U},\right.\right.$$

$$\left.\sum_{1\leqslant i_1<\cdots<i_{k+1}\leqslant k+1}\prod_{j=1}^{k+1}a_{i4_j}^{U};\ \min_{i=1,2,\cdots,k+1}\left\{h_i^{U}\right\}\right),\left(\sum_{1\leqslant i_1<\cdots<i_{k+1}\leqslant k+1}\prod_{j=1}^{k+1}a_{i1_j}^{L},\right.$$

$$\sum_{1\leqslant i_1<\cdots<i_{k+1}\leqslant k+1}\prod_{j=1}^{k+1}a_{i2_j}^{L},\ \sum_{1\leqslant i_1<\cdots<i_{k+1}\leqslant k+1}\prod_{j=1}^{k+1}a_{i3_j}^{L},$$

$$\left.\left.\sum_{1\leqslant i_1<\cdots<i_{k+1}\leqslant k+1}\prod_{j=1}^{k+1}a_{i4_j}^{L};\ \min_{i=1,2,\cdots,k+1}\left\{h_i^{L}\right\}\right)\right)$$

因此，根据定义3.3，可以得到如下结果：

$$\mathrm{IT2FMSM}^{(k)}(A_1,A_2,\cdots,A_n)$$

$$=\left(\frac{1}{\mathrm{C}_n^k}\mathop{\oplus}\limits_{1\leqslant i_1<\cdots<i_k\leqslant n}\mathop{\otimes}\limits_{j=1}^{k} A_{i_j}\right)^{\frac{1}{k}}$$

$$=\left(\left(\left(\frac{1}{\mathrm{C}_n^k}\sum_{1\leqslant i_1<\cdots<i_k\leqslant n}\prod_{j=1}^{k}a_{i1_j}^{U}\right)^{\frac{1}{k}},\right.\right.$$

$$\left(\frac{1}{C_n^k} \sum_{1 \leqslant i_1 < \cdots < i_k \leqslant n} \prod_{j=1}^{k} a_{i2_j}^{U} \right)^{\frac{1}{k}}, \left(\frac{1}{C_n^k} \sum_{1 \leqslant i_1 < \cdots < i_k \leqslant n} \prod_{j=1}^{k} a_{i3_j}^{U} \right)^{\frac{1}{k}},$$

$$\left(\frac{1}{C_n^k} \sum_{1 \leqslant i_1 < \cdots < i_k \leqslant n} \prod_{j=1}^{k} a_{i4_j}^{U} \right)^{\frac{1}{k}} ; \min_{i=1,2,\cdots,n} \left\{ h_i^{U} \right\} \right),$$

$$\left(\left(\frac{1}{C_n^k} \sum_{1 \leqslant i_1 < \cdots < i_k \leqslant n} \prod_{j=1}^{k} a_{i1_j}^{L} \right)^{\frac{1}{k}}, \left(\frac{1}{C_n^k} \sum_{1 \leqslant i_1 < \cdots < i_k \leqslant n} \prod_{j=1}^{k} a_{i2_j}^{L} \right)^{\frac{1}{k}}, \tag{3.13}$$

$$\left(\frac{1}{C_n^k} \sum_{1 \leqslant i_1 < \cdots < i_k \leqslant n} \prod_{j=1}^{k} a_{i3_j}^{L} \right)^{\frac{1}{k}},$$

$$\left(\frac{1}{C_n^k} \sum_{1 \leqslant i_1 < \cdots < i_k \leqslant n} \prod_{j=1}^{k} a_{i4_j}^{L} \right)^{\frac{1}{k}} ; \min_{i=1,2,\cdots,n} \left\{ h_i^{L} \right\} \right) \right)$$

显然，结论成立。证毕。

基于定理 3.1，容易证明，区间二型模糊 Maclaurin 对称平均算子满足下面一些性质。

性 质 3.1　设　$A_i = \left(A_i^{U}, A_i^{L} \right) = \left(\left(a_{i1}^{U}, a_{i2}^{U}, a_{i3}^{U}, a_{i4}^{U}; h_i^{U} \right), \left(a_{i1}^{L}, a_{i2}^{L}, a_{i3}^{L}, a_{i4}^{L}; h_i^{L} \right) \right)$ $(i = 1, 2, \cdots, n)$ 是一组区间二型模糊集，则有以下几点。

(1) 幂等性。如果所有的 $A_i = \left(A_i^{U}, A_i^{L} \right)$ 均相等，即 $A_i = \left(A_i^{U}, A_i^{L} \right) = A$，则

$$\mathrm{IT2FMSM}^{(k)}(A_1, A_2, \cdots, A_n) = A = \left(A^{U}, A^{L} \right)$$

(2) 有界性。

$$A_- \leqslant \mathrm{IT2FMSM}^{(k)}(A_1, A_2, \cdots, A_n) \leqslant A_+ \tag{3.14}$$

其中：

$$A_- = (A_-^{U}, A_-^{L}) = \left(\left(\min_i a_{i1}^{U}, \min_i a_{i2}^{U}, \min_i a_{i3}^{U}, \min_i a_{i4}^{U}; \min_i \left\{ h_i^{U} \right\} \right), \tag{3.15}$$
$$\left(\min_i a_{i1}^{L}, \min_i a_{i2}^{L}, \min_i a_{i3}^{L}, \min_i a_{i4}^{L}; \min_i \left\{ h_i^{L} \right\} \right) \right)$$

$$A_+ = (A_+^{U}, A_+^{L}) = \left(\left(\max_i a_{i1}^{U}, \max_i a_{i2}^{U}, \max_i a_{i3}^{U}, \max_i a_{i4}^{U}; \max_i \left\{ h_i^{U} \right\} \right), \right.$$
$$\left. \left(\max_i a_{i1}^{L}, \max_i a_{i2}^{L}, \max_i a_{i3}^{L}, \max_i a_{i4}^{L}; \max_i \left\{ h_i^{L} \right\} \right) \right) \tag{3.16}$$

(3) 单调性。设 $A_i = \left(A_i^U, A_i^L \right) = \left(\left(a_{i1}^U, a_{i2}^U, a_{i3}^U, a_{i4}^U; h_i^U \right), \left(a_{i1}^L, a_{i2}^L, a_{i3}^L, a_{i4}^L; h_i^L \right) \right)$ $(i = 1,$
$2, \cdots, n)$ 和 $B_i = \left(B_i^U, B_i^L \right) = \left(\left(b_{i1}^U, b_{i2}^U, b_{i3}^U, b_{i4}^U; h_i^U \right), \left(b_{i1}^L, b_{i2}^L, b_{i3}^L, b_{i4}^L; h_i^L \right) \right)$ $(i = 1, 2, \cdots, n)$ 是
两组区间二型模糊集，并且对于所有的 $a_{ij}^U \leqslant b_{ij}^U$ $(j = 1,2,3,4)$ ，存在如下不等式：

$$\text{IT2FMSM}^{(k)}(A_1, A_2, \cdots, A_n) \leqslant \text{IT2FMSM}^{(k)}(B_1, B_2, \cdots, B_n) \tag{3.17}$$

当参数 k 取不同的值，我们可以得到以下一些特例。

(1) 当 $k = 1$ 时，有

$$
\begin{aligned}
\text{IT2FMSM}^{(1)}(A_1, A_2, \cdots, A_n) = & \left(\left(\left(\frac{1}{C_n^1} \sum_{1 \leqslant i_1 \leqslant n} \prod_{j=1}^{1} a_{i1_j}^U \right), \left(\frac{1}{C_n^1} \sum_{1 \leqslant i_1 \leqslant n} \prod_{j=1}^{1} a_{i2_j}^U \right), \right. \right. \\
& \left. \left(\frac{1}{C_n^1} \sum_{1 \leqslant i_1 \leqslant n} \prod_{j=1}^{1} a_{i3_j}^U \right), \left(\frac{1}{C_n^1} \sum_{1 \leqslant i_1 \leqslant n} \prod_{j=1}^{1} a_{i4_j}^U \right); \min_{i=1,2,\cdots,n} \left\{ h_i^U \right\} \right), \\
& \left(\left(\frac{1}{C_n^1} \sum_{1 \leqslant i_1 \leqslant n} \prod_{j=1}^{1} a_{i1_j}^L \right), \left(\frac{1}{C_n^1} \sum_{1 \leqslant i_1 \leqslant n} \prod_{j=1}^{1} a_{i2_j}^L \right), \right. \\
& \left. \left. \left(\frac{1}{C_n^1} \sum_{1 \leqslant i_1 \leqslant n} \prod_{j=1}^{1} a_{i3_j}^L \right), \left(\frac{1}{C_n^k} \sum_{1 \leqslant i_1 \leqslant n} \prod_{j=1}^{1} a_{i4_j}^L \right); \min_{i=1,2,\cdots,n} \left\{ h_i^L \right\} \right) \right) \\
= & \left(\left(\left(\frac{\sum_{i=1}^{n} a_{i1}^U}{n} \right), \left(\frac{\sum_{i=1}^{n} a_{i2}^U}{n} \right), \left(\frac{\sum_{i=1}^{n} a_{i3}^U}{n} \right), \left(\frac{\sum_{i=1}^{n} a_{i4}^U}{n} \right); \min_{i=1,2,\cdots,n} \left\{ h_i^U \right\} \right), \right. \\
& \left. \left(\left(\frac{\sum_{i=1}^{n} a_{i1}^L}{n} \right), \left(\frac{\sum_{i=1}^{n} a_{i2}^L}{n} \right), \left(\frac{\sum_{i=1}^{n} a_{i3}^L}{n} \right), \left(\frac{\sum_{i=1}^{n} a_{i4}^L}{n} \right); \min_{i=1,2,\cdots,n} \left\{ h_i^L \right\} \right) \right)
\end{aligned}
\tag{3.18}
$$

显然，此时区间二型模糊 Maclaurin 对称平均算子退化为区间二型模糊算术平均算子[73]。

(2) 当 $k = 2$ 时，有

$$
\begin{aligned}
& \text{IT2FMSM}^{(2)}(A_1, A_2, \cdots, A_n) \\
& = \left(\left(\left(\frac{2}{n(n-1)} \sum_{1 \leqslant i_1 < i_2 \leqslant n} \prod_{j=1}^{2} a_{i1_j}^U \right)^{\frac{1}{2}}, \left(\frac{2}{n(n-1)} \sum_{1 \leqslant i_1 < i_2 \leqslant n} \prod_{j=1}^{2} a_{i2_j}^U \right)^{\frac{1}{2}}, \right. \right.
\end{aligned}
$$

$$
\left. \left(\frac{2}{n(n-1)} \sum_{1 \leqslant i_1 < i_2 \leqslant n} \prod_{j=1}^{2} a_{i3_j}^{U} \right)^{\frac{1}{2}}, \left(\frac{2}{n(n-1)} \sum_{1 \leqslant i_1 < i_2 \leqslant n} \prod_{j=1}^{2} a_{i4_j}^{U} \right)^{\frac{1}{2}}; \min_{i=1,2,\cdots,n} \left\{ h_i^{U} \right\} \right),
$$

$$
\left(\left(\frac{2}{n(n-1)} \sum_{1 \leqslant i_1 < i_2 \leqslant n} \prod_{j=1}^{2} a_{i1_j}^{L} \right)^{\frac{1}{2}}, \left(\frac{2}{n(n-1)} \sum_{1 \leqslant i_1 < i_2 \leqslant n} \prod_{j=1}^{2} a_{i2_j}^{L} \right)^{\frac{1}{2}}, \right.
$$

$$
\left. \left(\frac{2}{n(n-1)} \sum_{1 \leqslant i_1 < i_2 \leqslant n} \prod_{j=1}^{2} a_{i3_j}^{L} \right)^{\frac{1}{2}}, \left(\frac{2}{n(n-1)} \sum_{1 \leqslant i_1 < i_2 \leqslant n} \prod_{j=1}^{2} a_{i4_j}^{L} \right)^{\frac{1}{2}}; \min_{i=1,2,\cdots,n} \left\{ h_i^{L} \right\} \right) \right)
$$

$$
= \left(\left(\left(\frac{1}{n(n-1)} \sum_{\substack{i_1,i_2=1 \\ i_1 \neq i_2}} a_{i_1 1}^{U} a_{i_2 1}^{U} \right)^{\frac{1}{2}}, \left(\frac{1}{n(n-1)} \sum_{\substack{i_1,i_2=1 \\ i_1 \neq i_2}} a_{i_1 2}^{U} a_{i_2 2}^{U} \right)^{\frac{1}{2}}, \right. \right.
$$

$$
\left. \left(\frac{1}{n(n-1)} \sum_{\substack{i_1,i_2=1 \\ i_1 \neq i_2}} a_{i_1 3}^{U} a_{i_2 3}^{U} \right)^{\frac{1}{2}}, \left(\frac{1}{n(n-1)} \sum_{\substack{i_1,i_2=1 \\ i_1 \neq i_2}} a_{i_1 4}^{U} a_{i_2 4}^{U} \right)^{\frac{1}{2}}; \min_{i=1,2,\cdots,n} \left\{ h_i^{U} \right\} \right),
$$

$$
\left(\left(\frac{1}{n(n-1)} \sum_{\substack{i_1,i_2=1 \\ i_1 \neq i_2}} a_{i_1 1}^{L} a_{i_2 1}^{L} \right)^{\frac{1}{2}}, \left(\frac{1}{n(n-1)} \sum_{\substack{i_1,i_2=1 \\ i_1 \neq i_2}} a_{i_1 2}^{L} a_{i_2 2}^{L} \right)^{\frac{1}{2}}, \right.
$$

$$
\left. \left. \left(\frac{1}{n(n-1)} \sum_{\substack{i_1,i_2=1 \\ i_1 \neq i_2}} a_{i_1 3}^{L} a_{i_2 3}^{L} \right)^{\frac{1}{2}}, \left(\frac{1}{n(n-1)} \sum_{\substack{i_1,i_2=1 \\ i_1 \neq i_2}} a_{i_1 4}^{L} a_{i_2 4}^{L} \right)^{\frac{1}{2}}; \min_{i=1,2,\cdots,n} \left\{ h_i^{L} \right\} \right) \right)
$$

$$
(3.19)
$$

显然，此时区间二型模糊 Maclaurin 对称平均算子退化为一种特殊的区间二型模糊 Bonferroni 平均算子[73]（$p = q = 1$）。

(3) 当 $k = n$ 时，有

$$
\text{IT2FMSM}^{(n)}(A_1, A_2, \cdots, A_n)
$$

$$
= \left(\left(\left(\frac{1}{C_n^{n}} \sum_{1 \leqslant i_1 < \cdots < i_n \leqslant n} \prod_{j=1}^{n} a_{i1_j}^{U} \right)^{\frac{1}{n}}, \left(\frac{1}{C_n^{n}} \sum_{1 \leqslant i_1 < \cdots < i_n \leqslant n} \prod_{j=1}^{n} a_{i2_j}^{U} \right)^{\frac{1}{n}}, \right. \right.
$$

$$
\left(\frac{1}{\mathrm{C}_n^n}\sum_{1\leqslant i_1<\cdots<i_n\leqslant n}\prod_{j=1}^n a_{i3_j}^U\right)^{\frac{1}{n}},\left(\frac{1}{\mathrm{C}_n^n}\sum_{1\leqslant i_1<\cdots<i_n\leqslant n}\prod_{j=1}^n a_{i4_j}^U\right)^{\frac{1}{n}};\min_{i=1,2,\cdots,n}\left\{h_i^U\right\}\right),
$$

$$
\left(\left(\frac{1}{\mathrm{C}_n^n}\sum_{1\leqslant i_1<\cdots<i_n\leqslant n}\prod_{j=1}^n a_{i1_j}^L\right)^{\frac{1}{n}},\left(\frac{1}{\mathrm{C}_n^n}\sum_{1\leqslant i_1<\cdots<i_n\leqslant n}\prod_{j=1}^n a_{i2_j}^L\right)^{\frac{1}{n}},\right.
$$

$$
\left.\left(\frac{1}{\mathrm{C}_n^n}\sum_{1\leqslant i_1<\cdots<i_n\leqslant n}\prod_{j=1}^n a_{i3_j}^L\right)^{\frac{1}{n}},\left(\frac{1}{\mathrm{C}_n^n}\sum_{1\leqslant i_1<\cdots<i_n\leqslant n}\prod_{j=1}^n a_{i4_j}^L\right)^{\frac{1}{n}};\min_{i=1,2,\cdots,n}\left\{h_i^L\right\}\right)\right) \tag{3.20}
$$

$$
=\left(\left(\left(\prod_{j=1}^n a_{i1}^U\right)^{\frac{1}{n}},\left(\prod_{j=1}^n a_{i2}^U\right)^{\frac{1}{n}},\left(\prod_{j=1}^n a_{i3}^U\right)^{\frac{1}{n}},\left(\prod_{j=1}^n a_{i4}^U\right)^{\frac{1}{n}};\min_{i=1,2,\cdots,n}\left\{h_i^U\right\}\right),\right.
$$

$$
\left.\left(\left(\prod_{j=1}^n a_{i1}^L\right)^{\frac{1}{n}},\left(\prod_{j=1}^n a_{i2}^L\right)^{\frac{1}{n}},\left(\prod_{j=1}^n a_{i3}^L\right)^{\frac{1}{n}},\left(\prod_{j=1}^n a_{i4}^L\right)^{\frac{1}{n}};\min_{i=1,2,\cdots,n}\left\{h_i^L\right\}\right)\right)
$$

　　显然，此时区间二型模糊 Maclaurin 对称平均算子退化为区间二型模糊几何平均算子[73]。

　　在实际信息集成的过程中，我们通常需要考虑每个集成元素的重要性，即权重信息。因此，下面给出加权区间二型模糊 Maclaurin 对称平均算子的定义。

　　定义 3.4　设 $A_i(i=1,2,\cdots,n)$ 是一组区间二型模糊数，$w=(w_1,w_2,\cdots,w_n)^{\mathrm{T}}$ 为权重向量，其中，w_i 表示 A_i 的权重，满足 $w_i\in[0,1]$ 且 $\sum_{i=1}^n w_i=1$。如果

$$
\mathrm{WIT2FMSM}_w^{(k)}(A_1,A_2,\cdots,A_n)=\begin{cases}\dfrac{\underset{1\leqslant i_1<\cdots<i_k\leqslant n}{\oplus}\left(1-\sum_{j=1}^k w_{i_j}\right)\overset{k}{\underset{j=1}{\otimes}}A_{i_j}}{\mathrm{C}_{n-1}^k}, & 1\leqslant k<n\\[6pt]\overset{k}{\underset{i=1}{\otimes}}A_i^{\frac{1-w_i}{n-1}}, & k=n\end{cases} \tag{3.21}
$$

称 $\mathrm{WIT2FMSM}_w^{(k)}$ 为加权区间二型模糊 Maclaurin 对称平均算子。

　　显然，当权重向量 $w=\left(\dfrac{1}{n},\dfrac{1}{n},\cdots,\dfrac{1}{n}\right)^{\mathrm{T}}$ 时，加权算子可以退化为普通区间二型模糊 Maclaurin 对称平均算子。

3.3　区间二型模糊对偶 Maclaurin 对称平均算子

由于 Maclaurin 平均是一个对称平均[231]，基于受控不等式理论[232]，则一定存在一个对偶形式（dual form）与之相对应。因此，我们首先给出对偶 Maclaurin 对称平均（dual Maclaurin symmetric mean，DMSM）算子的定义。

定义 3.5　设 $a_i (i=1,2,\cdots,n)$ 是一组非负的实数，且 $k=1,2,\cdots,n$，则存在一个集成函数：

$$\mathrm{DMSM}^{(k)}(a_1,a_2,\cdots,a_n)=\frac{1}{k}\left(\prod_{1\leqslant i_1<\cdots<i_k\leqslant n}\left(\sum_{j=1}^{k}a_{i_j}\right)^{\frac{1}{\mathrm{C}_n^k}}\right) \tag{3.22}$$

称 $\mathrm{DMSM}^{(k)}$ 为对偶 Maclaurin 对称平均算子，其中，$(i_1,i_2,\cdots,i_k)$ 表示遍历 $(1,2,\cdots,n)$ 的 k 元数组；C_n^k 表示二项式系数。

显然，当 k 取不同的值，可以得到以下一些特例。

（1）如果 $k=1$ 时，那么根据式（3.22），对偶 Maclaurin 对称平均算子退化为几何平均算子：

$$\mathrm{DMSM}^{(1)}(a_1,a_2,\cdots,a_n)=\left(\prod_{i=1}^{n}a_i\right)^{\frac{1}{n}} \tag{3.23}$$

（2）如果 $k=2$，那么式（3.22）可以退化为几何 Bonferroni 平均算子（$p=q=1$）：

$$\mathrm{DMSM}^{(2)}(a_1,a_2,\cdots,a_n)=\frac{1}{1+1}\prod_{\substack{i_1,i_2=1\\i_1\neq i_2}}^{n}\left(a_{i_1}+a_{i_2}\right)^{\frac{1}{n(n-1)}} \tag{3.24}$$

（3）如果 $k=3$，那么式（3.22）可以退化为广义几何 Bonferroni 平均算子（$p=q=r=1$）：

$$\mathrm{DMSM}^{(3)}(a_1,a_2,\cdots,a_n)=\frac{1}{1+1+1}\prod_{\substack{i_1,i_2,i_3=1\\i_1\neq i_2\neq i_3}}^{n}\left(a_{i_1}+a_{i_2}+a_{i_3}\right)^{\frac{1}{n(n-1)(n-2)}} \tag{3.25}$$

（4）如果 $k=n$，则式（3.22）退化为算术平均算子：

$$\mathrm{DMSM}^{(n)}(a_1,a_2,\cdots,a_n)=\frac{1}{n}\sum_{i=1}^{n}a_i \tag{3.26}$$

类似 Maclaurin 对称平均算子所具有的单调性，可以给出如下的引理。

引理 3.1　设 $a_i (i=1,2,\cdots,n)$ 是一组非负实数，且 $k=1,2,\cdots,n$，则

$$\left(\mathrm{DMSM}^{(k)}(a_1,a_2,\cdots,a_n)\right)^{2k}$$
$$\leqslant \left(\mathrm{DMSM}^{(k+1)}(a_1,a_2,\cdots,a_n)\right)^{k+1}\left(\mathrm{DMSM}^{(k-1)}(a_1,a_2,\cdots,a_n)\right)^{k-1} \quad (3.27)$$

证明：基于受控不等式理论，结论显然成立。

基于引理 3.1，给出如下的对偶 Maclaurin 不等式。

定理 3.2　设 $a_i(i=1,2,\cdots,n)$ 是一组非负的实数，且 $k=1,2,\cdots,n$，则

$$\mathrm{DMSM}^{(1)}(a_1,a_2,\cdots,a_n)$$
$$\leqslant \mathrm{DMSM}^{(2)}(a_1,a_2,\cdots,a_n)\leqslant\cdots\leqslant\mathrm{DMSM}^{(n)}(a_1,a_2,\cdots,a_n) \quad (3.28)$$

当且仅当 $a_1=a_2=\cdots=a_n$ 时等号成立。

证明：基于引理 3.1，如果 $k=1$，则有

$$\left(\mathrm{DMSM}^{(1)}(a_1,a_2,\cdots,a_n)\right)^2$$
$$\leqslant \left(\mathrm{DMSM}^{(2)}(a_1,a_2,\cdots,a_n)\right)^2\left(\mathrm{DMSM}^{(0)}(a_1,a_2,\cdots,a_n)\right)^0 \quad (3.29)$$

化简则有

$$\mathrm{DMSM}^{(1)}(a_1,a_2,\cdots,a_n)\leqslant\mathrm{DMSM}^{(2)}(a_1,a_2,\cdots,a_n) \quad (3.30)$$

假设 $\mathrm{DMSM}^{(1)}(a_1,a_2,\cdots,a_n)\leqslant\mathrm{DMSM}^{(2)}(a_1,a_2,\cdots,a_n)\leqslant\cdots\leqslant\mathrm{DMSM}^{(n)}(a_1,a_2,\cdots,a_n)$ 对所有的 $2\leqslant k<n$ 均成立，则基于上述引理，有

$$\left(\mathrm{DMSM}^{(k)}(a_1,a_2,\cdots,a_n)\right)^{2k}$$
$$\leqslant \left(\mathrm{DMSM}^{(k+1)}(a_1,a_2,\cdots,a_n)\right)^{k+1}\left(\mathrm{DMSM}^{(k-1)}(a_1,a_2,\cdots,a_n)\right)^{k-1}$$
$$\leqslant \left(\mathrm{DMSM}^{(k+1)}(a_1,a_2,\cdots,a_n)\right)^{k+1}\left(\mathrm{DMSM}^{(k)}(a_1,a_2,\cdots,a_n)\right)^{k-1}$$
$$\Rightarrow \left(\mathrm{DMSM}^{(k)}(a_1,a_2,\cdots,a_n)\right)^{2k} \quad (3.31)$$
$$\leqslant \left(\mathrm{DMSM}^{(k+1)}(a_1,a_2,\cdots,a_n)\right)^{k+1}\left(\mathrm{DMSM}^{(k)}(a_1,a_2,\cdots,a_n)\right)^{k-1}$$
$$\Rightarrow \left(\mathrm{DMSM}^{(k)}(a_1,a_2,\cdots,a_n)\right)^{k+1}\leqslant\left(\mathrm{DMSM}^{(k+1)}(a_1,a_2,\cdots,a_n)\right)^{k+1}$$
$$\Rightarrow \mathrm{DMSM}^{(k)}(a_1,a_2,\cdots,a_n)\leqslant\mathrm{DMSM}^{(k+1)}(a_1,a_2,\cdots,a_n)$$

根据数学归纳法，易知对全体 n 均成立，显然结论成立，证毕。

在定义 3.5 的基础上，我们可以进一步定义区间二型模糊对偶 Maclaurin 对称平均算子。

定义 3.6　设 $A_i=\left(A_i^U,A_i^L\right)=\left(\left(a_{i1}^U,a_{i2}^U,a_{i3}^U,a_{i4}^U;h_i^U\right),\left(a_{i1}^L,a_{i2}^L,a_{i3}^L,a_{i4}^L;h_i^L\right)\right)$ $(i=1,2,\cdots,n)$ 是一组区间二型模糊集，且 $k=1,2,\cdots,n$，则

$$\text{IT2FDMSM}^{(k)}(A_1, A_2, \cdots, A_n) = \frac{1}{k}\left(\underset{1 \leqslant i_1 < \cdots < i_k \leqslant n}{\otimes}\left(\overset{k}{\underset{j=1}{\oplus}} A_{i_j}\right)^{\frac{1}{C_n^k}}\right) \tag{3.32}$$

称 IT2FDMSM$^{(k)}$ 为区间二型模糊对偶 Maclaurin 对称平均算子。

基于区间二型模糊集的运算法则[127]，可以得到其具体的计算表达形式。

定理 3.3　设 $A_i = \left(A_i^U, A_i^L\right) = \left(\left(a_{i1}^U, a_{i2}^U, a_{i3}^U, a_{i4}^U; h^U\right), \left(a_{i1}^L, a_{i2}^L, a_{i3}^L, a_{i4}^L; h^L\right)\right)(i = 1,$ $2, \cdots, n)$ 是一组区间二型模糊集，且 $k = 1, 2, \cdots, n$，则根据式(3.32)集成的结果仍然是一个区间二型模糊集，且

$$\text{IT2FDMSM}^{(k)}(A_1, A_2, \cdots, A_n) = A = \left(A^U, A^L\right) \tag{3.33}$$

其中，

$$A^U = \left(\frac{1}{k}\left(\prod_{1 \leqslant i_1 < \cdots < i_k \leqslant n}\left(\sum_{j=1}^{k} a_{i1_j}^U\right)^{\frac{1}{C_n^k}}\right), \frac{1}{k}\left(\prod_{1 \leqslant i_1 < \cdots < i_k \leqslant n}\left(\sum_{j=1}^{k} a_{i2_j}^U\right)^{\frac{1}{C_n^k}}\right),\right.$$
$$\left.\frac{1}{k}\left(\prod_{1 \leqslant i_1 < \cdots < i_k \leqslant n}\left(\sum_{j=1}^{k} a_{i3_j}^U\right)^{\frac{1}{C_n^k}}\right), \frac{1}{k}\left(\prod_{1 \leqslant i_1 < \cdots < i_k \leqslant n}\left(\sum_{j=1}^{k} a_{i4_j}^U\right)^{\frac{1}{C_n^k}}\right); \min_{i=1,2,\cdots,n}\left\{h_i^U\right\}\right) \tag{3.34}$$

和

$$A^L = \left(\frac{1}{k}\left(\prod_{1 \leqslant i_1 < \cdots < i_k \leqslant n}\left(\sum_{j=1}^{k} a_{i1_j}^L\right)^{\frac{1}{C_n^k}}\right), \frac{1}{k}\left(\prod_{1 \leqslant i_1 < \cdots < i_k \leqslant n}\left(\sum_{j=1}^{k} a_{i2_j}^L\right)^{\frac{1}{C_n^k}}\right),\right.$$
$$\left.\frac{1}{k}\left(\prod_{1 \leqslant i_1 < \cdots < i_k \leqslant n}\left(\sum_{j=1}^{k} a_{i3_j}^L\right)^{\frac{1}{C_n^k}}\right), \frac{1}{k}\left(\prod_{1 \leqslant i_1 < \cdots < i_k \leqslant n}\left(\sum_{j=1}^{k} a_{i4_j}^L\right)^{\frac{1}{C_n^k}}\right); \min_{i=1,2,\cdots,n}\left\{h_i^L\right\}\right) \tag{3.35}$$

证明：同定理 3.1。

类似区间二型模糊 Maclaurin 对称平均算子，区间二型模糊对偶 Maclaurin 对称平均算子也满足如下性质。

性质 3.2　设 $A_i = \left(A_i^U, A_i^L\right) = \left(\left(a_{i1}^U, a_{i2}^U, a_{i3}^U, a_{i4}^U; h_i^U\right), \left(a_{i1}^L, a_{i2}^L, a_{i3}^L, a_{i4}^L; h_i^L\right)\right)(i = 1,$ $2, \cdots, n)$ 是一组区间二型模糊集，则有以下几点。

(1)幂等性。如果所有的 $A_i = \left(A_i^U, A_i^L\right)$ 均相等，即 $A_i = \left(A_i^U, A_i^L\right) = A$，则

$$\text{IT2FDMSM}^{(k)}(A_1, A_2, \cdots, A_n) = A = \left(A^U, A^L\right)$$

（2）有界性。

$$A_- \leqslant \text{IT2FMSM}^{(k)}(A_1, A_2, \cdots, A_n) \leqslant A_+ \tag{3.36}$$

其中：

$$A_- = \left(A_-^U, A_-^L\right) = \left(\left(\min_i a_{i1}^U, \min_i a_{i2}^U, \min_i a_{i3}^U, \min_i a_{i4}^U; \min_i\left\{h_i^U\right\}\right),\right.$$
$$\left.\left(\min_i a_{i1}^L, \min_i a_{i2}^L, \min_i a_{i3}^L, \min_i a_{i4}^L; \min_i\left\{h_i^L\right\}\right)\right) \tag{3.37}$$

$$A_+ = \left(A_+^U, A_+^L\right) = \left(\left(\max_i a_{i1}^U, \max_i a_{i2}^U, \max_i a_{i3}^U, \max_i a_{i4}^U; \max_i\left\{h_i^U\right\}\right),\right.$$
$$\left.\left(\max_i a_{i1}^L, \max_i a_{i2}^L, \max_i a_{i3}^L, \max_i a_{i4}^L; \max_i\left\{h_i^L\right\}\right)\right) \tag{3.38}$$

（3）单调性。设 $A_i = \left(A_i^U, A_i^L\right) = \left(\left(a_{i1}^U, a_{i2}^U, a_{i3}^U, a_{i4}^U; h_i^U\right), \left(a_{i1}^L, a_{i2}^L, a_{i3}^L, a_{i4}^L; h_i^L\right)\right)(i=1,$ $2,\cdots,n)$ 和 $B_i = \left(B_i^U, B_i^L\right) = \left(\left(b_{i1}^U, b_{i2}^U, b_{i3}^U, b_{i4}^U; h_i^U\right), \left(b_{i1}^L, b_{i2}^L, b_{i3}^L, b_{i4}^L; h_i^L\right)\right)(i=1,2,\cdots,n)$ 是两组区间二型模糊集，并且对于所有的 $a_{ij}^U \leqslant b_{ij}^U, a_{ij}^L \leqslant b_{ij}^L (j=1,2,3,4)$ ，那么

$$\text{IT2FDMSM}^{(k)}(A_1, A_2, \cdots, A_n) \leqslant \text{IT2FDMSM}^{(k)}(B_1, B_2, \cdots, B_n) \tag{3.39}$$

考虑集成元素的权重，下面给出加权区间二型模糊对偶 Maclaurin 对称平均算子的表达形式。

定义 3.7　设 $A_i(i=1,2,\cdots,n)$ 是一组区间二型模糊数， $w=(w_1, w_2, \cdots, w_n)^T$ 为权重向量， w_i 为 A_i 的权重，满足 $w_i \in [0,1]$ 且 $\sum_{i=1}^n w_i = 1$ 。如果

$$\text{WIT2FDMSM}_w^{(k)}(A_1, A_2, \cdots, A_n) = \begin{cases} \left(\bigotimes_{1 \leqslant i_1 < \cdots < i_k \leqslant n} \bigoplus_{j=1}^k A_{i_j}^{\left(1-\sum_{j=1}^k w_{i_j}\right)}\right)^{\frac{1}{C_{n-1}^k}}, & 1 \leqslant k < n \\ \dfrac{1-w_i}{n-1}\bigoplus_{i=1}^k A_i, & k = n \end{cases} \tag{3.40}$$

称 $\text{WIT2FDMSM}_w^{(k)}$ 为加权区间二型模糊对偶 Maclaurin 对称平均算子。

显然，当 $w=\left(\dfrac{1}{n}, \dfrac{1}{n}, \cdots, \dfrac{1}{n}\right)^T$ 时，该算子可以退化为区间二型模糊对偶 Maclaurin 对称平均算子。

从式（3.40）中可以看出加权区间二型模糊对偶 Maclaurin 对称平均算子是一个分段函数的形式，这一点有别于其他平均算子的加权形式（如 Bonferroni 平均、几何平均）。其主要原因在于对偶 Maclaurin 对称平均算子本身是一个受控对称平

均，其加权形式不能够用一个统一的整体进行表示。因此，在对其进行扩展时，要分情况讨论。

3.4　区间二型模糊指数 Maclaurin 对称平均算子

前面提到的两种算子虽然能够较好地刻画集成元素之间的关联性，但忽视了集成元素自身重要性对集成结果的影响。本节中我们将进一步提出一种区间二型模糊指数 Maclaurin 对称平均算子。同时，为了简化区间二型模糊信息集成过程中的运算，我们将其简化为如图 3.1 所示的对称三角区间二型模糊集形式 $\tilde{A} = \left(c_{\tilde{A}}, \delta_{\tilde{A}}, \underline{h}_{\tilde{A}}, \overline{h}_{\tilde{A}} \right)$。

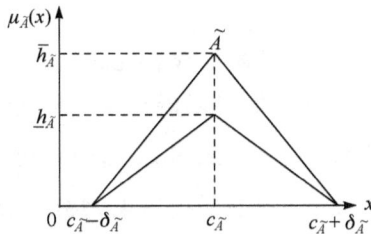

图 3.1　对称三角区间二型模糊集

首先给出对称三角区间二型模糊集的得分函数定义。

定义 3.8　设 $\tilde{A} = \left(c_{\tilde{A}}, \delta_{\tilde{A}}, \underline{h}_{\tilde{A}}, \overline{h}_{\tilde{A}} \right)$ 是一个对称三角区间二型模糊集，则其得分函数定义为

$$s\left(\tilde{A} \right) = \left(s_x\left(\tilde{A} \right), s_y\left(\tilde{A} \right) \right) = \left(c_{\tilde{A}}, \frac{\underline{h}_{\tilde{A}} + \overline{h}_{\tilde{A}}}{2} \right) \tag{3.41}$$

对于任意两个对称三角区间二型模糊集 $\tilde{A} = \left(c_{\tilde{A}}, \delta_{\tilde{A}}, \underline{h}_{\tilde{A}}, \overline{h}_{\tilde{A}} \right)$ 和 $\tilde{B} = \left(c_{\tilde{B}}, \delta_{\tilde{B}}, \underline{h}_{\tilde{B}}, \overline{h}_{\tilde{B}} \right)$，其大小比较遵循以下两条法则。

(1) 如果 $s_x\left(\tilde{A} \right) > s_x\left(\tilde{B} \right)$，则 $\tilde{A} \succ \tilde{B}$。

(2) 如果 $s_x\left(\tilde{A} \right) = s_x\left(\tilde{B} \right)$，那么：① $s_y\left(\tilde{A} \right) = s_y\left(\tilde{B} \right)$，则 $\tilde{A} = \tilde{B}$；② $s_y\left(\tilde{A} \right) > s_y\left(\tilde{B} \right)$，则 $\tilde{A} \succ \tilde{B}$。

下面，给出任意两个对称三角区间二型模糊集的运算法则。

定义 3.9　设 $\tilde{A} = \left(c_{\tilde{A}}, \delta_{\tilde{A}}, \underline{h}_{\tilde{A}}, \overline{h}_{\tilde{A}} \right)$ 和 $\tilde{B} = \left(c_{\tilde{B}}, \delta_{\tilde{B}}, \underline{h}_{\tilde{B}}, \overline{h}_{\tilde{B}} \right)$ 是定义在论域 X 上的两个对称三角区间二型模糊集，且 $n \geq 0$。则有以下几点。

(1) $\tilde{A} \oplus \tilde{B} = \left(c_{\tilde{A}} + c_{\tilde{B}}, \delta_{\tilde{A}} + \delta_{\tilde{B}}, \underline{h}_{\tilde{A}}\underline{h}_{\tilde{B}}, \underline{h}_{\tilde{A}} + \overline{h}_{\tilde{B}} - \underline{h}_{\tilde{A}}\overline{h}_{\tilde{B}} \right)$。

(2) $\tilde{A} \otimes \tilde{B} = \left(c_{\tilde{A}} c_{\tilde{B}}, \delta_{\tilde{A}} \delta_{\tilde{B}}, \underline{h}_{\tilde{A}} + \overline{h}_{\tilde{B}} - \underline{h}_{\tilde{A}} \overline{h}_{\tilde{B}}, \overline{h}_{\tilde{A}} \overline{h}_{\tilde{B}} \right)$。

(3) $n\tilde{A} = \left(nc_{\tilde{A}}, n\delta_{\tilde{A}}, \underline{h}_{\tilde{A}}{}^{n}, 1 - \left(1 - \overline{h}_{\tilde{A}} \right)^{n} \right) (n > 0)$。

(4) $\tilde{A}^{n} = \left(c_{\tilde{A}}^{n}, \delta_{\tilde{A}}^{n}, 1 - \left(1 - \underline{h}_{\tilde{A}} \right)^{n}, \overline{h}_{\tilde{A}}{}^{n} \right) (n > 0)$。

定义 3.10　设 $\tilde{A}_i = \left(c_{\tilde{A}_i}, \delta_{\tilde{A}_i}, \underline{h}_{\tilde{A}_i}, \overline{h}_{\tilde{A}_i} \right) (i = 1, 2, \cdots, n)$ 是一组对称三角区间二型模糊集，且 $k = 1, 2, \cdots, n$，如果

$$\text{IT2FEMSM}^{(k)} \left(\tilde{A}_1, \tilde{A}_2, \cdots, \tilde{A}_n \right) = \frac{\underset{1 \leqslant i_1 < \cdots < i_k \leqslant n}{\oplus} \left(\overset{k}{\underset{j=1}{\otimes}} \tilde{A}_{i_j} \right)^{\frac{1}{k}}}{\binom{n}{k}} \tag{3.42}$$

则 $\text{IT2FEMSM}^{(k)}$ 被称为区间二型模糊指数 Maclaurin 对称平均算子。

基于定义 3.9 和定义 3.10，我们可以得到如下定理。

定理 3.4　设 $\tilde{A}_i = \left(c_{\tilde{A}_i}, \delta_{\tilde{A}_i}, \underline{h}_{\tilde{A}_i}, \overline{h}_{\tilde{A}_i} \right) (i = 1, 2, \cdots, n)$ 是论域 X 上的一组对称三角区间二型模糊集，且 $k = 1, 2, \cdots, n$，则根据式 (3.42) 集成的结果仍然是一个对称三角区间二型模糊集，且

$$\text{IT2FEMSM}^{(k)} \left(\tilde{A}_1, \tilde{A}_2, \cdots, \tilde{A}_n \right) = \left(\frac{\sum\limits_{1 \leqslant i_1 < \cdots < i_k \leqslant n} \left(\prod\limits_{j=1}^{k} c_{\tilde{A}_{i_j}} \right)^{\frac{1}{k}}}{\binom{n}{k}}, \frac{\sum\limits_{1 \leqslant i_1 < \cdots < i_k \leqslant n} \left(\prod\limits_{j=1}^{k} \delta_{\tilde{A}_{i_j}} \right)^{\frac{1}{k}}}{\binom{n}{k}}, \right.$$

$$\left(\prod\limits_{1 \leqslant i_1 < \cdots < i_k \leqslant n} \left(1 - \prod\limits_{j=1}^{k} \left(1 - \underline{h}_{\tilde{A}_{i_j}} \right) \right) \right)^{\frac{1}{\binom{n}{k}}},$$

$$\left. 1 - \left(\prod\limits_{1 \leqslant i_1 < \cdots < i_k \leqslant n} \left(1 - \prod\limits_{j=1}^{k} \overline{h}_{\tilde{A}_{i_j}} \right) \right)^{\frac{1}{\binom{n}{k}}} \right) \tag{3.43}$$

证明：根据定义 3.9 给出的对称三角区间二型模糊集的运算法则，可以得到

$$\overset{k}{\underset{j=1}{\otimes}} \tilde{A}_{i_j} = \left(\prod\limits_{j=1}^{k} c_{\tilde{A}_{i_j}}, \prod\limits_{j=1}^{k} \delta_{\tilde{A}_{i_j}}, 1 - \prod\limits_{j=1}^{k} \left(1 - \underline{h}_{\tilde{A}_{i_j}} \right), \prod\limits_{j=1}^{k} \overline{h}_{\tilde{A}_{i_j}} \right) \tag{3.44}$$

则

$$\left(\overset{k}{\underset{j=1}{\otimes}} \tilde{A}_{i_j}\right)^{\frac{1}{k}} = \left(\left(\prod_{j=1}^{k} c_{\tilde{A}_{i_j}}\right)^{\frac{1}{k}}, \left(\prod_{j=1}^{k} \delta_{\tilde{A}_{i_j}}\right)^{\frac{1}{k}}, 1-\left(\prod_{j=1}^{k}\left(1-\underline{h}_{\tilde{A}_{i_j}}\right)\right)^{\frac{1}{k}}, \left(\prod_{j=1}^{k} \overline{h}_{\tilde{A}_{i_j}}\right)^{\frac{1}{k}}\right) \quad (3.45)$$

并且

$$\underset{1\leqslant i_1 < \cdots < i_k \leqslant n}{\oplus} \left(\overset{k}{\underset{j=1}{\otimes}} \tilde{A}_{i_j}\right)^{\frac{1}{k}} = \left(\sum_{1\leqslant i_1 < \cdots < i_k \leqslant n}\left(\prod_{j=1}^{k} c_{\tilde{A}_{i_j}}\right)^{\frac{1}{k}}, \sum_{1\leqslant i_1 < \cdots < i_k \leqslant n}\left(\prod_{j=1}^{k} \delta_{\tilde{A}_{i_j}}\right)^{\frac{1}{k}},\right.$$

$$\left.\prod_{1\leqslant i_1 < \cdots < i_k \leqslant n}\left(1-\prod_{j=1}^{k}\left(1-\underline{h}_{\tilde{A}_{i_j}}\right)\right)^{\frac{1}{k}}, 1-\prod_{1\leqslant i_1 < \cdots < i_k \leqslant n}\left(1-\prod_{j=1}^{k} \overline{h}_{\tilde{A}_{i_j}}\right)^{\frac{1}{k}}\right) \quad (3.46)$$

进一步可以推导出

$$\frac{\underset{1\leqslant i_1 < \cdots < i_k \leqslant n}{\oplus}\left(\overset{k}{\underset{j=1}{\otimes}} \tilde{A}_{i_j}\right)^{\frac{1}{k}}}{\dbinom{n}{k}} = \left(\frac{\sum_{1\leqslant i_1 < \cdots < i_k \leqslant n}\left(\prod_{j=1}^{k} c_{\tilde{A}_{i_j}}\right)^{\frac{1}{k}}}{\dbinom{n}{k}}, \frac{\sum_{1\leqslant i_1 < \cdots < i_k \leqslant n}\left(\prod_{j=1}^{k} \delta_{\tilde{A}_{i_j}}\right)^{\frac{1}{k}}}{\dbinom{n}{k}},\right.$$

$$\left.\left(\prod_{1\leqslant i_1 < \cdots < i_k \leqslant n}\left(1-\prod_{j=1}^{k}\left(1-\underline{h}_{\tilde{A}_{i_j}}\right)\right)\right)^{\frac{1}{\binom{n}{k}}}, 1-\left(\prod_{1\leqslant i_1 < \cdots < i_k \leqslant n}\left(1-\prod_{j=1}^{k} \overline{h}_{\tilde{A}_{i_j}}\right)\right)^{\frac{1}{\binom{n}{k}}}\right)$$

$$(3.47)$$

因此

$$\text{IT2FEMSM}^{(k)}\left(\tilde{A}_1, \tilde{A}_2, \cdots, \tilde{A}_n\right) = \left(\frac{\sum_{1\leqslant i_1 < \cdots < i_k \leqslant n}\left(\prod_{j=1}^{k} c_{\tilde{A}_{i_j}}\right)^{\frac{1}{k}}}{\dbinom{n}{k}}, \frac{\sum_{1\leqslant i_1 < \cdots < i_k \leqslant n}\left(\prod_{j=1}^{k} \delta_{\tilde{A}_{i_j}}\right)^{\frac{1}{k}}}{\dbinom{n}{k}},\right.$$

$$\left(\prod_{1\leqslant i_1 < \cdots < i_k \leqslant n}\left(1-\prod_{j=1}^{k}\left(1-\underline{h}_{\tilde{A}_{i_j}}\right)\right)\right)^{\frac{1}{\binom{n}{k}}},$$

$$\left.1-\left(\prod_{1\leqslant i_1 < \cdots < i_k \leqslant n}\left(1-\prod_{j=1}^{k} \overline{h}_{\tilde{A}_{i_j}}\right)\right)^{\frac{1}{\binom{n}{k}}}\right) \quad (3.48)$$

证毕。

下面用一个算例来说明区间二型模糊指数 Maclaurin 对称平均算子的计算过程。

例 3.1 设 $\tilde{A}_1 = (0.5, 0.3, 0.9, 1)$，$\tilde{A}_2 = (0.6, 0.4, 0.8, 0.9)$，$\tilde{A}_3 = (0.4, 0.2, 0.7, 0.8)$ 是三个对称三角区间二型模糊集，根据式（3.43），且令 $k = 2$，可得

$$
\begin{aligned}
\text{IT2FEMSM}^{(2)}\left(\tilde{A}_1, \tilde{A}_2, \tilde{A}_3\right) = & \left(\frac{(0.5 \times 0.6)^{\frac{1}{2}} + (0.5 \times 0.4)^{\frac{1}{2}} + (0.6 \times 0.4)^{\frac{1}{2}}}{3}, \right. \\
& \frac{(0.3 \times 0.4)^{\frac{1}{2}} + (0.3 \times 0.2)^{\frac{1}{2}} + (0.4 \times 0.2)^{\frac{1}{2}}}{3}, \\
& \left((1 - (1 - 0.9)(1 - 0.8))(1 - (1 - 0.9)(1 - 0.7))\right. \\
& \left.\times (1 - (1 - 0.8)(1 - 0.7))\right)^{\frac{1}{3}}, \\
& \left((1 - (1 - 1)(1 - 0.9))(1 - (1 - 1)(1 - 0.8))\right. \\
& \left.\left.\times (1 - (1 - 0.9)(1 - 0.8))\right)^{\frac{1}{3}}\right) \\
= & (0.495, 0.291, 0.963, 0.993)
\end{aligned}
\tag{3.49}
$$

基于上述定理，可以证明区间二型模糊指数 Maclaurin 对称平均算子满足下面一些性质。

定理 3.5（幂等性） 假如所有的 $\tilde{A}_i (i = 1, 2, \cdots, n)$ 都相等，即 $\tilde{A}_i = \tilde{A} = \left(c_{\tilde{A}}, \delta_{\tilde{A}}, \underline{h}_{\tilde{A}}, \overline{h}_{\tilde{A}}\right)$，则

$$
\text{IT2FEMSM}^{(k)}\left(\tilde{A}, \tilde{A}, \cdots, \tilde{A}\right) = \tilde{A}
\tag{3.50}
$$

证明： 因为 $\tilde{A} = \left(c_{\tilde{A}}, \delta_{\tilde{A}}, \underline{h}_{\tilde{A}}, \overline{h}_{\tilde{A}}\right)$，基于定理 3.4，可以得到

$$
\begin{aligned}
& \text{IT2FEMSM}^{(k)}\left(\tilde{A}, \tilde{A}, \cdots, \tilde{A}\right) \\
= & \left(\frac{\displaystyle\sum_{1 \leqslant i_1 < \cdots < i_k \leqslant n} \left(c_{\tilde{A}}^k\right)^{\frac{1}{k}}}{\dbinom{n}{k}}, \frac{\displaystyle\sum_{1 \leqslant i_1 < \cdots < i_k \leqslant n} \left(\delta_{\tilde{A}}^k\right)^{\frac{1}{k}}}{\dbinom{n}{k}}, \right. \\
& \left(\prod_{1 \leqslant i_1 < \cdots < i_k \leqslant n} \left(1 - \left(\left(1 - \underline{h}_{\tilde{A}}\right)^k\right)^{\frac{1}{k}}\right) \right)^{\frac{1}{\binom{n}{k}}},
\end{aligned}
$$

$$
1 - \left(\prod_{1 \leqslant i_1 < \cdots < i_k \leqslant n} \left(1 - \left(\overline{h}_{\tilde{A}}^{k} {}^{\frac{1}{k}} \right) \right) \right)^{\frac{1}{\binom{n}{k}}}
$$

$$
= \left(\frac{\binom{n}{k} \left(c_{\tilde{A}}^{k} \right)^{\frac{1}{k}}}{\binom{n}{k}}, \frac{\binom{n}{k} \left(\delta_{\tilde{A}}^{k} \right)^{\frac{1}{k}}}{\binom{n}{k}}, \left(\prod_{1 \leqslant i_1 < \cdots < i_k \leqslant n} \left(1 - \left(\left(1 - \underline{h}_{\tilde{A}} \right)^{k} \right)^{\frac{1}{k}} \right) \right)^{\frac{1}{\binom{n}{k}}}, \right.
$$

$$
\left. 1 - \left(\prod_{1 \leqslant i_1 < \cdots < i_k \leqslant n} \left(1 - \left(\overline{h}_{\tilde{A}}^{k} {}^{\frac{1}{k}} \right) \right) \right)^{\frac{1}{\binom{n}{k}}} \right)
\tag{3.51}
$$

$$
= \left(c_{\tilde{A}}, \delta_{\tilde{A}}, \left(\prod_{1 \leqslant i_1 < \cdots < i_k \leqslant n} \underline{h}_{\tilde{A}} \right)^{\frac{1}{\binom{n}{k}}}, 1 - \left(\prod_{1 \leqslant i_1 < \cdots < i_k \leqslant n} \left(1 - \overline{h}_{\tilde{A}} \right) \right)^{\frac{1}{\binom{n}{k}}} \right)
$$

$$
= \left(c_{\tilde{A}}, \delta_{\tilde{A}}, \left(\left(\underline{h}_{\tilde{A}} \right)^{\binom{n}{k}} \right)^{\frac{1}{\binom{n}{k}}}, 1 - \left(\left(1 - \overline{h}_{\tilde{A}} \right)^{\binom{n}{k}} \right)^{\frac{1}{\binom{n}{k}}} \right)
$$

$$
= \left(c_{\tilde{A}}, \delta_{\tilde{A}}, \underline{h}_{\tilde{A}}, \overline{h}_{\tilde{A}} \right)
$$

$$
= \tilde{A}
$$

证毕。

定理 3.6（置换性）　设 $\tilde{A}_i = \left(c_{\tilde{A}}, \delta_{\tilde{A}}, \underline{h}_{\tilde{A}}, \overline{h}_{\tilde{A}} \right) (i = 1, 2, \cdots, n)$ 是一组区间二型模糊集，且 $\left(\tilde{\tilde{A}}_1, \tilde{\tilde{A}}_2, \cdots, \tilde{\tilde{A}}_n \right)$ 是 $\left(\tilde{A}_1, \tilde{A}_2, \cdots, \tilde{A}_n \right)$ 的任意置换排列，则

$$
\text{IT2FEMSM}^{(k)} \left(\tilde{\tilde{A}}_1, \tilde{\tilde{A}}_2, \cdots, \tilde{\tilde{A}}_n \right) = \text{IT2FEMSM}^{(k)} \left(\tilde{A}_1, \tilde{A}_2, \cdots, \tilde{A}_n \right)
\tag{3.52}
$$

证明：因为 $\left(\tilde{\tilde{A}}_1, \tilde{\tilde{A}}_2, \cdots, \tilde{\tilde{A}}_n \right)$ 是 $\left(\tilde{A}_1, \tilde{A}_2, \cdots, \tilde{A}_n \right)$ 的任意置换排列，基于式 (3.42)，容易证明

$$
\text{IT2FEMSM}^{(k)} \left(\tilde{\tilde{A}}, \tilde{\tilde{A}}, \cdots, \tilde{\tilde{A}} \right) = \frac{\displaystyle\bigoplus_{1 \leqslant i_1 < \cdots < i_k \leqslant n} \left(\bigotimes_{j=1}^{k} \tilde{\tilde{A}}_{i_j} \right)^{\frac{1}{k}}}{\binom{n}{k}}
$$

$$
= \frac{\underset{1 \leqslant i_1 < \cdots < i_k \leqslant n}{\oplus} \left(\overset{k}{\underset{j=1}{\otimes}} \tilde{A}_{i_j} \right)^{\frac{1}{k}}}{\binom{n}{k}} \tag{3.53}
$$

$$
= \mathrm{IT2FEMSM}^{(k)}\left(\tilde{A}, \tilde{A}, \cdots, \tilde{A} \right)
$$

证毕。

为了进一步研究区间二型模糊指数 Maclaurin 对称平均算子所具有的参数单调性，我们首先介绍三个引理。

引理 3.2[229]　令 $x_i(i=1,2,\cdots,n)$ 是一组非负的实数，且 $k=1,2,\cdots,n$，则

$$
\mathrm{EMSM}^{(1)}(x_1,x_2,\cdots,x_n) \geqslant \mathrm{EMSM}^{(2)}(x_1,x_2,\cdots,x_n) \geqslant \cdots \geqslant \mathrm{EMSM}^{(n)}(x_1,x_2,\cdots,x_n) \tag{3.54}
$$

当且仅当 $x_1=x_2=\cdots=x_n$ 时等号成立。

引理 3.3[229]　设 $x_i, y_i > 0 \ (i=1,2,\cdots,n)$，且 $\sum_{i=1}^{n} y_i = 1$，则

$$
\prod_{i=1}^{n} x_i^{y_i} \leqslant \sum_{i=1}^{n} x_i y_i \tag{3.55}
$$

当且仅当 $x_1=x_2=\cdots=x_n$ 时等号成立。

引理 3.4[229]　令 $x_i(i=1,2,\cdots,n)$ 是一组非负的实数，且 $k=1,2,\cdots,n$，则

$$
\mathrm{EMSM}^{(k)}(x_1,x_2,\cdots,x_n) \geqslant \mathrm{MSM}^{(k)}(x_1,x_2,\cdots,x_n) \geqslant \mathrm{DMSM}^{(k)}(x_1,x_2,\cdots,x_n) \tag{3.56}
$$

当且仅当 $x_1=x_2=\cdots=x_n$ 时等号成立。

定理 3.7（单调性）　设 $\tilde{A}_i = \left(c_{\tilde{A}_i}, \delta_{\tilde{A}_i}, \underline{h}_{\tilde{A}_i}, \overline{h}_{\tilde{A}_i} \right)$ 和 $\tilde{B}_i = \left(c_{\tilde{B}_i}, \delta_{\tilde{B}_i}, \underline{h}_{\tilde{B}_i}, \overline{h}_{\tilde{B}_i} \right) (i=1,2,\cdots,n)$ 是两个对称三角区间二型模糊集，且 $k=1,2,\cdots,n$。如果 $c_{\tilde{A}_i} \leqslant c_{\tilde{B}_i}, \delta_{\tilde{A}_i} \geqslant \delta_{\tilde{B}_i}$，$\underline{h}_{\tilde{A}_i} \leqslant \underline{h}_{\tilde{B}_i}, \overline{h}_{\tilde{A}_i} \leqslant \overline{h}_{\tilde{B}_i}$ 对任意 i 均成立，则

$$
\mathrm{IT2FEMSM}^{(k)}(\tilde{A}_1, \tilde{A}_2, \cdots, \tilde{A}_n) \leqslant \mathrm{IT2FEMSM}^{(k)}(\tilde{B}_1, \tilde{B}_2, \cdots, \tilde{B}_n) \tag{3.57}
$$

证明：令 $\alpha = \mathrm{IT2FEMSM}^{(k)}\left(\tilde{A}_1, \tilde{A}_2, \cdots, \tilde{A}_n \right)$ 和 $\beta = \mathrm{IT2FEMSM}^{(k)}\left(\tilde{B}_1, \tilde{B}_2, \cdots, \tilde{B}_n \right)$，则根据定理 3.4，可以得到

$$
\alpha = \mathrm{IT2FEMSM}^{(k)}\left(\tilde{A}_1, \tilde{A}_2, \cdots, \tilde{A}_n \right)
$$

$$
= \left(\frac{\sum\limits_{1 \leqslant i_1 < \cdots < i_k \leqslant n} \left(\prod\limits_{j=1}^{k} c_{\tilde{A}_{i_j}} \right)^{\frac{1}{k}}}{\binom{n}{k}}, \frac{\sum\limits_{1 \leqslant i_1 < \cdots < i_k \leqslant n} \left(\prod\limits_{j=1}^{k} \delta_{\tilde{A}_{i_j}} \right)^{\frac{1}{k}}}{\binom{n}{k}}, \right. \tag{3.58}
$$

$$
\left(\left(\prod_{1\leqslant i_1<\cdots<i_k\leqslant n}\left(1-\prod_{j=1}^{k}\left(1-\underline{h}_{\tilde{A}_{i_j}}\right)\right)\right)^{\frac{1}{\binom{n}{k}}},1-\left(\prod_{1\leqslant i_1<\cdots<i_k\leqslant n}\left(1-\prod_{j=1}^{k}\overline{h}_{\tilde{A}_{i_j}}\right)\right)^{\frac{1}{\binom{n}{k}}}\right)\right)
$$

和

$$
\beta=\mathrm{IT2FEMSM}^{(k)}\left(\tilde{B}_1,\tilde{B}_2,\cdots,\tilde{B}_n\right)
$$

$$
=\left(\left(\frac{\sum\limits_{1\leqslant i_1<\cdots<i_k\leqslant n}\left(\prod_{j=1}^{k}c_{\tilde{B}_{i_j}}\right)^{\frac{1}{k}}}{\binom{n}{k}},\frac{\sum\limits_{1\leqslant i_1<\cdots<i_k\leqslant n}\left(\prod_{j=1}^{k}\delta_{\tilde{B}_{i_j}}\right)^{\frac{1}{k}}}{\binom{n}{k}}\right),\right. \tag{3.59}
$$

$$
\left(\left(\prod_{1\leqslant i_1<\cdots<i_k\leqslant n}\left(1-\prod_{j=1}^{k}(1-\underline{h}_{\tilde{B}_{i_j}})\right)\right)^{\frac{1}{\binom{n}{k}}},1-\left(\prod_{1\leqslant i_1<\cdots<i_k\leqslant n}\left(1-\prod_{j=1}^{k}\overline{h}_{\tilde{B}_{i_j}}\right)\right)^{\frac{1}{\binom{n}{k}}}\right)\right)
$$

因为对任意 i，均有 $c_{\tilde{A}_i}\leqslant c_{\tilde{B}_i}$，则可以推出

$$
s_x(\alpha)=\frac{\sum\limits_{1\leqslant i_1<\cdots<i_k\leqslant n}\left(\prod_{j=1}^{k}c_{\tilde{A}_{i_j}}\right)^{\frac{1}{k}}}{\binom{n}{k}}\leqslant\frac{\sum\limits_{1\leqslant i_1<\cdots<i_k\leqslant n}\left(\prod_{j=1}^{k}c_{\tilde{B}_{i_j}}\right)^{\frac{1}{k}}}{\binom{n}{k}}=s_x(\beta) \tag{3.60}
$$

根据对称三角区间二型模糊集的大小比较方法，下面分两种情况进行讨论。

(1) 如果 $s_x(\alpha)<s_x(\beta)$，则基于定义 3.8，容易推出

$$
\mathrm{IT2FEMSM}^{(k)}(\tilde{A}_1,\tilde{A}_2,\cdots,\tilde{A}_n)\leqslant\mathrm{IT2FEMSM}^{(k)}(\tilde{B}_1,\tilde{B}_2,\cdots,\tilde{B}_n)
$$

(2) 如果 $s_x(\alpha)<s_x(\beta)$，因为 $\underline{h}_{\tilde{A}_i}\leqslant\underline{h}_{\tilde{B}_i},\overline{h}_{\tilde{A}_i}\leqslant\overline{h}_{\tilde{B}_i}$ 对所有 i 均成立，则

$$
1-\underline{h}_{\tilde{B}_{i_j}}\leqslant 1-\underline{h}_{\tilde{A}_{i_j}}
$$

$$
\Rightarrow\prod_{j=1}^{k}\left(1-\underline{h}_{\tilde{B}_{i_j}}\right)\leqslant\prod_{j=1}^{k}\left(1-\underline{h}_{\tilde{A}_{i_j}}\right)
$$

$$
\Rightarrow 1-\prod_{j=1}^{k}\left(1-\underline{h}_{\tilde{B}_{i_j}}\right)\geqslant 1-\prod_{j=1}^{k}\left(1-\underline{h}_{\tilde{A}_{i_j}}\right)
$$

$$\Rightarrow \prod_{1\leqslant i_1<\cdots<i_k\leqslant n}\left(1-\prod_{j=1}^{k}\left(1-\underline{h}_{\tilde{B}_{i_j}}\right)\right) \geqslant \prod_{1\leqslant i_1<\cdots<i_k\leqslant n}\left(1-\prod_{j=1}^{k}\left(1-\underline{h}_{\tilde{A}_{i_j}}\right)\right)$$

$$\Rightarrow \left(\prod_{1\leqslant i_1<\cdots<i_k\leqslant n}\left(1-\prod_{j=1}^{k}\left(1-\underline{h}_{\tilde{B}_{i_j}}\right)\right)\right)^{\frac{1}{\binom{n}{k}}} \geqslant \left(\prod_{1\leqslant i_1<\cdots<i_k\leqslant n}\left(1-\prod_{j=1}^{k}\left(1-\underline{h}_{\tilde{A}_{i_j}}\right)\right)\right)^{\frac{1}{\binom{n}{k}}} \tag{3.61}$$

且

$$\overline{h}_{\tilde{B}_{i_j}} \geqslant \overline{h}_{\tilde{A}_{i_j}}$$

$$\Rightarrow \prod_{j=1}^{k}\overline{h}_{\tilde{B}_{i_j}} \geqslant \prod_{j=1}^{k}\overline{h}_{\tilde{A}_{i_j}}$$

$$\Rightarrow 1-\prod_{j=1}^{k}\overline{h}_{\tilde{B}_{i_j}} \leqslant 1-\prod_{j=1}^{k}\overline{h}_{\tilde{A}_{i_j}}$$

$$\Rightarrow \prod_{1\leqslant i_1<\cdots<i_k\leqslant n}\left(1-\prod_{j=1}^{k}\overline{h}_{\tilde{B}_{i_j}}\right) \leqslant \prod_{1\leqslant i_1<\cdots<i_k\leqslant n}\left(1-\prod_{j=1}^{k}\overline{h}_{\tilde{A}_{i_j}}\right) \tag{3.62}$$

$$\Rightarrow \left(\prod_{1\leqslant i_1<\cdots<i_k\leqslant n}\left(1-\prod_{j=1}^{k}\overline{h}_{\tilde{B}_{i_j}}\right)\right)^{\frac{1}{\binom{n}{k}}} \leqslant \left(\prod_{1\leqslant i_1<\cdots<i_k\leqslant n}\left(1-\prod_{j=1}^{k}\overline{h}_{\tilde{A}_{i_j}}\right)\right)^{\frac{1}{\binom{n}{k}}}$$

$$\Rightarrow 1-\left(\prod_{1\leqslant i_1<\cdots<i_k\leqslant n}\left(1-\prod_{j=1}^{k}\overline{h}_{\tilde{B}_{i_j}}\right)\right)^{\frac{1}{\binom{n}{k}}} \geqslant 1-\left(\prod_{1\leqslant i_1<\cdots<i_k\leqslant n}\left(1-\prod_{j=1}^{k}\overline{h}_{\tilde{A}_{i_j}}\right)\right)^{\frac{1}{\binom{n}{k}}}$$

则进一步推导可得

$$s_y(\alpha)=\frac{\left(\prod\limits_{1\leqslant i_1<\cdots<i_k\leqslant n}\left(1-\prod\limits_{j=1}^{k}\left(1-\underline{h}_{\tilde{A}_{i_j}}\right)\right)\right)^{\frac{1}{\binom{n}{k}}}+1-\left(\prod\limits_{1\leqslant i_1<\cdots<i_k\leqslant n}\left(1-\prod\limits_{j=1}^{k}\overline{h}_{\tilde{A}_{i_j}}\right)\right)^{\frac{1}{\binom{n}{k}}}}{2}$$

$$\leqslant \frac{\left(\prod\limits_{1\leqslant i_1<\cdots<i_k\leqslant n}\left(1-\prod\limits_{j=1}^{k}\left(1-\underline{h}_{\tilde{B}_{i_j}}\right)\right)\right)^{\frac{1}{\binom{n}{k}}}+1-\left(\prod\limits_{1\leqslant i_1<\cdots<i_k\leqslant n}\left(1-\prod\limits_{j=1}^{k}\overline{h}_{\tilde{B}_{i_j}}\right)\right)^{\frac{1}{\binom{n}{k}}}}{2} \tag{3.63}$$

$$= s_y(\beta)$$

根据定义 3.8，容易证明下列不等式成立

$$\text{IT2FEMSM}^{(k)}\left(\tilde{A}_1,\tilde{A}_2,\cdots,\tilde{A}_n\right) \leqslant \text{IT2FEMSM}^{(k)}\left(\tilde{B}_1,\tilde{B}_2,\cdots,\tilde{B}_n\right)$$

证毕。

定理 3.8（有界性）　设 $\tilde{A}_i=\left(c_{\tilde{A}},\delta_{\tilde{A}},\underline{h}_{\tilde{A}},\overline{h}_{\tilde{A}}\right)(i=1,2,\cdots,n)$ 是一组区间二型模糊集，并且

$$\tilde{A}^- = \left(\min_i \left\{ c_{\tilde{A}_i} \right\}, \max_i \left\{ \delta_{\tilde{A}_i} \right\}, \min_i \left\{ \underline{h}_{\tilde{A}_i} \right\}, \min_i \left\{ \overline{h}_{\tilde{A}_i} \right\} \right)$$

$$\tilde{A}^+ = \left(\max_i \left\{ c_{\tilde{A}_i} \right\}, \min_i \left\{ \delta_{\tilde{A}_i} \right\}, \max_i \left\{ \underline{h}_{\tilde{A}_i} \right\}, \max_i \left\{ \overline{h}_{\tilde{A}_i} \right\} \right)$$

则

$$\tilde{A}^- \leqslant \mathrm{IT2FEMSM}^{(k)} \left(\tilde{A}_1, \tilde{A}_2, \cdots, \tilde{A}_n \right) \leqslant \tilde{A}^+ \tag{3.64}$$

证明：基于定理 3.6 和定理 3.7，可以得到

$$\mathrm{IT2FEMSM}^{(k)} \left(\tilde{A}_1, \tilde{A}_2, \cdots, \tilde{A}_n \right) \geqslant \mathrm{IT2FEMSM}^{(k)} \left(\tilde{A}^-, \tilde{A}^-, \cdots, \tilde{A}^- \right) = \tilde{A}^- \tag{3.65}$$

$$\mathrm{IT2FEMSM}^{(k)} \left(\tilde{A}_1, \tilde{A}_2, \cdots, \tilde{A}_n \right) \leqslant \mathrm{IT2FEMSM}^{(k)} \left(\tilde{A}^+, \tilde{A}^+, \cdots, \tilde{A}^+ \right) = \tilde{A}^+ \tag{3.66}$$

显然结论成立，证毕。

类似于区间二型模糊 Maclaurin 对称平均算子和区间二型模糊对偶 Maclaurin 对称平均算子，我们可以证明对于区间二型模糊指数 Maclaurin 对称平均算子依然满足参数单调性。因此，在实际的决策过程中，决策者可以根据决策偏好和需要，选择合适的参数对信息进行集成。

下面给出定理 3.9 对区间二型模糊指数 Maclaurin 对称平均算子的参数单调性进行说明。

定理 3.9　对于给定的一组区间二型模糊集 $A_i \in \Theta \, (i = 1, 2, \cdots, n)$，且 $k = 1, 2, \cdots, n$，则通过区间二型模糊指数 Maclaurin 对称平均算子集成的函数是关于参数 k 的单调递减函数。

证明：基于定理 3.4，可以得到

$$\mathrm{IT2FEMSM}^{(k)} \left(\tilde{A}_1, \tilde{A}_2, \cdots, \tilde{A}_n \right) = \left(\frac{\sum\limits_{1 \leqslant i_1 < \cdots < i_k \leqslant n} \left(\prod\limits_{j=1}^{k} c_{\tilde{A}_{i_j}} \right)^{\frac{1}{k}}}{\binom{n}{k}}, \frac{\sum\limits_{1 \leqslant i_1 < \cdots < i_k \leqslant n} \left(\prod\limits_{j=1}^{k} \delta_{\tilde{A}_{i_j}} \right)^{\frac{1}{k}}}{\binom{n}{k}}, \right.$$

$$\left(\prod\limits_{1 \leqslant i_1 < \cdots < i_k \leqslant n} \left(1 - \prod\limits_{j=1}^{k} \left(1 - \underline{h}_{\tilde{A}_{i_j}} \right) \right) \right)^{\frac{1}{\binom{n}{k}}}, \tag{3.67}$$

$$\left. 1 - \left(\prod\limits_{1 \leqslant i_1 < \cdots < i_k \leqslant n} \left(1 - \prod\limits_{j=1}^{k} \overline{h}_{\tilde{A}_{i_j}} \right) \right)^{\frac{1}{\binom{n}{k}}} \right)$$

并且

$$\text{IT2FEMSM}^{(k+1)}\left(\tilde{A}_1,\tilde{A}_2,\cdots,\tilde{A}_n\right)$$

$$=\left(\frac{\displaystyle\sum_{1\leqslant i_1<\cdots<i_{k+1}\leqslant n}\left(\prod_{j=1}^{k+1}c_{\tilde{A}_{i_j}}\right)^{\frac{1}{k+1}}}{\displaystyle\binom{n}{k+1}},\frac{\displaystyle\sum_{1\leqslant i_1<\cdots<i_{k+1}\leqslant n}\left(\prod_{j=1}^{k+1}\delta_{\tilde{A}_{i_j}}\right)^{\frac{1}{k+1}}}{\displaystyle\binom{n}{k+1}},\right.$$

$$\left(\prod_{1\leqslant i_1<\cdots<i_{k+1}\leqslant n}\left(1-\prod_{j=1}^{k+1}(1-\underline{h}_{\tilde{A}_{i_j}})\right)\right)^{\frac{1}{\binom{n}{k+1}}},$$

$$\left.1-\left(\prod_{1\leqslant i_1<\cdots<i_{k+1}\leqslant n}\left(1-\prod_{j=1}^{k+1}\overline{h}_{\tilde{A}_{i_j}}\right)\right)^{\frac{1}{\binom{n}{k+1}}}\right) \tag{3.68}$$

根据定义 3.4 和引理 3.2，容易推出

$$s_x\left(\text{IT2FEMSM}^{(k)}\left(\tilde{A}_1,\tilde{A}_2,\cdots,\tilde{A}_n\right)\right)=\frac{\displaystyle\sum_{1\leqslant i_1<\cdots<i_k\leqslant n}\left(\prod_{j=1}^{k}c_{\tilde{A}_{i_j}}\right)^{\frac{1}{k}}}{\displaystyle\binom{n}{k}}$$

$$\geqslant\frac{\displaystyle\sum_{1\leqslant i_1<\cdots<i_{k+1}\leqslant n}\left(\prod_{j=1}^{k+1}c_{\tilde{A}_{i_j}}\right)^{\frac{1}{k+1}}}{\displaystyle\binom{n}{k+1}} \tag{3.69}$$

$$=s_x\left(\text{IT2FEMSM}^{(k+1)}\left(\tilde{A}_1,\tilde{A}_2,\cdots,\tilde{A}_n\right)\right)$$

接下来分两种情况进行讨论。

(1) 如果 $s_x\left(\text{IT2FEMSM}^{(k)}\left(\tilde{A}_1,\tilde{A}_2,\cdots,\tilde{A}_n\right)\right)>s_x\left(\text{IT2FEMSM}^{(k+1)}\left(\tilde{A}_1,\tilde{A}_2,\cdots,\tilde{A}_n\right)\right)$，则基于定义 3.8，容易证明式 (3.70) 成立。

$$\text{IT2FEMSM}^{(k)}\left(\tilde{A}_1,\tilde{A}_2,\cdots,\tilde{A}_n\right)>\text{IT2FEMSM}^{(k+1)}\left(\tilde{A}_1,\tilde{A}_2,\cdots,\tilde{A}_n\right) \tag{3.70}$$

(2) 如果 $s_x\left(\text{IT2FEMSM}^{(k)}\left(\tilde{A}_1,\tilde{A}_2,\cdots,\tilde{A}_n\right)\right)=s_x\left(\text{IT2FEMSM}^{(k+1)}\left(\tilde{A}_1,\tilde{A}_2,\cdots,\tilde{A}_n\right)\right)$，

则令

$$T(k) = \left(\prod_{1 \leqslant i_1 < \cdots < i_k \leqslant n} \left(1 - \prod_{j=1}^{k} \left(1 - \underline{h}_{\tilde{A}_{i_j}} \right) \right) \right)^{\frac{1}{\binom{n}{k}}}$$

$$S(k) = 1 - \left(\prod_{1 \leqslant i_1 < \cdots < i_k \leqslant n} \left(1 - \prod_{j=1}^{k} \left(1 - \overline{h}_{\tilde{A}_{i_j}} \right) \right) \right)^{\frac{1}{\binom{n}{k}}}$$

$$(3.71)$$

接下来，我们证明 $T(k)$ 是关于参数 k 的单调递减函数。

基于引理 3.2 和引理 3.3，可以得到

$$T(k) = \left(\prod_{1 \leqslant i_1 < \cdots < i_k \leqslant n} \left(1 - \prod_{j=1}^{k} \left(1 - \underline{h}_{\tilde{A}_{i_j}} \right) \right) \right)^{\frac{1}{\binom{n}{k}}} \geqslant \sum_{1 \leqslant i_1 < \cdots < i_k \leqslant n} \frac{1 - \prod_{j=1}^{k} \left(1 - \underline{h}_{\tilde{A}_{i_j}} \right)}{\binom{n}{k}}$$

$$= 1 - \sum_{1 \leqslant i_1 < \cdots < i_k \leqslant n} \frac{\prod_{j=1}^{k} \left(1 - \underline{h}_{\tilde{A}_{i_j}} \right)}{\binom{n}{k}}$$

$$(3.72)$$

然后，我们采用反证法进行证明。假设 $T(k)$ 是 k 的单调递增函数，则根据 Maclaurin 不等式[232]：

$$T(n) > T(n-1) > \cdots > T(1)$$

$$(3.73)$$

又因为

$$T(1) = 1 - \sum_{1 \leqslant i_1 \leqslant n} \frac{\prod_{j=1}^{1} \left(1 - \underline{h}_{\tilde{A}_{i_j}} \right)}{\binom{n}{1}} = 1 - \frac{n - \sum_{i=1}^{n} \underline{h}_{\tilde{A}_i}}{n} = \frac{\sum_{i=1}^{n} \underline{h}_{\tilde{A}_i}}{n}$$

$$(3.74)$$

则基于式 (3.72)，易知

$$T(n) > T(1) = \frac{\sum_{i=1}^{n} \underline{h}_{\tilde{A}_i}}{n} \Rightarrow \left(\prod_{i=1}^{n} \underline{h}_{\tilde{A}_i} \right)^{\frac{1}{n}} > \frac{\sum_{i=1}^{n} \underline{h}_{\tilde{A}_i}}{n}$$

$$(3.75)$$

然而，基于初等不等式理论可知

$$\left(\prod_{i=1}^{n} \mu_i \right)^{\frac{1}{n}} \leqslant \frac{\sum_{i=1}^{n} \mu_i}{n}$$

$$(3.76)$$

显然，这与几何平均大于算术平均矛盾。因此，命题得证。同理，可以证明

$S(k)$ 是 k 的单调递增函数，因此可以得到

$$s_y\left(\text{IT2FEMSM}^{(k)}\left(\tilde{A}_1,\tilde{A}_2,\cdots,\tilde{A}_n\right)\right)=\frac{T(k)+S(k)}{2}>\frac{T(k+1)+S(k+1)}{2}$$
$$=s_y\left(\text{IT2FEMSM}^{(k+1)}\left(\tilde{A}_1,\tilde{A}_2,\cdots,\tilde{A}_n\right)\right) \tag{3.77}$$

证毕。

　　根据对称平均算子的链式传递关系，我们可以得到区间二型模糊 Maclaurin 对称平均算子、区间二型模糊对偶 Maclaurin 对称平均算子和区间二型模糊指数 Maclaurin 对称平均算子之间的一个关系。

　　推论 3.1　对于给定的一组对称三角区间二型模糊集 $\tilde{A}_i\in\Theta$ $(i=1,2,\cdots,n)$，且 $k=1,2,\cdots,n$，则存在如下不等式关系：

$$\text{IT2FEMSM}^{(k)}\left(\tilde{A}_1,\tilde{A}_2,\cdots,\tilde{A}_n\right)\geqslant\text{IT2FMSM}^{(k)}\left(\tilde{A}_1,\tilde{A}_2,\cdots,\tilde{A}_n\right)$$
$$\geqslant\text{IT2FDMSM}^{(k)}\left(\tilde{A}_1,\tilde{A}_2,\cdots,\tilde{A}_n\right) \tag{3.78}$$

　　推论 3.1 由引理很容易得到证明。在风险决策问题中，我们可以根据推论 3.1 来选取合适的算子对区间二型模糊信息进行集成。如果决策者是风险偏好(risk appetite)的，则选择区间二型模糊指数 Maclaurin 对称平均算子进行集成；如果决策者是风险中立(risk neutral)的，则选择区间二型模糊 Maclaurin 对称平均算子进行集成；如果决策者是风险厌恶(risk averse)的，则选择区间二型模糊对偶 Maclaurin 对称平均算子进行集成。

　　接下来，我们讨论当 k 取不同值时的一些特例。

　　(1)如果 $k=1$，基于区间二型模糊指数 Maclaurin 对称平均算子的定义，可以得到

$$\text{IT2FEMSM}^{(1)}\left(\tilde{A}_1,\tilde{A}_2,\cdots,\tilde{A}_n\right)=\left(\frac{\sum\limits_{1\leqslant i_1\leqslant n}\left(\prod\limits_{j=1}^{1}c_{\tilde{A}_{i_j}}\right)^{\frac{1}{1}}}{\binom{n}{1}},\frac{\sum\limits_{1\leqslant i_1\leqslant n}\left(\prod\limits_{j=1}^{1}\delta_{\tilde{A}_{i_j}}\right)^{\frac{1}{1}}}{\binom{n}{1}},\right.$$

$$\left(\prod\limits_{1\leqslant i_1\leqslant n}\left(1-\prod\limits_{j=1}^{1}\left(1-\underline{h}_{\tilde{A}_{i_j}}\right)\right)\right)^{\frac{1}{\binom{n}{1}}}, \tag{3.79}$$

$$\left.1-\left(\prod\limits_{1\leqslant i_1\leqslant n}\left(1-\prod\limits_{j=1}^{1}\left(1-\overline{h}_{\tilde{A}_{i_j}}\right)\right)\right)^{\frac{1}{\binom{n}{1}}}\right)$$

$$
= \left(\frac{\sum_{i=1}^{n} c_{\tilde{A}_i}}{n}, \frac{\sum_{i=1}^{n} \delta_{\tilde{A}_i}}{n}, \left(\prod_{i=1}^{n} \left(1 - \left(1 - \underline{h}_{\tilde{A}_i} \right) \right) \right)^{\frac{1}{n}}, 1 - \prod_{i=1}^{n} \left(1 - \overline{h}_{\tilde{A}_i} \right)^{\frac{1}{n}} \right)
$$

$$
= \left(\frac{\sum_{i=1}^{n} c_{\tilde{A}_i}}{n}, \frac{\sum_{i=1}^{n} \delta_{\tilde{A}_i}}{n}, \left(\prod_{i=1}^{n} \underline{h}_{\tilde{A}_i} \right)^{\frac{1}{n}}, 1 - \prod_{i=1}^{n} \left(1 - \overline{h}_{\tilde{A}_i} \right)^{\frac{1}{n}} \right)
$$

此时，区间二型模糊指数 Maclaurin 对称平均算子退化为区间二型模糊算术平均算子。

(2) 如果 $k = n$，基于区间二型模糊指数 Maclaurin 对称平均算子的定义，可以得到

$$
\text{IT2FEMSM}^{(n)} \left(\tilde{A}_1, \tilde{A}_2, \cdots, \tilde{A}_n \right) = \left(\frac{\sum_{1 \leqslant i_1 < \cdots < i_n \leqslant n} \left(\prod_{j=1}^{n} c_{\tilde{A}_{i_j}} \right)^{\frac{1}{n}}}{\binom{n}{n}}, \frac{\sum_{1 \leqslant i_1 < \cdots < i_n \leqslant n} \left(\prod_{j=1}^{n} \delta_{\tilde{A}_{i_j}} \right)^{\frac{1}{n}}}{\binom{n}{n}}, \right.
$$

$$
\left(\prod_{1 \leqslant i_1 < \cdots < i_n \leqslant n} \left(1 - \prod_{j=1}^{n} \left(1 - \underline{h}_{\tilde{A}_{i_j}} \right) \right) \right)^{\frac{1}{\binom{n}{n}}},
$$

$$
\left. 1 - \left(\prod_{1 \leqslant i_1 < \cdots < i_n \leqslant n} \left(1 - \prod_{j=1}^{n} \left(1 - \overline{h}_{\tilde{A}_{i_j}} \right) \right) \right)^{\frac{1}{\binom{n}{n}}} \right)
$$

$$
= \left(\left(\prod_{i=1}^{n} c_{\tilde{A}_i} \right)^{\frac{1}{n}}, \left(\prod_{i=1}^{n} \delta_{\tilde{A}_i} \right)^{\frac{1}{n}}, \left(1 - \prod_{i=1}^{n} \left(1 - \underline{h}_{\tilde{A}_i} \right) \right), \right.
$$

$$
\left. 1 - \left(1 - \prod_{i=1}^{n} \overline{h}_{\tilde{A}_i} \right) \right)
$$

$$
= \left(\left(\prod_{i=1}^{n} c_{\tilde{A}_i} \right)^{\frac{1}{n}}, \left(\prod_{i=1}^{n} \delta_{\tilde{A}_i} \right)^{\frac{1}{n}}, \left(1 - \prod_{i=1}^{n} \left(1 - \underline{h}_{\tilde{A}_i} \right) \right), \prod_{i=1}^{n} \overline{h}_{\tilde{A}_i} \right)
$$

$$
\tag{3.80}
$$

此时，区间二型模糊指数 Maclaurin 对称平均算子退化为区间二型模糊几何平均算子。

接下来，我们给出区间二型模糊指数 Maclaurin 对称平均算子的加权形式，即加权区间二型模糊指数 Maclaurin 对称平均算子。

定义 3.11　令 $\tilde{A}_i(i=1,2,\cdots,n)$ 表示一组区间二型模糊集，$\omega=(\omega_1,\omega_2,\cdots,\omega_n)^{\mathrm{T}}$ 表示 $\tilde{A}_i(i=1,2,\cdots,n)$ 对应的权重向量，其中，ω_i 表示 $\tilde{A}_i$ 的权重，并且满足 $\omega_i \in [0,1]$ 和 $\sum_{i=1}^{m} \omega_i = 1$。如果

$$
\mathrm{WIT2FEMSM}_{\omega}^{(k)}\left(\tilde{A}_1,\tilde{A}_2,\cdots,\tilde{A}_n\right)=
\begin{cases}
\dfrac{\underset{1\leqslant i_1<\cdots<i_k\leqslant n}{\oplus}\left(1-\displaystyle\sum_{j=1}^{k}\omega_{i_j}\right)\left(\overset{k}{\underset{j=1}{\otimes}}\tilde{A}_{i_j}\right)^{\frac{1}{k}}}{\dbinom{n-1}{k}}, & 1\leqslant k<n \\[10pt]
\overset{k}{\underset{j=1}{\otimes}}\tilde{A}_j^{\frac{1-\omega_j}{n-1}}, & k=n
\end{cases}
\tag{3.81}
$$

则 $\mathrm{WIT2FEMSM}_{\omega}^{(k)}$ 被称为加权区间二型模糊指数 Maclaurin 对称平均算子。

基于区间二型模糊集的运算法则，我们可以得到如下定理。

定理 3.10　设 $1\leqslant k\leqslant n(k\in Z)$，且 $\tilde{A}_i(i=1,2,\cdots,n)$ 是一组区间二型模糊集。则通过加权区间二型模糊指数 Maclaurin 对称平均算子集成的结果仍然是一个区间二型模糊集，并且

$$
\mathrm{WIT2FEMSM}_{\omega}^{(k)}(\tilde{A}_1,\tilde{A}_2,\cdots,\tilde{A}_n)
$$

$$
=
\begin{cases}
\left(\left(\dfrac{\displaystyle\sum_{1\leqslant i_1<\cdots<i_k\leqslant n}\left(1-\displaystyle\sum_{j=1}^{k}\omega_{i_j}\right)\left(\displaystyle\prod_{j=1}^{k}c_{\tilde{A}_{i_j}}\right)^{\frac{1}{k}}}{\dbinom{n-1}{k}},\dfrac{\displaystyle\sum_{1\leqslant i_1<\cdots<i_k\leqslant n}\left(1-\displaystyle\sum_{j=1}^{k}\omega_{i_j}\right)\left(\displaystyle\prod_{j=1}^{k}\delta_{\tilde{A}_{i_j}}\right)^{\frac{1}{k}}}{\dbinom{n-1}{k}},\right. \\
\left.\left(\displaystyle\prod_{1\leqslant i_1<\cdots<i_k\leqslant n}\left(1-\left(\displaystyle\prod_{j=1}^{k}\left(1-\underline{h}_{\tilde{A}_{i_j}}\right)\right)^{\frac{1}{k}}\right)^{\left(1-\sum_{j=1}^{k}\omega_{i_j}\right)}\right)^{\frac{1}{\binom{n-1}{k}}},1-\left(\displaystyle\prod_{1\leqslant i_1<\cdots<i_k\leqslant n}\left(1-\left(\displaystyle\prod_{j=1}^{k}\overline{h}_{\tilde{A}_{i_j}}\right)^{\frac{1}{k}}\right)^{\left(1-\sum_{j=1}^{k}\omega_{i_j}\right)}\right)^{\frac{1}{\binom{n-1}{k}}}\right), & 1\leqslant k<n \\[20pt]
\left(\displaystyle\prod_{j=1}^{k}c_{\tilde{A}_j}^{\frac{1-\omega_j}{n-1}},\displaystyle\prod_{j=1}^{k}\delta_{\tilde{A}_j}^{\frac{1-\omega_j}{n-1}},1-\displaystyle\prod_{j=1}^{k}\left(1-\underline{h}_{\tilde{A}_j}\right)^{\frac{1-\omega_j}{n-1}},\displaystyle\prod_{j=1}^{k}\overline{h}_{\tilde{A}_j}^{\frac{1-\omega_j}{n-1}}\right), & k=n
\end{cases}
$$

$$\tag{3.82}$$

证明：证明过程类似定理 3.4。

定理 3.11　加权区间二型模糊指数 Maclaurin 对称平均算子是区间二型模糊

指数 Maclaurin 对称平均算子的特例。

证明： 根据定理 3.8，当 $\omega = \left(\dfrac{1}{n}, \dfrac{1}{n}, \cdots, \dfrac{1}{n}\right)^{\mathrm{T}}$，考虑如下两种情况。

（1）当 $1 \leqslant k < n$ 时，根据式（3.81），可以得到

$$\mathrm{WIT2FEMSM}_{\omega}^{(k)}\left(\tilde{A}_1, \tilde{A}_2, \cdots, \tilde{A}_n\right)$$

$$= \left(\frac{\displaystyle\sum_{1\leqslant i_1 < \cdots < i_k \leqslant n}\left(1-\frac{k}{n}\right)\left(\prod_{j=1}^{k} c_{\tilde{A}_{i_j}}\right)^{\frac{1}{k}}}{\dbinom{n-1}{k}}, \quad \frac{\displaystyle\sum_{1\leqslant i_1 < \cdots < i_k \leqslant n}\left(1-\frac{k}{n}\right)\left(\prod_{j=1}^{k} \delta_{\tilde{A}_{i_j}}\right)^{\frac{1}{k}}}{\dbinom{n-1}{k}},\right.$$

$$\left(\prod_{1\leqslant i_1 < \cdots < i_k \leqslant n}\left(1-\left(\prod_{j=1}^{k}\left(1-\underline{h}_{\tilde{A}_{i_j}}\right)\right)^{\frac{1}{k}}\right)^{\left(1-\frac{k}{n}\right)}\right)^{\frac{1}{\binom{n-1}{k}}},$$

$$1-\left(\prod_{1\leqslant i_1 < \cdots < i_k \leqslant n}\left(1-\left(\prod_{j=1}^{k}\overline{h}_{\tilde{A}_{i_j}}\right)^{\frac{1}{k}}\right)^{\left(1-\frac{k}{n}\right)}\right)^{\frac{1}{\binom{n-1}{k}}}\right)$$

$$= \left(\frac{\displaystyle\sum_{1\leqslant i_1 < \cdots < i_k \leqslant n}\left(1-\frac{k}{n}\right)\left(\prod_{j=1}^{k} c_{\tilde{A}_{i_j}}\right)^{\frac{1}{k}}}{\dbinom{n}{k}\dfrac{n-k}{n}}, \quad \frac{\displaystyle\sum_{1\leqslant i_1 < \cdots < i_k \leqslant n}\left(1-\frac{k}{n}\right)\left(\prod_{j=1}^{k} \delta_{\tilde{A}_{i_j}}\right)^{\frac{1}{k}}}{\dbinom{n}{k}\dfrac{n-k}{n}},\right.$$

$$\left(\prod_{1\leqslant i_1 < \cdots < i_k \leqslant n}\left(1-\left(\prod_{j=1}^{k}\left(1-\underline{h}_{\tilde{A}_{i_j}}\right)\right)^{\frac{1}{k}}\right)^{\left(1-\frac{k}{n}\right)}\right)^{\frac{1}{\binom{n}{k}\frac{n-k}{n}}},$$

$$1-\left(\prod_{1\leqslant i_1<\cdots<i_k\leqslant n}\left(1-\left(\prod_{j=1}^{k}\overline{h}_{\tilde{A}_{i_j}}\right)^{\frac{1}{k}}\right)^{\left(1-\frac{k}{n}\right)}\right)^{\frac{1}{\binom{n}{k}\frac{n-k}{n}}}$$

$$=\left(\frac{\displaystyle\sum_{1\leqslant i_1<\cdots<i_k\leqslant n}\left(\prod_{j=1}^{k}c_{\tilde{A}_{i_j}}\right)^{\frac{1}{k}}}{\dbinom{n}{k}},\frac{\displaystyle\sum_{1\leqslant i_1<\cdots<i_k\leqslant n}\left(\prod_{j=1}^{k}\delta_{\tilde{A}_{i_j}}\right)^{\frac{1}{k}}}{\dbinom{n}{k}},\right.$$

$$\left(\prod_{1\leqslant i_1<\cdots<i_k\leqslant n}\left(1-\prod_{j=1}^{k}\left(1-\underline{h}_{\tilde{A}_{i_j}}\right)\right)\right)^{\frac{1}{\binom{n}{k}}},\tag{3.83}$$

$$\left.1-\left(\prod_{1\leqslant i_1<\cdots<i_k\leqslant n}\left(1-\prod_{j=1}^{k}\overline{h}_{\tilde{A}_{i_j}}\right)\right)^{\frac{1}{\binom{n}{k}}}\right)$$

$$=\mathrm{IT2FEMSM}^{(k)}\left(\tilde{A}_1,\tilde{A}_2,\cdots,\tilde{A}_n\right)$$

(2) 当 $k=n$ 时，同样根据式 (3.81)，可以得到

$$\mathrm{WIT2FEMSM}_{\omega}^{(k)}\left(\tilde{A}_1,\tilde{A}_2,\cdots,\tilde{A}_n\right)=\left(\prod_{j=1}^{k}c_{\tilde{A}_j}^{\frac{1-\frac{1}{n}}{n-1}},\prod_{j=1}^{k}\delta_{\tilde{A}_j}^{\frac{1-\frac{1}{n}}{n-1}},1-\prod_{j=1}^{k}\left(1-\underline{h}_{\tilde{A}_j}\right)^{\frac{1-\frac{1}{n}}{n-1}},\prod_{j=1}^{k}\overline{h}_{\tilde{A}_j}^{\frac{1-\frac{1}{n}}{n-1}}\right)$$

$$=\left(\prod_{j=1}^{k}c_{\tilde{A}_j}^{\frac{1}{n}},\prod_{j=1}^{k}\delta_{\tilde{A}_j}^{\frac{1}{n}},1-\prod_{j=1}^{k}\left(1-\underline{h}_{\tilde{A}_j}\right)^{\frac{1}{n}},\prod_{j=1}^{k}\overline{h}_{\tilde{A}_j}^{\frac{1}{n}}\right)\tag{3.84}$$

$$=\mathrm{IT2FEMSM}^{(n)}\left(\tilde{A}_1,\tilde{A}_2,\cdots,\tilde{A}_n\right)$$

证毕。

3.5　基于加权区间二型模糊 Maclaurin 对称
平均算子的区间二型模糊决策方法

考虑一个区间二型模糊决策问题。设 $A=\{A_1,A_2,\cdots,A_m\}$ 是一个离散的方案集，

$C=\{C_1,C_2,\cdots,C_n\}$ 是属性集。假定有 l 个决策者（专家）$D_1,D_2,\cdots,D_l$ 参与决策。$R^{(p)}=\left(A_{ij}^{(p)}\right)_{m\times n}$ 表示第 p 个专家针对第 i 个方案在第 j 个属性下给出的属性值，每个属性值均由一个区间二型模糊数来表示。下面给出权重信息已知和未知两种情况下具体的决策步骤。

3.5.1　权重信息已知

步骤 1：得到规范化的决策矩阵。通常来说，决策属性分为两种类型——效益型（越大越好）和成本型（越小越好），即属性集 C 可以被划分为效益型属性集 C_1 和成本型属性集 C_2，显然 $C_1\cup C_2=C$，$C_1\cap C_2=\varnothing$。所以，在决策过程中必须首先对决策矩阵进行规范化，除非所有的属性均为同一类型。在本节中，采用式(3.85) 对决策矩阵规范化。

$$\tilde{A}_{ij}^{(p)}=\begin{cases}A_{ij}^{(p)},& j\in C_1\\\left(A_{ij}^{(p)}\right)^{\mathrm{c}},& j\in C_2\end{cases}\tag{3.85}$$

其中，$\left(A_{ij}^{(p)}\right)^{\mathrm{c}}$ 表示 $A_{ij}^{(p)}$ 的补运算。因此，就得到了规范化决策矩阵 $\tilde{R}^{(p)}=\left(\tilde{A}_{ij}^{(p)}\right)_{m\times n}$。

步骤 2：运用区间二型模糊加权平均算子[122]将规范化的个体决策矩阵 $\tilde{R}^{(p)}=\left(\tilde{A}_{ij}^{(p)}\right)_{m\times n}$ 集结成群体决策矩阵 $\tilde{R}=\left(\tilde{A}_{ij}\right)_{m\times n}$，其中 $\tilde{A}_{ij}=\sum_{p=1}^{l}\lambda_p\tilde{A}_{ij}^{(p)}$。

步骤 3：利用加权区间二型模糊 Maclaurin 对称平均算子（或加权区间二型模糊对偶 Maclaurin 对称平均算子，或加权区间二型模糊指数 Maclaurin 对称平均算子）计算方案的综合属性值。

$$r_p=\mathrm{WIT2FMSM}_w^{(k)}\left(\tilde{A}_{p1},\tilde{A}_{p2},\cdots,\tilde{A}_{pn}\right)\tag{3.86}$$

或

$$r_p=\mathrm{WIT2FDMSM}_w^{(k)}\left(\tilde{A}_{p1},\tilde{A}_{p2},\cdots,\tilde{A}_{pn}\right)\tag{3.87}$$

或

$$r_p=\mathrm{WIT2FEMSM}_w^{(k)}\left(\tilde{A}_{p1},\tilde{A}_{p2},\cdots,\tilde{A}_{pn}\right)\tag{3.88}$$

其中，$w=(w_1,w_2,\cdots,w_n)^{\mathrm{T}}$ 表示属性的权重向量，并且满足 $w_j\in[0,1]$ 和 $\sum_{j=1}^{n}w_j=1$；$k=1,2,\cdots,n$，通常取 $k=\left[\dfrac{n}{2}\right]$，$[\ ]$ 为高斯取整函数。

步骤 4：对方案进行排序。利用 KM 算法质心区间排序值方法计算方案的综合排序值，并根据排序值的大小对方案进行排序。排序值越大，则方案越优。

3.5.2　权重信息未知

斯皮尔曼法是一种确定标准权重的有效方法[233]。在处理多属性决策问题时，如果每个属性的相对系数之和较大，则表明属性对决策方案的影响较大；相反，如果相对系数之和小，则意味着该属性起着不太重要的作用。因此，对于一个属性，相对系数的总和越大，相应的权重就越小。斯皮尔曼法的计算方法被总结如下。

（1）对于两个属性 C_k 和 C_j，相对系数计算如下：

$$\Delta_{kj} = 1 - \frac{6\sum_{i=1}^{m}(r_{ik} - r_{ij})^2}{n(n-1)} \tag{3.89}$$

（2）建立相对系数比较矩阵 $\Delta_{n\times n} = (\Delta_{kj})_{n\times n}$，

$$\Delta_{n\times n} = \begin{pmatrix} \Delta_{11} & \Delta_{12} & \cdots & \Delta_{1n} \\ \Delta_{21} & \Delta_{22} & \cdots & \Delta_{2n} \\ \vdots & \vdots & & \vdots \\ \Delta_{n1} & \Delta_{n2} & \cdots & \Delta_{nn} \end{pmatrix} \tag{3.90}$$

（3）然后基于属性 f_j 计算相对系数之和：

$$\Delta_j = \sum_{\substack{k=1 \\ k \neq j}}^{n} \Delta_{jk} \tag{3.91}$$

（4）计算个体属性贡献指数 σ_j：

$$\sigma_j = \frac{1}{\Delta_j} \tag{3.92}$$

（5）计算归一化属性权重：

$$w_j = \frac{\sigma_j}{\sum_{j=1}^{n} \sigma_j} \tag{3.93}$$

基于上述步骤，我们可以得到属性的权重。

基于加权区间二型模糊指数 Maclaurin 对称平均算子来解决对称三角区间二型模糊集的多属性决策问题的步骤如下。

步骤 1：用 Qin 和 Liu[134]的方法将决策矩阵 $R = (r_{ij})_{m\times n}$ 转化为标准矩阵 $\overline{R} = (\overline{r}_{ij})_{m\times n}$。

$$\overline{r}_{ij} = \begin{cases} r_{ij}, & \text{效益型准则} C_j \\ (r_{ij})^c, & \text{成本型准则} C_j \end{cases} \tag{3.94}$$

其中，$(r_{ij})^c$ 表示 r_{ij} 的补集。

步骤 2：基于斯皮尔曼法计算相对系数矩阵，进而获得属性权重。

步骤 3：运用加权区间二型模糊指数 Maclaurin 对称平均算子来集结矩阵 R 以得出方案 A_i 的综合评价值 $r_i(i=1,2,\cdots,m)$，其中，$w=(w_1,w_2,\cdots,w_n)^{\mathrm{T}}$ 是属性的权重向量，且满足 $w_j \geqslant 0$ 和 $\sum\limits_{j=1}^{n} w_j = 1$。

$$r_i=\text{WSTIT2FHM}_w^{(k)}(r_{i1},r_{i2},\cdots,r_{im}),\quad i=1,2,\cdots,m \qquad (3.95)$$

步骤 4：计算综合评价值 r_i 的得分值 $s(r_i)$。

步骤 5：将方案 A_i 进行排序，根据 $s(r_i)$ 选择最好的方案。得分值 $s(r_i)$ 越大，方案 A_i 越好。

3.6　算 例 分 析

3.6.1　中国科技论文在线论文评审推荐

中国科技论文在线是我国最大的以网络在线方式发表学术科技论文的平台[234]。其利用现代信息技术手段，打破传统出版物的概念，免去传统的评审、修改、编辑、印刷等程序，给科研人员提供一个方便、快捷的交流平台，以及及时发表成果和新观点的有效渠道，从而使新成果能得到及时推广，科研创新思想能得到及时交流。其论文评审推荐系统采用"先公布，后评审"的同行专家评议模式，分别从论文的创新性（C_1）、学术价值（C_2）、应用价值（C_3）和综合价值（C_4）四个方面对论文进行评审，其权重向量为 $w=(0.30,0.20,0.15,0.35)^{\mathrm{T}}$。现有三位专家 $\{D_1,D_2,D_3\}$ 对"管理学"板块的三篇首发在线论文 $\{A_1,A_2,A_3\}$ 进行评审推荐，其中最好的论文将被推荐为五星级论文优先发表。三位专家的决策权重为 $\lambda=(0.45,0.30,0.25)^{\mathrm{T}}$。专家给出的评价均由表 3.1 所示的区间二型模糊语言标度表示。

表 3.1　区间二型模糊语言标度及其对应的区间二型模糊集

区间二型模糊语言标度	对应的区间二型模糊集
VL	$[(0.00,0.00,0.00,0.10;1.00,1.00),(0.00,0.00,0.00,0.05;0.90,0.90)]$
L	$[(0.00,0.10,0.10,0.30;1.00,1.00),(0.05,0.10,0.10,0.20;0.90,0.90)]$
ML	$[(0.10,0.30,0.30,0.50;1.00,1.00),(0.20,0.30,0.30,0.40;0.90,0.90)]$

续表

区间二型模糊语言标度	对应的区间二型模糊集
M	$[(0.30,0.50,0.50,0.70;1.00,1.00),(0.40,0.50,0.50,0.60;0.90,0.90)]$
MH	$[(0.50,0.70,0.70,0.90;1.00,1.00),(0.60,0.70,0.70,0.80;0.90,0.90)]$
H	$[(0.70,0.90,0.90,1.00;1.00,1.00),(0.80,0.90,0.90,0.95;0.90,0.90)]$
VH	$[(0.90,1.00,1.00,1.00;1.00,1.00),(0.95,1.00,1.00,1.00;0.90,0.90)]$

注：VL 表示非常低，ML 表示中低，L 表示低，M 表示中，VH 表示非常高，MH 表示中高，H 表示高

经过初步评审，三位专家给出的评分推荐矩阵如表 3.2 所示。

表 3.2　三位评审专家给出的评分推荐矩阵

评价属性	论文编号	评审专家		
		D_1	D_2	D_3
创新性（C_1）	x_1	MH	VH	MH
	x_2	H	MH	H
	x_3	VH	H	MH
学术价值（C_2）	x_1	L	VL	L
	x_2	ML	L	VL
	x_3	VL	VL	L
应用价值（C_3）	x_1	VH	MH	H
	x_2	H	VH	VH
	x_3	M	MH	MH
综合价值（C_4）	x_1	VH	H	H
	x_2	MH	VH	H
	x_3	H	VH	VH

根据 3.5 节提出的决策方法及表 3.2 所提供的评价信息，给出如下详细的决策过程。

步骤 1：规范化决策矩阵。四个属性均为效益型，因此不需要对决策矩阵进行规范化。

步骤 2：运用区间二型模糊加权平均算子[122]将三位专家的评分矩阵集结为群决策矩阵 $\tilde{R} = \left(\tilde{A}_{ij} \right)_{3 \times 4}$。

$$\tilde{R}=\begin{pmatrix} \tilde{A}_{11} & \tilde{A}_{12} & \tilde{A}_{13} & \tilde{A}_{14} \\ \tilde{A}_{21} & \tilde{A}_{22} & \tilde{A}_{23} & \tilde{A}_{24} \\ \tilde{A}_{31} & \tilde{A}_{32} & \tilde{A}_{33} & \tilde{A}_{34} \end{pmatrix}$$

其中,

$\tilde{A}_{11} = [(0.620,0.790,0.790,0.930;1.000,1.000),(0.705,0.790,0.790,0.860;0.900,0.900)]$

$\tilde{A}_{12} = [(0.000,0.070,0.070,0.240;1.000,1.000),(0.035,0.070,0.070,0.155;0.900,0.900)]$

$\tilde{A}_{13} = [(0.730,0.885,0.885,0.970;1.000,1.000),(0.807,0.885,0.885,0.927;0.900,0.900)]$

$\tilde{A}_{14} = [(0.790,0.945,0.945,1.000;1.000,1.000),(0.867,0.945,0.945,0.972;0.900,0.900)]$

$\tilde{A}_{21} = [(0.640,0.840,0.840,0.970;1.000,1.000),(0.740,0.840,0.840,0.905;0.900,0.900)]$

$\tilde{A}_{22} = [(0.045,0.165,0.165,0.340;1.000,1.000),(0.105,0.165,0.165,0.253;0.900,0.900)]$

$\tilde{A}_{23} = [(0.810,0.955,0.955,1.000;1.000,1.000),(0.882,0.955,0.955,0.977;0.900,0.900)]$

$\tilde{A}_{24} = [(0.670,0.840,0.840,0.955;1.000,1.000),(0.775,0.840,0.840,0.897;0.900,0.900)]$

$\tilde{A}_{31} = [(0.740,0.895,0.895,0.975;1.000,1.000),(0.817,0.895,0.895,0.935;0.900,0.900)]$

$\tilde{A}_{32} = [(0.000,0.025,0.025,0.150;1.000,1.000),(0.013,0.025,0.025,0.087;0.900,0.900)]$

$\tilde{A}_{33} = [(0.410,0.610,0.610,0.810;1.000,1.000),(0.510,0.610,0.610,0.710;0.900,0.900)]$

$\tilde{A}_{34} = [(0.810,0.955,0.955,1.000;1.000,1.000),(0.882,0.955,0.955,0.977;0.900,0.900)]$

步骤 3:利用加权区间二型模糊 Maclaurin 对称平均算子(或加权区间二型模糊对偶 Maclaurin 对称平均算子,或加权区间二型模糊指数 Maclaurin 对称平均算子)计算方案的综合属性值。取参数 $k=2$,则基于式(3.86),可以计算得到三篇论文的综合评价值,结果如下所示。

$r_1 = \text{WIT2FMSM}_w^{(2)}\left(\tilde{A}_{11},\tilde{A}_{12},\tilde{A}_{13},\tilde{A}_{14}\right)$

$\quad = [(0.645,0.865,0.865,0.929;1.000,1.000),(0.825,0.865,0.865,0.903;0.900,0.900)]$

$r_2 = \text{WIT2FMSM}_w^{(2)}\left(\tilde{A}_{21},\tilde{A}_{22},\tilde{A}_{23},\tilde{A}_{24}\right)$

$\quad = [(0.807,0.892,0.892,0.943;1.000,1.000),(0.858,0.892,0.892,0.921;0.900,0.900)]$

$r_3 = \text{WIT2FMSM}_w^{(2)}\left(\tilde{A}_{31},\tilde{A}_{32},\tilde{A}_{33},\tilde{A}_{34}\right)$

$\quad = [(0.640,0.830,0.830,0.908;1.000,1.000),(0.794,0.830,0.830,0.879;0.900,0.900)]$

步骤 4:对方案进行排序。利用 KM 算法[39,43,44]计算三篇论文综合评价值的质心区间,计算结果如下。

$$c(r_1) = [0.826,0.864], \quad c(r_2) = [0.883,0.891], \quad c(r_3) = [0.802,0.833]$$

计算其均值得到

$$M(r_1) = 0.845, M(r_2) = 0.887, M(r_3) = 0.818$$

显然

$$M(r_2) > M(r_1) > M(r_3)$$

所以 $r_2 \succ r_1 \succ r_3$。因此，论文 A_2 将优先被推荐为五星级论文。

3.6.2　个性化旅游推荐

在本节中，我们将加权区间二型模糊指数 Maclaurin 对称平均算子应用到旅游推荐系统中，用户可以通过分配属性的相对重要程度来表达他们的偏好。然后根据用户对预先设定的多属性条目进行评价，以此来为用户进行个性化推荐。

我们假设用户采用语言标度来表达他们的决策偏好，且与对称三角区间二型模糊信息——对应（表 3.3）。表 3.3 中的语言标度为"非常低"（VL）、"低"（L）、"中低"（ML）、"中"（M）、"中高"（MH）、"高"（H）、"非常高"（VH），以及它们对应的对称三角区间二型模糊集。

表 3.3　语言标度及其相应的对称三角区间二型模糊集

语言标度	对称三角区间二型模糊集
VL	$(0.2, 0.1, 0.9, 1.0)$
L	$(0.3, 0.1, 0.9, 1.0)$
ML	$(0.4, 0.1, 0.9, 1.0)$
M	$(0.5, 0.1, 0.9, 1.0)$
MH	$(0.6, 0.1, 0.9, 1.0)$
H	$(0.7, 0.1, 0.9, 1.0)$
VH	$(0.8, 0.1, 0.9, 1.0)$

此外，对称三角区间二型模糊集对应的语言标度的补运算见表 3.4。

表 3.4　语言标度的补运算

项目	对应关系						
语言标度(L)	VL	L	ML	M	MH	H	VH
补运算(L^c)	VH	H	MH	M	ML	L	VL

1. 案例描述

假设一个客户正在规划他的假期，他决定去另一个国家旅行（参见文献[79]）。

在对不同备选方案进行总体评估之后，有以下六种备选方案（目的地）可供选择：A_1 表示去北京旅行（中国）；A_2 表示去东京旅行（日本）；A_3 表示去格拉纳达旅行（西班牙）；A_4 表示去纽约旅行（美国）；A_5 表示去埃德蒙顿旅行（加拿大）；A_6 表示去开罗旅行（埃及）。

客户表达他的偏好根据以下七个属性：C_1 表示旅行价格；C_2 表示旅行活动；C_3 表示天气情况；C_4 表示旅行的意愿；C_5 表示交通便利与否；C_6 表示和平和稳定程度；C_7 表示其他因素。

推荐信息矩阵如表 3.5 所示。

表 3.5　推荐信息矩阵

备选方案	C_1	C_2	C_3	C_4	C_5	C_6	C_7
A_1	VL	L	M	MH	H	VH	H
A_2	M	MH	H	VH	H	VH	VH
A_3	L	VL	VH	M	MH	L	VL
A_4	ML	VH	MH	H	VL	MH	H
A_5	VL	L	VL	H	M	VL	L
A_6	MH	VH	VH	M	VL	L	H

2. 决策步骤

我们利用基于加权区间二型模糊指数 Maclaurin 对称平均算子的决策方法获得方案的排序，然后选择最理想的方案进行推荐。具体计算步骤如下。

步骤 1：本例中所有的属性 $C_j(j=1,2,\cdots,7)$ 均为效益型，因此，备选方案 $A_i(i=1,2,\cdots,6)$ 的属性值无须标准化。

步骤 2：基于斯皮尔曼法计算相对系数矩阵，进而求得属性权重。

根据式 (3.89) 相对系数矩阵计算结果如下：

$$\Delta_{7\times7}=\begin{pmatrix} 1.000 & 0.966 & 0.934 & 0.909 & 0.904 & 0.917 & 0.934 \\ 0.966 & 1.000 & 0.934 & 0.931 & 0.844 & 0.914 & 0.969 \\ 0.934 & 0.934 & 1.000 & 0.934 & 0.901 & 0.914 & 0.937 \\ 0.909 & 0.931 & 0.934 & 1.000 & 0.941 & 0.946 & 0.957 \\ 0.904 & 0.844 & 0.901 & 0.941 & 1.000 & 0.950 & 0.900 \\ 0.917 & 0.914 & 0.914 & 0.946 & 0.950 & 1.000 & 0.971 \\ 0.934 & 0.969 & 0.937 & 0.957 & 0.900 & 0.971 & 1.000 \end{pmatrix}$$

　　然后我们计算相对系数的总和，得到如下结果：

$\Delta_1 = 5.564, \Delta_2 = 5.558, \Delta_3 = 5.554, \Delta_4 = 5.618, \Delta_5 = 5.440, \Delta_6 = 5.612, \Delta_7 = 5.668$

　　基于式(3.93)，我们得到属性权重为 $w_1 = 0.1431, w_2 = 0.1432, w_3 = 0.1433, w_4 = 0.1417, w_5 = 0.1463, w_6 = 0.1419, w_7 = 0.1405$。

　　步骤 3：用加权区间二型模糊指数 Maclaurin 对称平均算子来集结所有的偏好值 $r_{ij}(j = 1, 2, \cdots, 7)$，获得备选方案 A_i 的综合评价值 r_i（不失一般性，本例中取 $k = 3$）。我们以旅行地 A_i 为例加以说明。

$$r_1 = \text{WIT2FEMSM}_w^{(3)}(r_{i1}, r_{i2}, \cdots, r_{i6})$$

$$= \left(\frac{\sum\limits_{1 \leqslant i_1 < i_2 < i_3 \leqslant 6} \left(1 - \sum\limits_{j=1}^{3} w_{i_j}\right) \left(\prod\limits_{j=1}^{3} c_{r_{i_j}}\right)^{\frac{1}{3}}}{\binom{5}{3}}, \frac{\sum\limits_{1 \leqslant i_1 < i_2 < i_3 \leqslant 6} \left(1 - \sum\limits_{j=1}^{3} w_{i_j}\right) \left(\prod\limits_{j=1}^{3} \delta_{r_{i_j}}\right)^{\frac{1}{3}}}{\binom{5}{3}}, \right.$$

$$\left. \left(\prod\limits_{1 \leqslant i_1 < i_2 < i_3 \leqslant 6} \left(1 - \left(\prod\limits_{j=1}^{3}\left(1 - \underline{h}_{r_{i_j}}\right)\right)^{\frac{1}{3}}\right)^{1 - \sum\limits_{j=1}^{3} w_{i_j}}\right)^{\frac{1}{\binom{5}{3}}}, 1 - \left(\prod\limits_{1 \leqslant i_1 < i_2 < i_3 \leqslant 6} \left(1 - \left(\prod\limits_{j=1}^{3} \overline{h}_{r_{i_j}}\right)^{\frac{1}{3}}\right)^{1 - \sum\limits_{j=1}^{3} w_{i_j}}\right)^{\frac{1}{\binom{5}{3}}} \right)$$

$$= (0.543, 0.114, 0.887, 1.000)$$

　　同样，我们可以得到

$$r_2 = (0.723, 0.114, 0.887, 1.000)$$
$$r_3 = (0.412, 0.114, 0.887, 1.000)$$
$$r_4 = (0.572, 0.114, 0.887, 1.000)$$
$$r_5 = (0.342, 0.114, 0.887, 1.000)$$
$$r_6 = (0.558, 0.114, 0.887, 1.000)$$

　　步骤 4：计算综合评价值 r_i 的得分 $s(r_i)$ $(i = 1, 2, \cdots, 6)$。基于定义 3.8，我们得到如下计算结果：

$$s(r_1) = (0.543, 0.943), s(r_2) = (0.723, 0.943), s(r_3) = (0.412, 0.943)$$
$$s(r_4) = (0.572, 0.943), s(r_5) = (0.342, 0.943), s(r_6) = (0.558, 0.943)$$

$s(r_2) > s(r_4) > s(r_6) > s(r_1) > s(r_3) > s(r_5)$，因此，$A_2 \succ A_4 \succ A_6 \succ A_1 \succ A_3 \succ A_5$，其中，符号 $\succ$ 代表优于。因此，最好的旅游地为 A_2。

3. 灵敏度分析

　　为了观察不同的参数值 k 对结果的影响，我们对参数 k 进行灵敏度分析。从 1

至 7，依次改变参数值 k ，可以得到方案排序结果的变化情况，如表 3.6 所示。

表 3.6 加权区间二型模糊指数 Maclaurin 对称平均算子取不同 k 值时方案的排序

参数值	A_1	A_2	A_3	A_4	A_5	A_6	排序
$k=1$	0.694	0.893	0.613	0.764	0.532	0.735	$A_2 \succ A_4 \succ A_6 \succ A_1 \succ A_3 \succ A_5$
$k=2$	0.638	0.847	0.573	0.725	0.469	0.684	$A_2 \succ A_4 \succ A_6 \succ A_1 \succ A_3 \succ A_5$
$k=3$	0.569	0.779	0.531	0.683	0.483	0.675	$A_2 \succ A_4 \succ A_6 \succ A_1 \succ A_3 \succ A_5$
$k=4$	0.543	0.723	0.412	0.572	0.392	0.558	$A_2 \succ A_4 \succ A_6 \succ A_1 \succ A_3 \succ A_5$
$k=5$	0.513	0.692	0.372	0.662	0.376	0.535	$A_2 \succ A_4 \succ A_6 \succ A_1 \succ A_5 \succ A_3$
$k=6$	0.469	0.667	0.365	0.654	0.353	0.462	$A_2 \succ A_4 \succ A_1 \succ A_6 \succ A_3 \succ A_5$
$k=7$	0.379	0.642	0.347	0.623	0.354	0.374	$A_2 \succ A_4 \succ A_1 \succ A_6 \succ A_5 \succ A_3$

为了观察不同的参数的影响，我们进一步给出基于表 3.6 的雷达图来呈现灵敏度分析结果，如图 3.2 所示。

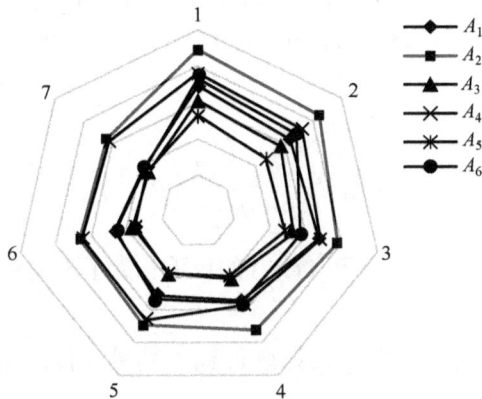

图 3.2 敏感性分析的雷达图

从表 3.6 和图 3.2 可以清楚地看出，参数 k 随决策者的主观偏好变化而变化，在这个例子中方案排序略有不同，表示加权区间二型模糊指数 Maclaurin 对称平均算子可以在一定程度上反映决策者的风险偏好。此外，通过进一步的分析，对于同一方案，由加权区间二型模糊指数 Maclaurin 对称平均算子得到的综合得分值随着 k 的增大而减小。在现实决策中，决策者可以根据风险偏好选择合适的值来对信息进行融合。一般情况下，我们取 $k = \left[\dfrac{n}{2} \right]$ ，符号 [ ] 是取整函数，n 是属性的个数，这样做不仅简单直观，而且在这种情况下，决策者的风险偏好是中性的且考虑了各属性间的相互作用。

4. 对比分析

为了验证本节中所提出方法的有效性，将该方法和现有的其他方法进行比较分析。通过对同一个例子的分析，选择区间二型模糊加权平均解析法[77]、区间二型模糊几何 Bonferroni 平均法[73]及基于 AHP 的信息粒方法[94]来进行比较分析。

(1)根据 Liu 和 Wang 提出的区间二型模糊加权平均解析法，我们首先将权重表达为区间二型模糊集形式。然后根据区间二型模糊加权平均的定义，使用 α 截集解析法来解决区间二型模糊加权平均问题，并采用 KM 算法计算集成结果的质心，最终结果如下。

$$c(r_1) = [0.604, 0.707], \quad c(r_2) = [0.723, 0.824], \quad c(r_3) = [0.583, 0.694]$$
$$c(r_4) = [0.683, 0.724], \quad c(r_5) = [0.523, 0.634], \quad c(r_6) = [0.623, 0.724]$$

进而方案的排序为 $A_2 \succ A_4 \succ A_6 \succ A_1 \succ A_3 \succ A_5$。

(2)采用二型模糊几何 Bonferroni 平均法[73]，首先对区间二型模糊形式的属性权重进行标准化，并利用区间二型模糊加权几何 Bonferroni 平均(interval type-2 fuzzy weighted geometric Bonferroni mean, IT2FWGBM)算子将个体决策矩阵集结成群体决策矩阵：

$$\tilde{A}_k = \text{IT2FWGBM}_w^{p,q}\left(\tilde{A}_1, \tilde{A}_2, \cdots, \tilde{A}_m\right) = \frac{1}{p+q}\left(\underset{\substack{i,j=1 \\ i \neq j}}{\overset{m}{\otimes}}\left(p\left(\tilde{A}_i\right)^{w_i} \oplus q\left(\tilde{A}_j\right)^{w_j}\right)\right)^{\frac{1}{m(m-1)}} \tag{3.96}$$

其中，$k = 1, 2, \cdots, m$；$w_i(w_j)$ 表示 $A_i(A_j)$ 的权重；为了不失一般性，通常在计算时取 $p = q = 1$。

由于篇幅有限，此处我们省去计算过程，其最终排序结果为 $A_2 \succ A_4 \succ A_6 \succ A_1 \succ A_3 \succ A_5$。

(3)下面借助基于 AHP 的信息粒方法[94]进行比较分析。首先，基于决策者的信息，使用区间二型语言信息建立相应的互补偏好矩阵，采用 PSO 算法进行优化，优化的过程根据适应度函数 Q 来获得连续语言变量标签信息。PSO 算法返回最佳分割点(cut point)区间分别为[0.12, 0.35]、[0.15, 0.21]、[0.23, 0.41]、[0.31, 0.45]和[0.48, 0.64]。本例中，PSO 算法的具体参数设置如下：粒子的数量是 100，迭代次数为 300，且 $c_1 = c_2 = 2$。

我们可以在适应度函数 Q 下得到互补群体偏好关系，并按照平均算子使用量化诱导计算优势度，并获得以下综合评价值：

$$R(A_1) = 0.48, R(A_2) = 0.73, R(A_3) = 0.37, R(A_4) = 0.64, R(A_5) = 0.29, R(A_6) = 0.49$$

因此，方案的最终排序为 $A_2 \succ A_4 \succ A_6 \succ A_1 \succ A_3 \succ A_5$。

比较分析的结果见表 3.7。

表 3.7　四种区间二型模糊集结方法的比较分析

集结算子	计算复杂度	易理解程度	排序
区间二型模糊加权平均解析法[77]	非常高	容易	$A_2 \succ A_4 \succ A_6 \succ A_1 \succ A_3 \succ A_5$
区间二型模糊几何 Bonferroni 平均法[73]	高	困难	$A_2 \succ A_4 \succ A_6 \succ A_1 \succ A_3 \succ A_5$
基于 AHP 的信息粒方法[94]	高	困难	$A_2 \succ A_4 \succ A_6 \succ A_1 \succ A_3 \succ A_5$
本节的方法	低	中	$A_2 \succ A_4 \succ A_6 \succ A_1 \succ A_3 \succ A_5$

（1）与 Liu 和 Wang 提出的区间二型模糊加权平均解析法相比，本节所提出的方法主要的优点是计算复杂度得到极大降低，我们的方法只需要用一个简单的公式就可以计算求解并获得综合结果，而 Liu 和 Wang 的方法则需要用数值计算方法并且使用 α 截集迭代算法。此外，本节的方法还可以对具有多重关联关系决策的信息进行集成；而 Liu 和 Wang 的方法只能反映个体的重要度，不能衡量多重信息之间的交互关系。

（2）与区间二型模糊几何 Bonferroni 平均法相比，本节所提出的方法具有如下优点：首先，p 和 q 两个参数值的设定缺乏合理性，因为区间二型模糊几何 Bonferroni 平均法需要引入两个参数。本节提出的方法不仅可以较好地反映多重决策信息的相互关系，而且能反映个体信息自身的重要度。换言之，本节提出的算子对决策信息的数据挖掘能力比 Bonferroni 算子好一些。另外，借助于区间二型模糊几何 Bonferroni 平均法只能计算两个融合参数之间的相互关系。面对实际的决策问题，决策者往往难以识别多属性交互决策信息中的多重交互关系，且两个参数值难以根据情况合理设定。因此，本节中基于 Maclaurin 算子提出的方法更具普遍性。

（3）与基于 AHP 的信息粒方法相比，本节所提出的方法优点如下：首先，我们的方法计算复杂度相对较低。因为基于 AHP 的信息粒方法需要一些复杂的计算智能算法进行求解，所以，需要一些软件编程包实现并获得最优的决策结果。其次，我们的方法的排序结果更可靠，因为所提出的平均集成算子方法可以有效地消除偏差，弥补了现有研究中不考虑专家效用或决策偏好的信息集成方法的缺陷，并使得所得到的相互关系的结果更稳定、更可靠、信息损失更少；而基于 AHP 的信息粒方法主要受到不同的动态初始参数设定条件的影响，如果参数选择不合理，往往容易导致排序结果缺乏一致性。最后，本节所提出的方法不仅考虑了方案的一致性，也反映了方案之间的相互作用，而基于 AHP 的信息粒方法只能计算方案的排序且不考虑交互关系。

根据以上的比较和分析，本节所提出的方法在一定程度上优于其他三种用区间二型模糊信息集成技术来求解多属性决策问题的方法。

3.7　本 章 小 结

本章研究了具有关联关系的区间二型模糊信息集成方法，提出了区间二型模糊 Maclaurin 对称平均算子和区间二型模糊对偶 Maclaurin 对称平均算子及区间二型模糊指数 Maclaurin 对称平均算子三种算子，并给出了其加权形式。相较于现有研究中的区间二型模糊 OWA 算子[71]和区间二型模糊几何 Bonferroni 平均法[73]，本章中所提出的一系列算子数学结构完备，能处理元素之间具有多重关联关系的信息集成问题，在一定程度上克服了 Bonferroni 算子只能处理两个元素之间关联性的局限性。此外，相对于 Choquet 积分算子，其省去了计算属性间关联测度的步骤，在很大程度上降低了计算的复杂性。与此同时，在实际决策问题中，决策者可以根据各自的决策偏好来选择不同的参数值进行计算，具有较好的柔性和鲁棒性。此外，本章所提出的算子具备参数单调性，因此，可以衍生出一系列的区间二型模糊 OWA 算子。在此基础上，本章研究了基于 Maclaurin 对称平均算子的区间二型模糊决策方法，并将其应用于中国科技论文在线论文评审推荐系统中。

第4章　基于组合排序值的区间二型模糊决策方法

基于模糊数排序的多属性决策方法一直是决策分析领域的研究热点[235-239]。区间二型模糊集的排序问题受到了学者们的广泛关注。对区间二型模糊集排序的本质是对质心区间进行排序，而区间数排序本身就是一个偏序结构，所以，目前还没有公认的对区间二型模糊集进行排序的有效方法。目前，基于区间二型模糊集的排序问题，应用比较多的主要有四种方法：Wu 和 Mendel 提出的基于 KM 算法质心区间的排序法[75]，Chen 提出的基于符号距离（sign-based distance）的排序方法[128-130]，Chen 等提出的期望偏差排序法[132]，以及 Gong[240]提出的基于概率可能度的排序方法。尽管这四种方法在处理一些特定的区间二型模糊决策问题中都得到了比较满意的结果，但这四种方法也各自存在着明显的不足。例如，Chen 等提出的期望偏差排序法只能针对区间二型梯形模糊数进行排序，并且已有文献证明该方法不满足线性序关系[132]；Wu 和 Mendel 提出的基于 KM 算法质心区间的排序法虽然在求解质心区间端点有着比较完备的理论依据，但最终在排序时只是简单地对区间端点取平均，这样所得到的结果往往会损失较多的信息以至出现逆序的问题[75]，并且 Wang W 和 Wang Z[218]已经在数学上证明了所有基于质心的排序方法都不满足全序关系；Chen[128]将传统一型模糊数的符号距离方法推广到区间二型模糊环境下，得到了基于基准点 0 和基准点 1 的符号距离排序方法，但这种方法的最大问题是基于两种基准点所得到的结果并不满足偶对对称性。2014年，Gong 等[133,240]针对特殊的梯形区间二型模糊集给出了一种概率可能度排序方法，该方法涉及截集的计算，因此对于任意形状的隶属度函数，截集的计算往往得不到显式解析解，所以，该排序方法在应用上存在着很大的局限性。基于上述分析，不难看出，单一的排序方法往往难以给出满足线性序关系的合理排序。因此，本章将以三种最基本的信息集成算子为基础，借鉴组合优化的思想，给出一种满足线性序关系的组合排序方法。

4.1　三种新的平均值排序方法

本节中，将基于三种初等平均算子（算术、几何、调和）提出三种新的区间二型模糊数平均值排序方法。首先，给出目前广泛采用的区间二型模糊集的定义。

定义 4.1[132]　设 $A = (A^+, A^-) = \left(\overline{\mu}_A(x), \underline{\mu}_A(x)\right)$ 表示一个定义在论域 X 上的区间二型模糊集，其几何表示如图 4.1 所示。

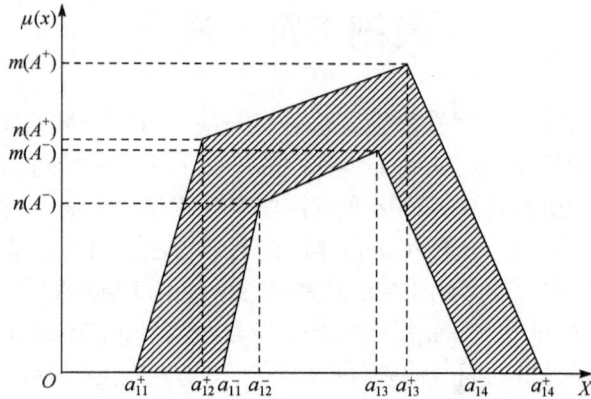

图 4.1　区间二型模糊集 A

为方便计算，我们采用端点（参考点）坐标表示方法，将区间二型模糊集 A 表示为如下形式：$A = \left(\left(a_{11}^+, a_{12}^+, a_{13}^+, a_{14}^+; m(A^+), n(A^+)\right), \left(a_{11}^-, a_{12}^-, a_{13}^-, a_{14}^-; m(A^-), n(A^-)\right)\right)$，其中，$0 \leqslant a_{11}^+ \leqslant a_{12}^+ \leqslant a_{13}^+ \leqslant a_{14}^+ \leqslant 1, 0 \leqslant n(A^+) \leqslant m(A^+) \leqslant 1$，并且 $0 \leqslant a_{11}^- \leqslant a_{12}^- \leqslant a_{13}^- \leqslant a_{14}^- \leqslant 1, 0 \leqslant n(A^-) \leqslant m(A^-) \leqslant 1$。这里 A^+ 和 A^- 均为一型模糊集，分别称作区间二型模糊集 A 的上、下隶属度函数。根据一型模糊集的隶属度表示方法，不难得出区间二型模糊集 A 的上、下隶属度函数分别为

$$\overline{\mu}_A(x) = \begin{cases} \dfrac{(x - a_{11}^+)n(A^+)}{a_{12}^+ - a_{11}^+}, & a_{11}^+ \leqslant x < a_{12}^+ \\[3mm] \dfrac{m(A^+) - n(A^+)}{a_{13}^+ - a_{12}^+}(x - a_{12}^+) + n(A^+), & a_{12}^+ \leqslant x < a_{13}^+ \\[3mm] \dfrac{(x - a_{14}^+)m(A^+)}{a_{12}^+ - a_{11}^+}, & a_{13}^+ \leqslant x < a_{14}^+ \\[3mm] 0, & \text{其他} \end{cases} \quad (4.1)$$

和

$$
\underline{\mu}_A(x) = \begin{cases} \dfrac{(x-a_{11}^-)n(A^-)}{a_{12}^- - a_{11}^-}, & a_{11}^- \leqslant x < a_{12}^- \\[3mm] \dfrac{m(A^-)-n(A^-)}{a_{13}^- - a_{12}^-}(x-a_{12}^-)+n(A^-), & a_{12}^- \leqslant x < a_{13}^- \\[3mm] \dfrac{(x-a_{14}^-)m(A^-)}{a_{12}^- - a_{11}^-}, & a_{13}^- \leqslant x < a_{14}^- \\[3mm] 0, & \text{其他} \end{cases} \tag{4.2}
$$

定义 4.2　设 A 为区间二型模糊集，给出如下的三种排序值公式：

$$
R_{(1)}(A) = \left(\frac{a_{11}^+ + a_{14}^+}{2} + \frac{\sum\limits_{k=-}^{+}\left(m(A^k)+n(A^k)\right)}{4} \right) \times \frac{\sum\limits_{i=1}^{4}(a_{1i}^+ + a_{1i}^-)}{8} \tag{4.3}
$$

$$
R_{(2)}(A) = \left(\sqrt{a_{11}^+ a_{14}^+} + \left(\prod\limits_{k=-}^{+} m(A^k)n(A^k) \right)^{\frac{1}{4}} \right) \times \sqrt[8]{\prod\limits_{i=1}^{4} a_{1i}^+ a_{1i}^-} \tag{4.4}
$$

$$
R_{(3)}(A) = \left(\frac{2a_{11}^+ a_{14}^+}{a_{11}^+ + a_{14}^+} + \frac{4}{\sum\limits_{k=-}^{+}\dfrac{m(A^k)+n(A^k)}{m(A^k)n(A^k)}} \right) \times \frac{8}{\sum\limits_{i=1}^{4}\left(\dfrac{1}{a_{1i}^+} + \dfrac{1}{a_{1i}^-} \right)} \tag{4.5}
$$

为叙述方便起见，我们分别称 $R_{(1)}(A)$、$R_{(2)}(A)$ 和 $R_{(3)}(A)$ 为区间二型模糊集 A 的算术平均排序值、几何平均排序值与调和平均排序值。

从 $R_{(1)}(A)$、$R_{(2)}(A)$ 和 $R_{(3)}(A)$ 的数学表达形式，我们不难看出，它们三者具有相同的代数结构。每一个排序公式均由三部分组成：第一部分反映了区间二型模糊集 A 的平均宽度，第二部分反映了区间二型模糊集 A 的平均高度，第三部分反映了区间二型模糊集 A 的平均长度。从几何图形直观来看，三种排序值反映的是三维空间测度在二维平面上的投影面积，投影面积越大，就代表区间二型模糊集 A 越大。

考虑一种特殊情形，对调和平均排序值 $R_{(3)}(A)$ 来讲，当 $a_{1i}^+, a_{1i}^- = 0(i=1,2,3,4)$ 或 $m(A^+), n(A^+), m(A^-), n(A^-) = 0$ 时，式 (4.5) 无意义，因此，我们应对 $R_{(3)}(A)$ 进行如下修正：

$$R_{(3)}(A) = \lim_{\varepsilon \to 0} \left(\frac{2(a_{11}^+ + \varepsilon)(a_{14}^+ + \varepsilon)}{a_{11}^+ + a_{14}^+ + 2\varepsilon} + \frac{4}{\sum\limits_{k=-}^{+} \dfrac{m(A^k) + n(A^k) + 2\varepsilon}{\left(m(A^k) + \varepsilon\right)\left(n(A^k) + \varepsilon\right)}} \right)$$
$$\times \frac{8}{\sum\limits_{i=1}^{4} \left(\dfrac{1}{a_{1i}^+ + \varepsilon} + \dfrac{1}{a_{1i}^- + \varepsilon} \right)} \tag{4.6}$$

其中，ε 表示任意小的正数，显然当 $\varepsilon \to 0$ 时，修正后的公式可以退化为式(4.5)所示的调和平均排序值。

例 4.1 设 $A = ((0.2, 0.4, 0.6, 0.8; 1.0, 1.0), (0.3, 0.4, 0.6, 0.7; 0.9, 0.9))$ 是一个区间二型模糊集，则根据定义 4.2，我们可以得到区间二型模糊集 A 的三种平均排序值：

$$R_{(1)}(A) = 0.725, \quad R_{(2)}(A) = 0.618, \quad R_{(3)}(A) = 0.524$$

排序值函数的本质是将一个区间二型模糊集映射为一个实数，因此，两个区间二型模糊集的比较就转化为实数大小的比较，我们可以此为基础来定义其偏好序的关系。

(1) 如果 $R_{(i)}(A) < R_{(i)}(B)(i = 1, 2, 3)$，则区间二型梯形模糊数 A 要劣于 B，记为 $A \prec B$。

(2) 如果 $R_{(i)}(A) > R_{(i)}(B)(i = 1, 2, 3)$，则区间二型梯形模糊数 A 要优于 B，记为 $A \succ B$。

(3) 如果 $R_{(i)}(A) = R_{(i)}(B)(i = 1, 2, 3)$，则区间二型梯形模糊数 A 和 B 是无差异的(等价的)，记为 $A \sim B$。

(4) $\{\preceq\} = \{\prec\} \cup \{\sim\}$，其中 $\{\preceq\}$、$\{\prec\}$、$\{\sim\}$ 分别表示基于序关系 $\preceq$、$\prec$、$\sim$ 的偏好序集合。

(5) $\{\succeq\} = \{\succ\} \cup \{\sim\}$，其中 $\{\succeq\}$、$\{\succ\}$、$\{\sim\}$ 分别表示基于序关系 $\succeq$、$\succ$、$\sim$ 的偏好序集合。

基于此，我们给出如下定义。

定义 4.3 设 A 和 B 是定义在论域 X 上的两个区间二型模糊集，偏好序关系 $\{\preceq\}$ 定义为"劣于或无差异"，则当且仅当 $R_{(i)}(A) \leqslant R_{(i)}(B)$ $(i = 1, 2, 3)$ 时 $A \preceq B$。

在上述定义的基础上，结合模糊数学的相关理论知识，可以得到如下定理。

定理 4.1 设 L 是定义在论域 X 上所有区间二型模糊集组成的集合，$\{\preceq\}$ 是定义在集合 L 上的一个二元关系，则 $\{\preceq\}$ 一定是线性序，并且 $(L, \preceq, \mathbf{0}_L, \mathbf{1}_L)$ 是一个完备格，其最小元素为 $\mathbf{0}_L = ((0, 0, 0, 0; 0, 0); (0, 0, 0, 0; 0, 0))$，最大元素为 $\mathbf{1}_L = ((1, 1, 1, 1; 1, 1);$

$(1,1,1,1;1,1))$ 。

证明：首先，我们要证明 $\{\preceq\}$ 是一个偏序。根据集合论的相关知识[241]，只需证明 $\preceq$ 分别满足反身性（reflexivity）、反对称性（antisymmetricity）和传递性（transitivity）。

(1) 反身性。对任意区间二型模糊集 h，有 $R_d\left(\tilde{A},\tilde{\mathbf{1}}\right)\leqslant R_d\left(\tilde{A},\tilde{\mathbf{1}}\right)$，根据上述偏好序的定义，不难看出排序值函数是单调递增的，所以可以推出 $A\preceq A$ 。

(2) 反对称性。对任意的区间二型模糊集 $A,B\in L$，如果 $A\preceq B$ 且 $B\preceq A$，根据上述偏好序的定义，有 $R_{(i)}(A)\leqslant R_{(i)}(B)$ 且 $R_{(i)}(B)\leqslant R_{(i)}(A)$，则 $R_{(i)}(A)=R_{(i)}(B)$ 。根据排序值的单调性，容易推出 $A\sim B$ 。

(3) 传递性。对任意的区间二型模糊集 $A,B,C\in L$，如果 $A\preceq B$ 且 $B\preceq A$，则根据上述偏好序的定义，有 $R_{(i)}(A)\leqslant R_{(i)}(B)$ 和 $R_{(i)}(B)\leqslant R_{(i)}(C)$，$R_{(i)}(A)$、$R_{(i)}(B)$、$R_{(i)}(C)$ 均为实数，因此基于实数集上的排序关系，可以推出 $R_{(i)}(A)\leqslant R_{(i)}(B)\leqslant R_{(i)}(C)$，又因为所提出的集成函数满足单调性，且存在一一映射的关系，所以，容易推出 $A\preceq C$ 。证毕。

基于上述分析，可以证明 $\{\preceq\}$ 是一个偏序。又因为所给出的三种排序函数满足单调性及其对应的降型性质 $\left(R_{[0,1]}^{2}\rightarrow R\right)$，因此容易看出对任意两个定义在 L 上的区间二型模糊集 A,B 是可以比较的，即 $A\preceq B$ 或 $B\preceq A$ 。因此，偏序 $\{\preceq\}$ 是一个线性序。

此外，所有定义在 L 上的区间二型模糊集均为有界的，则一定存在序关系 $\mathbf{0}_L\preceq A\preceq\mathbf{1}_L$ 。基于集合论的相关知识，容易证明 $(L,\preceq,\mathbf{0}_L,\mathbf{1}_L)$ 是一个完备格[242]。

进一步分析，基于 Bustince 等提出的 admissible 序[243]，可以得到定理 4.2。

定理 4.2　设 $(L,\preceq)$ 是一个偏序集，则 $\{\preceq\}$ 是一个 admissible 序。

证明：基于 admissible 序的定义[243]，只需证明 $\{\preceq\}$ 满足下面两个条件。

(1) $\{\preceq\}$ 是定义在 L 上的线性序。根据定理 4.1，结论显然成立。

(2) 对任意两个区间二型模糊集 A 和 $B\in L$，当且仅当 $R_{(i)}(A)\leqslant R_{(i)}(B)$（$i=1,2,3$）时 $A\preceq B$ 。基于定义 4.3，结论是显然的。证毕。

目前的区间二型模糊排序方法，只能从绝对值意义上给出两个模糊集（数）之间的排序关系，但无法从相对值意义的角度上给出一个模糊集相对另一个模糊集的优（劣）程度。为了解决这个问题，下面先定义一个相对差异度的概念。

定义 4.4　设 A_i 和 $A_j(i\neq j)$ 是定义在论域 X 上的两个区间二型模糊集，在排序值函数 $R_{(k)}(k=1,2,3)$ 作用下，A_i 和 A_j 的相对差异度 β_{ij} 定义如下：

$$\beta_{ij} = \frac{R_{(k)}(A_i) - R_{(k)}(A_j)}{R_{(k)}(A_j)} \times 100\% \tag{4.7}$$

其中，$\beta_{ij} > -1$ 且 $\beta_{ij} \neq 0$，如果 $\beta_{ij} > 0$，表明 A_i 以 β_{ij} 的程度优于 A_j，记作 $A_i^{\beta_{ij}} \succ A_j$；

如果 $\beta_{ij} < 0$，表明 A_i 以 $-\dfrac{1+\beta_{ij}}{\beta_{ij}}$ 的程度劣于 A_j，记作 $A_j^{-\frac{1+\beta_{ij}}{\beta_{ij}}} \succ A_i$。

定理 4.3　对定义在论域 X 上的任意两个区间二型模糊集 A_i 和 $A_j(i \neq j)$，则

$\dfrac{1}{\beta_{ij}} + \dfrac{1}{\beta_{ji}} + 1 = 0$。

证明： 根据相对差异度的定义，有

$$\frac{1}{\beta_{ij}} + \frac{1}{\beta_{ji}} = \left(\frac{R_{(k)}(A_j)}{R_{(k)}(A_i) - R_{(k)}(A_j)} + \frac{R_{(k)}(A_i)}{R_{(k)}(A_j) - R_{(k)}(A_i)} \right) \times 100\% = -1 \tag{4.8}$$

所以 $\dfrac{1}{\beta_{ij}} + \dfrac{1}{\beta_{ji}} + 1 = 0$，证毕。

接下来，介绍一些有用的推论和定理。

推论 4.1　设 X 为论域，对任意区间二型模糊集 A，有 $0 \leqslant R_{(i)}(A) \leqslant 2(i = 1, 2, 3)$。

证明： 以 $R_{(1)}(A)$ 为例，因为 $0 \leqslant \dfrac{a_{11} + a_{14}}{2} \leqslant 1$，$0 \leqslant \dfrac{\sum\limits_{k=-}^{+} \left(m(A^k) + n(A^k) \right)}{4} \leqslant 1$，且

$0 \leqslant \dfrac{\sum\limits_{i=1}^{4}(a_{1i}^+ + a_{1i}^-)}{8} \leqslant 1$，根据 $R_{(1)}(A)$ 的定义有 $0 \leqslant R_{(1)}(A) \leqslant (1+1) \times 1 = 2$。同理可证 $R_{(2)}(A)$ 和 $R_{(3)}(A)$ 成立。证毕。

推论 4.2　如果 $A = \left((a_{11}^+, a_{12}^+, a_{13}^+, a_{14}^+; m(A^+), n(A^+)), (a_{11}^-, a_{12}^-, a_{13}^-, a_{14}^-; m(A^-), n(A^-)) \right)$ 是一个区间二型模糊集，若 $a_{11}^+ = a_{12}^+ = a_{13}^+ = a_{14}^+ = 0$ 且 $a_{11}^- = a_{12}^- = a_{13}^- = a_{14}^- = 0$，则 $R_{(i)}(A) = 0 \ (i = 1, 2, 3)$。

证明： 根据定义 4.2，显然 $R_{(1)}(A) = R_{(2)}(A) = 0$，因此，只需证 $R_{(3)}(A) = 0$ 即可。基于修改的 $R_{(3)}(A)$ 公式，有

$$R_{(3)}(A) = \lim_{\varepsilon \to 0} \left(\frac{2(0+\varepsilon)(0+\varepsilon)}{0+0+2\varepsilon} + \frac{4}{\sum\limits_{k=-}^{+} \frac{0+0+2\varepsilon}{(0+\varepsilon)(0+\varepsilon)}} \right) \times \frac{8}{\sum\limits_{i=1}^{4} \left(\frac{1}{0+\varepsilon} + \frac{1}{0+\varepsilon} \right)} \tag{4.9}$$

进一步化简可得

$$R_{(3)}(A) = \lim_{\varepsilon \to 0} \left(\frac{2\varepsilon^2}{2\varepsilon} + \frac{4}{\sum\limits_{k=-}^{+} \frac{2\varepsilon}{\varepsilon^2}} \right) \times \frac{8}{\sum\limits_{i=1}^{4} \left(\frac{1}{\varepsilon} + \frac{1}{\varepsilon} \right)} = \lim_{\varepsilon \to 0} 2\varepsilon^2 = 0 \tag{4.10}$$

证毕。

定理 4.4　设 X 是论域，对任意 $A \in \text{IT2FSs}(X)$，则 $R_{(1)}(A) \geqslant R_{(2)}(A) \geqslant R_{(3)}(A)$。

证明：基于均值不等式，有

$$\frac{a_{11} + a_{14}}{2} \geqslant \sqrt{a_{11}a_{14}} \geqslant \frac{2a_{11}^{+}a_{14}^{+}}{a_{11}^{+} + a_{14}^{+}} \tag{4.11}$$

$$\frac{\sum\limits_{i=1}^{4}(a_{1i}^{+} + a_{1i}^{-})}{8} \geqslant \sqrt[8]{\sum\limits_{i=1}^{4} a_{1i}^{+}a_{1i}^{-}} \geqslant \frac{8}{\sum\limits_{i=1}^{4} \left(\frac{1}{a_{1i}^{+}} + \frac{1}{a_{1i}^{-}} \right)} \tag{4.12}$$

又因为

$$\frac{\sum\limits_{k=-}^{+} m(A^k) + n(A^k)}{4} \geqslant \left(\prod\limits_{k=-}^{+} m(A^k)n(A^k) \right)^{\frac{1}{4}} \geqslant \frac{4}{\sum\limits_{k=-}^{+} \frac{m(A^k) + n(A^k)}{m(A^k)n(A^k)}} \tag{4.13}$$

根据 $R_{(i)}(A)(i=1,2,3)$ 的定义，易证 $R_{(1)}(A) \geqslant R_{(2)}(A) \geqslant R_{(3)}(A)$。证毕。

4.2　基于 OWA 算子的组合排序值模型

基于 4.1 节所提出的三种均值排序方法，本节将给出组合排序值的定义及其求解方法。

定义 4.5　设 $A = (A^+, A^-)$ 为一个区间二型模糊集，其组合排序值定义如下：

$$R(A) = C_1 R_{(1)}(A) + C_2 R_{(2)}(A) + C_3 R_{(3)}(A) \tag{4.14}$$

其中，$C = (C_1, C_2, C_3)^{\text{T}}$ 表示组合系数向量，满足 $C_i \geqslant 0$ 且 $\sum\limits_{i=1}^{3} C_i = 1$。

根据定理 4.4，我们知道 $R_{(1)}(A) \geqslant R_{(2)}(A) \geqslant R_{(3)}(A)$。因此，组合排序值可以看成是对三种排序值的序加权平均，即 OWA 算子[244]。于是，求解组合系数向量就等价于求解 OWA 算子的位置权重向量。在本节中，借鉴 Liu 和 Chen[245]提出的几何序加权平均(geometric ordered weighted average，GOWA)算子权重求解方法来对这一问题进行研究。首先假定组合系数存在如下几何形式 $C_{i+1} = qC_i$ $(q > 0)$，根据归一化公式可得

$$C_i = \frac{q^{i-1}}{\sum\limits_{j=0}^{2} q^j} (i = 1, 2, 3) \tag{4.15}$$

其中，q 表示代数方程 (4.16) 的根：

$$2\alpha q^2 + \sum_{i=2}^{3} (2\alpha - i + 1) q^{3-i} = 0 \tag{4.16}$$

其中，α 表示 orness 测度，满足 $0 \leqslant \alpha \leqslant 1$。这里给出 α 测度的定义：

$$\alpha = \sum_{i=1}^{3} \frac{n-i}{n-1} \left(\frac{1 - E(R_{(i)})}{\sum\limits_{i=1}^{3} \left(1 - E(R_{(i)}) \right)} \right) \tag{4.17}$$

其中，$E(R_{(i)})(i = 1, 2, 3)$ 表示排序矩阵 $R_{(i)} = (r_{jk})_{n \times m}$ 的平均熵。

$$E(R_{(i)}) = -\frac{\sum\limits_{j=1}^{n} \sum\limits_{k=1}^{m} r_{jk} \ln r_{jk}}{mn \ln 2} \tag{4.18}$$

根据式 (4.15)~式 (4.18)，可以求出任意一个区间二型模糊集的组合排序值。

4.3 基于熵权最优组合排序值的区间二型
模糊多属性群决策方法

对于一个区间二型模糊群决策问题，设 $D = \{D_1, D_2, \cdots, D_p\}$ 为 p 个决策者所组成的集合，$e = (e_1, e_2, \cdots, e_p)^T$ 对应决策者的权重向量，满足 $e_k \geqslant 0(k = 1, 2, \cdots, p)$ 且 $\sum\limits_{k=1}^{p} e_k = 1$。设 $A = \{A_1, A_2, \cdots, A_n\}$ 是全体备选方案组成的集合，$C = \{C_1, C_2, \cdots, C_m\}$ 是全体属性组成的集合，$w = (w_1, w_2, \cdots, w_m)^T$ 是属性集对应的权重向量，满足 $w_j > 0$ 且 $\sum\limits_{j=1}^{m} w_j = 1$。假定 $\Delta = \{\Delta_1 \cup \Delta_2 \cup \cdots \cup \Delta_p\}$ 为全体决策者所给出的不确定权重信息集合，其中，$\Delta_k(k = 1, 2, \cdots, p)$ 是第 k 个决策者给出的不确定权重信息。决策矩阵 $DM_k = \left(A_{ij}^{(k)} \right)_{n \times m}$，元素 $A_{ij}^{(k)}$ 为区间二型模糊集，表示决策者 D_k 针对第 i 个方案在

第 j 个属性下的属性值。

首先，给出区间二型模糊熵的定义。

定义 4.6　设 A 是定义在 $X = [a,b]$ 上的一个区间二型模糊集，存在一个实值映射 $E : \text{IT2FSs}(X) \to [0,1]$，$E$ 称作 A 的熵，其数学定义如下：

$$E(A) = 1 - \frac{1}{b-a} \int_a^b \left| \frac{\overline{\mu}_A(x) + \underline{\mu}_A(x) - 1}{2} \right| \mathrm{d}x \tag{4.19}$$

对于离散情况下 $X = \{x_1, x_2, \cdots, x_n\}$，式 (4.19) 可以改写为如下形式：

$$E(A) = 1 - \frac{1}{n} \sum_{i=1}^{n} \left| \frac{\overline{\mu}_A(x) + \underline{\mu}_A(x) - 1}{2} \right| \tag{4.20}$$

基于此定义，我们给出一种新的基于组合排序值和二型模糊熵的属性权重确定方法。首先，介绍本节研究中将用到的相关概念。令 $R^{(k)} = \left(r_{ij}^{(k)} \right)_{n \times m}$ 为决策者 D_k 给出的区间二型模糊排序值矩阵，$E = \left(e_{ij}^{(k)} \right)_{n \times m}$ 为区间二型模糊决策熵矩阵，则我们可以构造一个排序熵矩阵 $\text{RE}^{(k)} = \left(\text{re}_{ij}^{(k)} \right)_{n \times m}$，其中，$\text{re}_{ij}^{(k)} = r_{ij}^{(k)} - e_{ij}^{(k)}$ 表示 $A_{ij}^{(k)}$ 的排序熵值。$W_k = \left(w_1^{(k)}, w_2^{(k)}, \cdots, w_m^{(k)} \right)^{\text{T}}$ 表示基于第 $k (k = 1, 2, 3)$ 种排序公式的关联权重向量，并且满足 $\sum_{j=1}^{m} w_j^{(k)} = 1, w_j^{(k)} \geq 0$。基于多目标优化理论，对每一个备选方案，应该最大化总体排序值，并且最小化总体的信息熵。基于这种思想，对每个备选方案，可以建立如下的线性规划模型来得到属性权重的局部最优解。

$$\max \text{RE}_i^{(k)}(w) = \sum_{j=1}^{m} w_j^{(k)} \left(r_{ij}^{(k)} - e_{ij}^{(k)} \right)$$

$$\text{s.t.} \begin{cases} \sum_{j=1}^{m} w_j^{(k)} = 1 \\ w_j^{(k)} \geq 0, w_j^{(k)} \in \Delta \end{cases} \tag{4.21}$$

其中，Δ 表示所有不确定属性权重信息所组成的集合。显然，$\text{RE}_i^{(k)}(w)$ 越大，则方案 A_i 就越优。

求解上述线性规划模型，可以得到权重向量的局部最优解 $w_{(i)}^{(k)} = \left(w_{1(i)}^{(k)}, w_{2(i)}^{(k)}, \cdots, w_{m(i)}^{(k)} \right)^{\text{T}}$ $(k = 1, 2, 3; i = 1, 2, \cdots, n)$。通过式 (4.21) 得到的最优解，可以建立如下的线性加权凸组合权重向量 $W_k = \sum_{i=1}^{n} \varphi_i^{(k)} w_{(i)}^{(k)}$，其中，$\sum_{i=1}^{n} \left(\varphi_i^{(k)} \right)^2 = 1$，且 $\varphi_i^{(k)} \geq 0$。为方便起见，我们改写成如下的矩阵形式：

$$W_k = \begin{bmatrix} w_{1(1)}^{(k)} & w_{1(2)}^{(k)} & \cdots & w_{1(n)}^{(k)} \\ w_{2(1)}^{(k)} & w_{2(2)}^{(k)} & \cdots & w_{2(n)}^{(k)} \\ \vdots & \vdots & & \vdots \\ w_{m(1)}^{(k)} & w_{m(2)}^{(k)} & \cdots & w_{m(n)}^{(k)} \end{bmatrix} \begin{bmatrix} \varphi_1^{(k)} \\ \varphi_2^{(k)} \\ \vdots \\ \varphi_n^{(k)} \end{bmatrix} = \Gamma \varphi^{(k)} \tag{4.22}$$

其中

$$\Gamma = \begin{bmatrix} w_{1(1)}^{(k)} & w_{1(2)}^{(k)} & \cdots & w_{1(n)}^{(k)} \\ w_{2(1)}^{(k)} & w_{2(2)}^{(k)} & \cdots & w_{2(n)}^{(k)} \\ \vdots & \vdots & & \vdots \\ w_{m(1)}^{(k)} & w_{m(2)}^{(k)} & \cdots & w_{m(n)}^{(k)} \end{bmatrix} \tag{4.23}$$

且 $\varphi^{(k)} = \left(\varphi_1^{(k)}, \varphi_2^{(k)}, \cdots, \varphi_n^{(k)} \right)^T$ 满足等式约束条件 $\left(\varphi^{(k)} \right)^T \varphi^{(k)} = 1$ （即分量平方和为 1）。令 $\mathrm{re}_i^{(k)} = \left(\mathrm{re}_{i1}^{(k)}, \mathrm{re}_{i2}^{(k)}, \cdots, \mathrm{re}_{im}^{(k)} \right)^T$ ，则排序熵矩阵可以表示为 $\mathrm{RE}^{(k)} = \left(\mathrm{re}_1^{(k)}, \mathrm{re}_2^{(k)}, \cdots, \mathrm{re}_n^{(k)} \right)^T$ 。

基于式 (4.22) ，可以进一步推出

$$\mathrm{RE}_i^{(k)}(w) = \sum_{j=1}^m w_j^{(k)} \mathrm{re}_{ij}^{(k)}(w) = W_k^T \mathrm{re}_i^{(k)} = \left(\Gamma \varphi^{(k)} \right)^T \mathrm{re}_i^{(k)} \tag{4.24}$$

为了求解组合权重系数向量 $\varphi^* = (\varphi_1, \varphi_2, \cdots, \varphi_m)^T$ ，对任意的一个备选方案，我们需要最大化排序熵值 $\mathrm{RE}_i^{(k)}(w)(i = 1, 2, \cdots, n; k = 1, 2, 3)$ ，这就等价于求解这样一个多目标向量优化问题：最大化目标函数 $\overline{\mathrm{RE}^{(k)}(w)} = \left(\mathrm{RE}_1^{(k)}(w), \mathrm{RE}_2^{(k)}(w), \cdots, \mathrm{RE}_n^{(k)}(w) \right)^T$ ，约束条件为 $\left(\varphi^{(k)} \right)^T \varphi^{(k)} = 1$ 。

根据上述分析，建立如下的优化模型：

$$\max \overline{\mathrm{RE}^{(k)}(w)} = \left(\mathrm{RE}_1^{(k)}(w), \mathrm{RE}_2^{(k)}(w), \cdots, \mathrm{RE}_n^{(k)}(w) \right)^T$$
$$\mathrm{s.t.} \left(\varphi^{(k)} \right)^T \varphi^{(k)} = 1 \tag{4.25}$$

则我们可以利用等权的线性求和法将上述多目标优化模型转化为下面的单目标优化模型。

$$\max \overline{\mathrm{RE}^{(k)}(w)}^T \mathrm{RE}^{(k)}(w)$$
$$\mathrm{s.t.} \left(\varphi^{(k)} \right)^T \varphi^{(k)} = 1 \tag{4.26}$$

令 $g\left(\varphi^{(k)}\right)=\overline{\mathrm{RE}^{(k)}(w)}^{\mathrm{T}}\mathrm{RE}^{(k)}(w)$ ，同样基于式 (4.26) ，有

$$g\left(\varphi^{(k)}\right)=\overline{\mathrm{RE}^{(k)}(w)}^{\mathrm{T}}\mathrm{RE}^{(k)}(w)=\left(\varphi^{(k)}\right)^{\mathrm{T}}\left(\left(\mathrm{RE}^{(k)}\right)^{\mathrm{T}}\varGamma\right)^{\mathrm{T}}\left(\left(\mathrm{RE}^{(k)}\right)^{\mathrm{T}}\varGamma\right)\varphi^{(k)}$$

令 $A=\left(\left(\mathrm{RE}^{(k)}\right)^{\mathrm{T}}\varGamma\right)^{\mathrm{T}}\left(\left(\mathrm{RE}^{(k)}\right)^{\mathrm{T}}\varGamma\right)$ ，则 $A^{\mathrm{T}}=\left(\left(\mathrm{RE}^{(k)}\right)^{\mathrm{T}}\varGamma\right)^{\mathrm{T}}\left(\left(\mathrm{RE}^{(k)}\right)^{\mathrm{T}}\varGamma\right)=A$ 。

显然 A 是一个非负的实对称矩阵。根据矩阵论的知识[246]，容易得到结论 $\max\dfrac{W^{\mathrm{T}}AW}{W^{\mathrm{T}}W}=\lambda_{\max}$ ，其中， $\lambda_{\max}$ 是矩阵 A 的最大特征值， W 是非零向量。根据矩阵分析理论，我们可以解出 $\lambda_{\max}$ 所对应的特征向量，即 $\varphi^{(k)}=\left(\varphi_1^{(k)},\varphi_2^{(k)},\cdots,\varphi_n^{(k)}\right)^{\mathrm{T}}$ 。根据上述模型及所得到的求解结果，我们可以进一步求解得到局部最优属性权重向量 $W_k(k=1,2,3)$ ，其中， $W_1=\left(w_1^{(1)},w_2^{(1)},\cdots,w_m^{(1)}\right)$ 、 $W_2=\left(w_1^{(2)},w_2^{(2)},\cdots,w_m^{(2)}\right)$ 和 $W_3=\left(w_1^{(3)},w_2^{(3)},\cdots,w_m^{(3)}\right)$ ，则我们可以建立全局最优属性权重组合向量 $W^{*}=\big(w_1^{*},w_2^{*},\cdots,w_m^{*}\big)^{\mathrm{T}}$ ，其中 $\sum\limits_{j=1}^{m}w_j^{*}=1$ ， $w_j^{*}\geqslant0$ ，且 $w_j^{*}=\lambda_1w_j^{(1)}+\lambda_2w_j^{(2)}+\lambda_3w_j^{(3)}$ ， $\sum\limits_{i=1}^{3}\lambda_i=1$ 。

$$W^{*}-W_1=\left(w_1^{*}-w_1^{(1)},w_2^{*}-w_2^{(1)},\cdots,w_m^{*}-w_m^{(1)}\right) \tag{4.27}$$

$$W^{*}-W_2=\left(w_1^{*}-w_1^{(2)},w_2^{*}-w_2^{(2)},\cdots,w_m^{*}-w_m^{(2)}\right) \tag{4.28}$$

$$W^{*}-W_3=\left(w_1^{*}-w_1^{(3)},w_2^{*}-w_2^{(3)},\cdots,w_m^{*}-w_m^{(3)}\right) \tag{4.29}$$

为了得到最优属性向量的全局最优解 W^{*} ，我们应该最小化 $\left\|W^{*}-W_k\right\|_2(k=1,2,3)$ ，其中 $\|\cdot\|_2$ 表示欧氏范数（L_2 范数），其基本定义如下：

$$\left\|W^{*}-W_k\right\|_2=\sqrt{\sum_{j=1}^{m}\left(w_j^{*}-w_j^{(k)}\right)^2} \tag{4.30}$$

基于最小二乘原理[237]，建立如下的非线性权重优化求解模型：

$$\min\sum_{j=1}^{3}\left\|W^{*}-W_k\right\|_2^2$$

$$\mathrm{s.t.}\begin{cases}\sum\limits_{i=1}^{3}\lambda_i=1\\\lambda_i\geqslant0(i=1,2,3)\end{cases} \tag{4.31}$$

根据式 (4.30) ，式 (4.31) 可以改写为

$$\min\sum_{j=1}^{3}\sum_{j=1}^{m}\left(w_j^{*}-w_j^{(k)}\right)^2$$

$$\text{s.t.}\begin{cases}\sum_{i=1}^{3}\lambda_i=1\\\lambda_i\geqslant 0(i=1,2,3)\end{cases}\tag{4.32}$$

又因为 $w_j^*=\lambda_1 w_j^{(1)}+\lambda_2 w_j^{(2)}+\lambda_3 w_j^{(3)}$，所以式(4.32)可以改写为

$$\min\sum_{k=1}^{3}\sum_{j=1}^{m}\left(\lambda_1 w_j^{(1)}+\lambda_2 w_j^{(2)}+\lambda_3 w_j^{(3)}-w_j^{(k)}\right)^2$$

$$\text{s.t.}\begin{cases}\sum_{i=1}^{3}\lambda_i=1\\\lambda_i\geqslant 0(i=1,2,3)\end{cases}\tag{4.33}$$

为了求解式(4.33)，基于最优化理论，首先构造一个拉格朗日函数[247]：

$$L(\lambda,M)=\sum_{k=1}^{3}\sum_{j=1}^{m}\left(\lambda_1 w_j^{(1)}+\lambda_2 w_j^{(2)}+\lambda_3 w_j^{(3)}-w_j^{(k)}\right)^2+M\left(\sum_{i=1}^{3}\lambda_i-1\right)\tag{4.34}$$

其中，$\lambda=(\lambda_1,\lambda_2,\lambda_3)^{\mathrm{T}}$ 且 $\sum_{i=1}^{3}\lambda_i=1$。

根据最优性条件，对所有变量求一阶偏导，即 $\partial L/\partial\lambda_1=\partial L/\partial\lambda_2=\partial L/\partial\lambda_3=\partial L/\partial M=0$。

可以得到如下的方程组：

$$\begin{cases}\dfrac{\partial L}{\partial\lambda_1}=2\sum_{k=1}^{3}\sum_{j=1}^{m}\left(\lambda_1 w_j^{(1)}+\lambda_2 w_j^{(2)}+\lambda_3 w_j^{(3)}-w_j^{(k)}\right)w_j^{(1)}=0\\[2mm]\dfrac{\partial L}{\partial\lambda_2}=2\sum_{k=1}^{3}\sum_{j=1}^{m}\left(\lambda_1 w_j^{(1)}+\lambda_2 w_j^{(2)}+\lambda_3 w_j^{(3)}-w_j^{(k)}\right)w_j^{(2)}=0\\[2mm]\dfrac{\partial L}{\partial\lambda_3}=2\sum_{k=1}^{3}\sum_{j=1}^{m}\left(\lambda_1 w_j^{(1)}+\lambda_2 w_j^{(2)}+\lambda_3 w_j^{(3)}-w_j^{(k)}\right)w_j^{(3)}=0\\[2mm]\dfrac{\partial L}{\partial M}=\sum_{i=1}^{3}\lambda_i-1=0\end{cases}\tag{4.35}$$

为方便求解，可以将式(4.35)方程组等价写成如下的矩阵方程：

$$\begin{bmatrix}W_1 W_1^{\mathrm{T}} & W_1 W_2^{\mathrm{T}} & W_1 W_3^{\mathrm{T}}\\W_2 W_1^{\mathrm{T}} & W_2 W_2^{\mathrm{T}} & W_2 W_3^{\mathrm{T}}\\W_3 W_1^{\mathrm{T}} & W_3 W_2^{\mathrm{T}} & W_3 W_3^{\mathrm{T}}\end{bmatrix}\begin{bmatrix}\lambda_1\\\lambda_2\\\lambda_3\end{bmatrix}=\begin{bmatrix}\sum_{k=1}^{3}\dfrac{W_1 W_k^{\mathrm{T}}}{3}\\\sum_{k=1}^{3}\dfrac{W_2 W_k^{\mathrm{T}}}{3}\\\sum_{k=1}^{3}\dfrac{W_3 W_k^{\mathrm{T}}}{3}\end{bmatrix}\tag{4.36}$$

则我们可以进一步将式 (4.36) 矩阵方程转化为如下的线性方程组：

$$
\begin{cases}
W_1 W_1^{\mathrm{T}} \lambda_1 + W_1 W_2^{\mathrm{T}} \lambda_2 + W_1 W_3^{\mathrm{T}} \lambda_3 = \sum_{k=1}^{3} \dfrac{W_1 W_k^{\mathrm{T}}}{3} \\[2mm]
W_2 W_1^{\mathrm{T}} \lambda_1 + W_2 W_2^{\mathrm{T}} \lambda_2 + W_2 W_3^{\mathrm{T}} \lambda_3 = \sum_{k=1}^{3} \dfrac{W_2 W_k^{\mathrm{T}}}{3} \\[2mm]
W_3 W_1^{\mathrm{T}} \lambda_1 + W_3 W_2^{\mathrm{T}} \lambda_2 + W_3 W_3^{\mathrm{T}} \lambda_3 = \sum_{k=1}^{3} \dfrac{W_3 W_k^{\mathrm{T}}}{3}
\end{cases}
\tag{4.37}
$$

求解式 (4.37) 线性方式组，可以得到所有属性的最优组合权重值。

基于上述的权重求解方法，接下来将介绍一种新的区间二型模糊群决策方法。决策流程如下所示，其具体包含以下步骤。

步骤 1：规范化决策矩阵 $\mathrm{DM}_{(k)}(k=1,2,\cdots,p)$。通常，决策属性分为两类：一类是效益型属性 (越大越好)；另一类是成本型属性 (越小越好)。为了消除量纲对决策结果的影响，在进行决策过程之前，需要对决策矩阵进行规范化，除非所有的属性均为同一类型。本节中，我们采用式 (4.38) 对决策矩阵进行规范化。

$$
A_{ij}^{(k)} = \begin{cases}
A_{ij}^{(k)}, & C_j \text{ 为效益型属性} \\[2mm]
\left(A_{ij}^{(k)} \right)^{\mathrm{c}}, & C_j \text{ 为成本型属性}
\end{cases}
\tag{4.38}
$$

步骤 2：利用区间二型模糊加权平均算子将个体决策信息集结为群决策信息，得到群决策信息矩阵 $G=(g_{ij})_{n\times m}$。

$$
g_{ij} = \overset{p}{\underset{k=1}{\oplus}} A_{ij}^{(k)} \times e_k
\tag{4.39}
$$

其中，e_k 表示第 k 个决策者的权重。

步骤 3：计算排序值矩阵 $R_{(k)}(k=1,2,3)$。根据定义 4.2，计算三种排序值意义下的排序矩阵 $R_{(k)} = \left(r_{g_{ij(k)}} \right)_{n\times m}$。

步骤 4：计算区间二型模糊熵矩阵 $E = \left(E(g_{ij}) \right)_{n\times m}$。

步骤 5：根据式 (4.26) 建立属性权重优化模型，并求解在 $\mathrm{RE}^{(1)}$、$\mathrm{RE}^{(2)}$ 和 $\mathrm{RE}^{(3)}$ 情形下的局部最优属性权重向量 $W_k = \left(w_1^{(k)}, w_2^{(k)}, \cdots, w_m^{(k)} \right)^{\mathrm{T}} (k=1,2,3)$。

步骤 6：利用式 (4.36) 求解全局最优属性权重向量 $W^* = \left(w_1^*, w_2^*, \cdots, w_m^* \right)^{\mathrm{T}}$。

步骤 7：运用区间二型模糊 OWA 算子集结决策信息并计算 $R_{(k)}(A_i)(k=1,2,3; i=1,2,\cdots,n)$。

步骤 8：计算组合排序值 $R(A_i)(i=1,2,\cdots,n)$。

$$R(A_i) = C_1 R_{(1)}(A_i) + C_2 R_{(2)}(A_i) + C_3 R_{(3)}(A_i) \qquad (4.40)$$

其中，组合系数 C_1、C_2、C_3 由式 (4.15) 计算给出。

步骤 9：根据 $R(A_i)$ 值对全体方案进行排序。$R(A_i)$ 越大，则方案 A_i 越好。

4.4　算　例　分　析

在本节中，我们用一个电影个性化推荐的算例来验证所提出的方法。假定有三位资深的影评专家对即将上映的四部电影 $\{A_1, A_2, A_3, A_4\}$ 进行试看。根据观影感受，分别从四个属性，即视觉效果 (C_1)、故事情节 (C_2)、导演执导 (C_3)、演员表演 (C_4) 对这四部电影进行综合评价，将最好看的一部电影推荐给消费者。三位影评专家 $D_k(k=1,2,3)$ 的权重向量为 $e = (0.25, 0.45, 0.30)^{\mathrm{T}}$。每位影评专家对电影在不同属性下的评价均用表 4.1 中的区间二型模糊语言标度来表示。

表 4.1　语言标度及其对应的区间二型模糊集

语言标度	对应的区间二型模糊集
VL	$[(0.00, 0.00, 0.00, 0.10;1.00), (0.00, 0.00, 0.00, 0.05;0.90)]$
L	$[(0.00, 0.10, 0.20, 0.30;1.00), (0.05, 0.10, 0.15, 0.20;0.90)]$
ML	$[(0.10, 0.30, 0.40, 0.50;1.00), (0.20, 0.30, 0.35, 0.40;0.90)]$
M	$[(0.30, 0.50, 0.60, 0.70;1.00), (0.40, 0.50, 0.55, 0.60;0.90)]$
MH	$[(0.50, 0.70, 0.80, 0.90;1.00), (0.60, 0.70, 0.75, 0.80;0.90)]$
H	$[(0.70, 0.90, 0.95, 1.00;1.00), (0.80, 0.85, 0.90, 0.95;0.90)]$
VH	$[(0.90, 1.00, 1.00, 1.00;1.00), (0.95, 1.00, 1.00, 1.00;0.90)]$

注：VL 表示非常低，ML 表示中低，L 表示低，M 表示中，VH 表示非常高，MH 表示中高，H 表示高

此外，在规范化的过程中涉及区间二型模糊集的补运算，因此，首先给出上述语言标度的补运算定义[120]，如表 4.2 所示。

表 4.2　语言标度的补运算

项目	对应关系						
语言标度 (L)	VL	L	ML	M	MH	H	VH
补运算 (L^c)	VH	H	MH	M	ML	L	VL

三位影评专家给出的评分信息如表 4.3～表 4.5 所示。

表 4.3　专家 D_1 给出的评分矩阵

电影	视觉效果 C_1	故事情节 C_2	导演执导 C_3	演员表演 C_4
电影 A_1	VH	MH	H	MH
电影 A_2	MH	H	VH	VH
电影 A_3	H	MH	VH	H
电影 A_4	VH	H	MH	MH

表 4.4　专家 D_2 给出的评分矩阵

电影	视觉效果 C_1	故事情节 C_2	导演执导 C_3	演员表演 C_4
电影 A_1	H	VH	MH	H
电影 A_2	MH	H	H	H
电影 A_3	MH	VH	VH	MH
电影 A_4	MH	H	VH	VH

表 4.5　专家 D_3 给出的评分矩阵

电影	视觉效果 C_1	故事情节 C_2	导演执导 C_3	演员表演 C_4
电影 A_1	H	VH	MH	H
电影 A_2	VH	H	H	MH
电影 A_3	MH	M	VH	MH
电影 A_4	MH	H	VH	VH

基于上述信息，给出具体的决策过程。

步骤 1：标准化评分矩阵。四个属性均为效益型，因此，不需要再对原始评分矩阵标准化。

步骤 2：运用区间二型模糊加权平均算子将三位专家的评分信息集结成群体评分矩阵。计算结果如下所示。

$$g_{11}=\left[(0.85,0.97,0.97,1.00;1.00,1.00),(0.87,0.95,0.95,0.95;0.95,0.95)\right]$$

$$g_{12}=\left[(0.70,0.85,0.85,0.94;1.00,1.00),(0.74,0.82,0.82,0.91;0.95,0.95)\right]$$

$$g_{13}=\left[(0.65,0.85,0.85,0.95;1.00,1.00),(0.70,0.80,0.81,0.87;0.95,0.95)\right]$$

$$g_{14}=\left[(0.80,0.96,0.96,1.00;1.00,1.00),(0.84,0.93,0.93,0.93;0.95,0.95)\right]$$

$g_{21} = \left[(0.61,0.80,0.81,0.93;1.00,1.00),(0.65,0.75,0.76,0.87;0.95,0.95)\right]$

$g_{22} = \left[(0.68,0.88,0.89,0.97;1.00,1.00),(0.73,0.83,0.84,0.89;0.95,0.95)\right]$

$g_{23} = \left[(0.85,0.97,0.98,1.00;1.00,1.00),(0.88,0.95,0.95,0.95;0.95,0.95)\right]$

$g_{24} = \left[(0.85,0.97,0.98,1.00;1.00,1.00),(0.88,0.95,0.95,0.95;0.95,0.95)\right]$

$g_{31} = \left[(0.70,0.86,0.87,0.95;1.00,1.00),(0.74,0.82,0.83,0.91;0.95,0.95)\right]$

$g_{32} = \left[(0.83,0.92,0.93,0.97;1.00,1.00),(0.85,0.90,0.91,0.96;0.95,0.95)\right]$

$g_{33} = \left[(0.88,0.96,0.98,1.00;1.00,1.00),(0.90,0.96,0.97,0.97;0.95,0.95)\right]$

$g_{34} = \left[(0.59,0.77,0.79,0.92;1.00,1.00),(0.64,0.74,0.75,0.86;0.95,0.95)\right]$

$g_{41} = \left[(0.74,0.86,0.88,0.95;1.00,1.00),(0.77,0.84,0.85,0.93;0.95,0.95)\right]$

$g_{42} = \left[(0.68,0.87,0.88,0.97;1.00,1.00),(0.73,0.83,0.85,0.88;0.95,0.95)\right]$

$g_{43} = \left[(0.70,0.83,0.84,0.94;1.00,1.00),(0.74,0.81,0.83,0.91;0.95,0.95)\right]$

$g_{44} = \left[(0.77,0.91,0.92,0.97;1.00,1.00),(0.80,0.88,0.89,0.93;0.95,0.95)\right]$

步骤 3：计算排序值矩阵 $R_{(1)}$、$R_{(2)}$、$R_{(3)}$。根据式(4.3)～式(4.5)，可以计算出排序值矩阵 $R_{(1)}$、$R_{(2)}$、$R_{(3)}$，其结果如下所示。

$$R_{(1)} = \begin{bmatrix} 1.762 & 1.488 & 1.438 & 1.723 \\ 1.342 & 1.510 & 1.788 & 1.788 \\ 1.503 & 1.704 & 1.824 & 1.310 \\ 1.552 & 1.505 & 1.481 & 1.631 \end{bmatrix}$$

$$R_{(2)} = \begin{bmatrix} 1.758 & 1.474 & 1.417 & 1.713 \\ 1.323 & 1.490 & 1.783 & 1.783 \\ 1.488 & 1.699 & 1.820 & 1.285 \\ 1.541 & 1.486 & 1.467 & 1.621 \end{bmatrix}$$

$$R_{(3)} = \begin{bmatrix} 1.754 & 1.460 & 1.396 & 1.704 \\ 1.299 & 1.471 & 1.777 & 1.777 \\ 1.473 & 1.694 & 1.817 & 1.259 \\ 1.530 & 1.477 & 1.454 & 1.611 \end{bmatrix}$$

步骤 4：根据式(4.19)计算区间二型模糊熵矩阵 E。

$$E = \begin{bmatrix} E(g_{11}) & E(g_{12}) & E(g_{13}) & E(g_{14}) \\ E(g_{21}) & E(g_{22}) & E(g_{23}) & E(g_{24}) \\ E(g_{31}) & E(g_{32}) & E(g_{33}) & E(g_{34}) \\ E(g_{41}) & E(g_{42}) & E(g_{43}) & E(g_{44}) \end{bmatrix}$$

我们以 $E(g_{11})$ 为例来说明具体的计算过程。首先，基于式(4.1)和式(4.2)，

给出 g_{11} 上隶属度函数 $\overline{\mu}_{g_{11}}(x)$ 和下隶属度函数 $\underline{\mu}_{g_{11}}(x)$ 的表达式：

$$\overline{\mu}_{g_{11}}(x) = \begin{cases} \dfrac{x-0.85}{0.12}, & 0.85 \leqslant x < 0.97 \\ \dfrac{1-x}{0.03}, & 0.97 \leqslant x \leqslant 1 \\ 0, & 其他 \end{cases}$$

$$\underline{\mu}_{g_{11}}(x) = \begin{cases} \dfrac{0.95(x-0.85)}{0.08}, & 0.85 \leqslant x < 0.95 \\ 0.95, & x = 0.95 \\ 0, & 其他 \end{cases}$$

根据式 (4.19)，可以计算得到 $E(g_{11}) = 0.428$。类似地，可以计算出其他元素的熵值，得到区间二型模糊熵矩阵，结果如下所示：

$$E = \begin{bmatrix} 0.428 & 0.277 & 0.406 & 0.418 \\ 0.331 & 0.341 & 0.412 & 0.412 \\ 0.322 & 0.220 & 0.316 & 0.307 \\ 0.328 & 0.347 & 0.316 & 0.335 \end{bmatrix}$$

步骤 5：根据式 (4.26) 建立属性权重优化模型，并求解在 $\mathrm{RE}^{(1)}$、$\mathrm{RE}^{(2)}$ 和 $\mathrm{RE}^{(3)}$ 三种情形下的局部最优属性权重向量 $W_k = \left(w_1^{(k)}, w_2^{(k)}, \cdots, w_m^{(k)} \right)^{\mathrm{T}}$ $(k = 1, 2, 3)$。

假定三位影评专家给出如下的不完全属性权重信息。

$$D_1 : 0.1 \leqslant w_1 \leqslant 0.3, w_4 - w_2 \geqslant w_1 - w_3$$
$$D_2 : 0.2 \leqslant w_2 \leqslant 0.4, w_3 \leqslant w_4$$
$$D_3 : 0.2 \leqslant w_3 \leqslant 0.4, w_4 \geqslant w_2$$

为方便起见，将上述信息记为 $\Delta_1 = \{ w_3 \leqslant w_4, w_4 \geqslant w_2 \}$，$\Delta_2 = \{ 0.1 \leqslant w_1 \leqslant 0.3, 0.2 \leqslant w_2 \leqslant 0.4, 0.2 \leqslant w_3 \leqslant 0.4 \}$，$\Delta_3 = \{ w_4 - w_2 \geqslant w_1 - w_3 \}$ 则 $\Delta = \Delta_1 \cup \Delta_2 \cup \Delta_3$ 构成不完全属性权重信息集合。基于式 (4.26)，可以建立局部权重最优求解模型：

$$\max \mathrm{RE}^{(1)}(w) = \begin{cases} 1.334 w_{1(1)} + 1.211 w_{2(1)} + 1.032 w_{3(1)} + 1.305 w_{4(1)} \ (A_1) \\ 1.011 w_{1(1)} + 1.169 w_{2(1)} + 1.376 w_{3(1)} + 1.376 w_{4(1)} \ (A_2) \\ 1.181 w_{1(1)} + 1.484 w_{2(1)} + 1.508 w_{3(1)} + 1.003 w_{4(1)} \ (A_3) \\ 1.224 w_{1(1)} + 1.158 w_{2(1)} + 1.165 w_{3(1)} + 1.296 w_{4(1)} \ (A_4) \end{cases}$$

$$\text{s.t.} \begin{cases} \sum_{j=1}^{4} w_{j(1)} = 1 \\ w_{j(1)} \in \Delta, w_{j(1)} \geqslant 0 \end{cases}$$

根据式 (4.26)，可以得到在 $RE^{(1)}$ 情形下的局部最优属性权重向量，结果如下：

$$W_1 = (0.2495, 0.2492, 0.2519, 0.2494)^T$$

同理，我们可以得到 $RE^{(2)}$ 和 $RE^{(3)}$ 情形下的结果：

$$W_2 = (0.2731, 0.2215, 0.2438, 0.2636)^T$$

$$W_3 = (0.2302, 0.2471, 0.2464, 0.2763)^T$$

步骤 6：根据式 (4.36)，求解全局最优属性权重向量 $W^* = \left(w_1^*, w_2^*, w_3^*, w_4^* \right)^T$。

由式 (4.36)，得到如下的线性方程组：

$$\begin{cases} 0.2405\lambda_1 + 0.2505\lambda_2 + 0.2307\lambda_3 = 0.2406 \\ 0.2505\lambda_1 + 0.2554\lambda_2 + 0.2613\lambda_3 = 0.2557 \\ 0.2307\lambda_1 + 0.2613\lambda_2 + 0.2416\lambda_3 = 0.2445 \end{cases}$$

求解上述线性方程组，可以得到解向量 $\lambda = (\lambda_1, \lambda_2, \lambda_3)^T = (0.3366, 0.3334, 0.3301)^T$。

利用组合排序公式计算全局最优属性权重向量，结果如下：

$$W^* = \begin{pmatrix} 0.2495 & 0.2731 & 0.2302 \\ 0.2492 & 0.2215 & 0.2471 \\ 0.2519 & 0.2438 & 0.2464 \\ 0.2494 & 0.2636 & 0.2763 \end{pmatrix} \begin{pmatrix} 0.3366 \\ 0.3334 \\ 0.3301 \end{pmatrix} = \begin{pmatrix} 0.2510 \\ 0.2393 \\ 0.2474 \\ 0.2630 \end{pmatrix}$$

步骤 7：运用区间二型模糊 OWA 算子集成决策信息并计算其在三种排序值函数下的排序值。

首先，运用区间二型模糊 OWA 算子对决策信息进行集成，其计算结果为

$$A_1 = [(0.740, 0.895, 0.900, 0.952; 1.000, 1.000), (0.777, 0.863, 0.866, 0.902; 0.95, 0.95)]$$

$$A_2 = [(0.737, 0.892, 0.902, 0.961; 1.000, 1.000), (0.774, 0.858, 0.863, 0.901; 0.95, 0.95)]$$

$$A_3 = [(0.739, 0.865, 0.880, 0.947; 1.000, 1.000), (0.771, 0.843, 0.853, 0.912; 0.95, 0.95)]$$

$$A_4 = [(0.712, 0.855, 0.868, 0.944; 1.000, 1.000), (0.749, 0.828, 0.843, 0.899; 0.95, 0.95)]$$

然后，计算 $A_i (i = 1, 2, 3, 4)$ 在三种排序值函数 $R_{(k)} (k = 1, 2, 3)$ 下的排序值：

$$R_{(1)}(A_1) = 1.569, \quad R_{(2)}(A_1) = 1.558, \quad R_{(3)}(A_1) = 1.548$$

$$R_{(1)}(A_2) = 1.570, \quad R_{(2)}(A_2) = 1.559, \quad R_{(3)}(A_2) = 1.547$$

$$R_{(1)}(A_3) = 1.547, \quad R_{(2)}(A_3) = 1.537, \quad R_{(3)}(A_3) = 1.527$$
$$R_{(1)}(A_4) = 1.509, \quad R_{(2)}(A_4) = 1.497, \quad R_{(3)}(A_4) = 1.484$$

步骤 8：计算 $A_i(i=1,2,3,4)$ 的组合排序值。

根据式 (4.18)，有 $E(R_{(1)}) = 0.321$，$E(R_{(2)}) = 0.304$，$E(R_{(3)}) = 0.298$。

然后，根据式 (4.17)，可以求出 orness 水平 $\alpha = 0.494$。基于式 (4.16)，得到如下代数方程：

$$0.99q^2 - 0.01q - 1.01 = 0$$

求解该方程，得到 $q \approx 1.015$。

根据式 (4.15)，可以得到组合系数 $C_i(i=1,2,3)$，计算结果如下：

$$C_1 = 0.3284, \quad C_2 = 0.3333, \quad C_3 = 0.3383$$

由式 (4.14) 计算出电影 $A_i(i=1,2,3,4)$ 的组合排序值，计算结果如下：

$$R(A_1) = 1.5582, \quad R(A_2) = 1.5586, \quad R(A_3) = 1.5361, \quad R(A_4) = 1.4965$$

步骤 9：根据组合排序值的大小对四部电影进行排序。

因为 $R(A_2) > R(A_1) > R(A_3) > R(A_4)$，有 $A_2^{0.026\%} \succ A_1^{1.367\%} \succ A_3^{2.629\%} \succ A_4$。这里 "$\succ$" 表示优于关系。因此，三位专家将电影 A_2 优先推荐给消费者。

4.5　本　章　小　结

本章中，我们给出了基于三种平均算子的组合排序值方法。该排序方法不仅满足线性序关系，还满足 admissible 序，较现有的区间二型模糊数排序方法具有较大的优越性。其数学结构简洁，且具有较好的数学性质，既能反映两个区间二型模糊数之间的绝对排序关系，又能揭示一者较另一者的相对优势关系。在此基础上，结合经典 OWA 算子的相关结果，本章提出了一种新的区间二型模糊群决策方法，给出了具体的决策流程，并用一个电影个性化推荐的算例验证了该方法的有效性。

第 5 章　基于偏好信息的区间二型模糊决策方法

5.1　区间二型模糊决策的 LINMAP 方法

LINMAP 方法是由 Srinivasan 和 Shocker 提出的一种多维偏好线性规划决策方法[248]。该方法能够有效地将决策者的偏好进行集结，目前已被广泛地应用于一型模糊集[249]和各种扩展模糊集，包括直觉模糊集[250]、犹豫模糊集[251]及灰集[252]等。本节将 LINMAP 方法扩展到区间二型模糊环境下，把区间二型模糊信息引入偏好关系的度量过程中，给出一种新的区间二型模糊决策方法。

5.1.1　决策问题描述

定义 5.1　假定决策者 D_p 给出的偏好序集合为

$$\Omega^p = \left\{ (k,l) \mid A_k \succ_{\tilde{C}_p(k,l)} A_l(k,l \in M) \right\} \tag{5.1}$$

其中，$A_k \succ_{\tilde{C}_p(k,l)} A_l$ 表示决策者认为方案 A_k 优于 A_l，且优于的程度为 $\tilde{C}_p(k,l)$，其中优于程度由表 5.1 所示的区间二型模糊数来表示。

表 5.1　区间二型模糊偏好标度

语言标度	区间二型模糊数
SCP	[(0.00, 0.10, 0.15, 0.30; 1.00), (0.05, 0.10, 0.10, 0.20; 0.95)]
MP	[(0.15, 0.30, 0.35, 0.50; 1.00), (0.20, 0.25, 0.30, 0.40; 0.95)]
AP	[(0.30, 0.50, 0.55, 0.70; 1.00), (0.40, 0.45, 0.50, 0.60; 0.95)]
P	[(0.50, 0.70, 0.75, 0.90; 1.00), (0.60, 0.65, 0.70, 0.80; 0.95)]
STP	[(0.70, 0.90, 0.95, 1.00; 1.00), (0.80, 0.85, 0.90, 0.95; 0.95)]

注：SCP 为几乎不偏好(scarcely preferable)；MP 为中等偏好(moderate preferable)；AP 为绝大多数偏好(almost preferable)；P 为偏好(preferable)；STP 为强烈偏好(strong preferable)

对于一个区间二型模糊决策问题，设 $A = \{A_1, A_2, \cdots, A_m\}$ 为方案集，$D = \{D_1, D_2, \cdots, D_q\}$ 为决策者集合，$e = (e_1, e_2, \cdots, e_q)^T$ 为决策者权重向量，且满足 $e_p \geqslant 0(p = 1, 2, \cdots, q)$，$\sum_{p=1}^{q} e_p = 1$。令 $C = \{C_1, C_2, \cdots, C_n\}$ 为属性权重集，$\omega = (\omega_1, \omega_2, \cdots, \omega_n)^T$ 为其所对应的属性权重向量，满足 $\omega_j \in [0,1]$ 和 $\sum_{j=1}^{n} \omega_j = 1$。决策者 D_p 给出如下所示的决

策信息矩阵：

$$
T^p = \left(t_{ij}^p\right)_{m\times n} = \begin{array}{c} \\ A_1 \\ A_2 \\ \vdots \\ A_m \end{array}
\begin{array}{cccc}
C_1 & C_2 & \cdots & C_n
\end{array}
\left(\begin{array}{cccc}
t_{11}^p & t_{12}^p & \cdots & t_{1n}^p \\
t_{21}^p & t_{22}^p & \cdots & t_{2n}^p \\
\vdots & \vdots & & \vdots \\
t_{m1}^p & t_{m2}^p & \cdots & t_{mn}^p
\end{array}\right)
\tag{5.2}
$$

5.1.2　一致性和非一致性测度

设 $r^+ = (r_1^+, r_2^+, \cdots, r_n^+)$ 为区间二型模糊正理想解 (positive ideal solution, PIS)，其中，$r_j^+(j = 1, 2, \cdots, n)$ 表示在属性 C_j 下的值。为了计算方便，我们定义 $r_j^+ = [(1,1,1,1;1),(1,1,1,1;1)](j = 1, 2, \cdots, n)$。

对于决策者 D_p，首先定义 r_i^k 与 r^+ 之间的加权距离 S_i^p：

$$
S_i^p = \sum_{j=1}^n \omega_j d(r_{ij}^p, r_j^+)
\tag{5.3}
$$

其中，$d(r_{ij}^p, r_j^+) = \int_0^1 \left\| \left[C_{r_{ij}^p}^L + x\left(C_{r_{ij}^p}^R - C_{r_{ij}^p}^L\right) \right] - \left[C_{r_j^+}^L + x\left(C_{r_j^+}^R - C_{r_j^+}^L\right) \right] \right\| \mathrm{d}x$。

假定由全体决策者给出的不完全信息的方案偏好序集合为 $\Omega^p = \left\{ (k,l) \mid A_k \succ_{\tilde{C}_p(k,l)} A_l (k,l \in M) \right\}$，则对于序偶 $(k,l) \in \Omega^p$，其与正理想解之间的加权距离为

$$
S_l^p = \sum_{j=1}^n \omega_j d(r_{lj}^p, r_j^+)
$$
$$
S_k^p = \sum_{j=1}^n \omega_j d(r_{kj}^p, r_j^+)
\tag{5.4}
$$

则决策者偏好与方案排序之间的非一致性测度 $\left(S_l^p - S_k^p\right)^-$ 定义为

$$
\left(S_l^p - S_k^p\right)^- = \begin{cases} R\left(\tilde{C}_p(k,l)\right)\left(S_k^p - S_l^p\right), & S_l^p < S_k^p \\ 0, & S_l^p \geqslant S_k^p \end{cases}
\tag{5.5}
$$

式 (5.5) 可以简化为

$$
\left(S_l^p - S_k^p\right)^- = R\left(\tilde{C}_p(k,l)\right)\max\left\{S_k^p - S_l^p, 0\right\}
\tag{5.6}
$$

则决策者 D_p 的总的非一致性测度为

$$B^p = \sum_{(k,l)\in\Omega^p} \left(S_l^p - S_k^p\right)^- = \sum_{(k,l)\in\Omega^p} R\left(\tilde{C}_p(k,l)\right)\max\left\{S_l^p - S_k^p, 0\right\} \qquad (5.7)$$

基于式(5.7)，群体总的非一致性测度为

$$B = \sum_{p=1}^q B^p = \sum_{p=1}^q \sum_{(k,l)\in\Omega^p} \left(S_l^p - S_k^p\right)^- = \sum_{p=1}^q \sum_{(k,l)\in\Omega^p} R\left(\tilde{C}_p(k,l)\right)\max\left\{S_l^p - S_k^p, 0\right\} \quad (5.8)$$

同理，我们可以定义决策者偏好与方案排序之间的一致性测度 $\left(S_l^p - S_k^p\right)^+$：

$$\left(S_l^p - S_k^p\right)^+ = \begin{cases} R\left(\tilde{C}_p(k,l)\right)\left(S_l^p - S_k^p\right), & S_l^p \geqslant S_k^p \\ 0, & S_l^p < S_k^p \end{cases} \qquad (5.9)$$

式(5.9)可以简化为

$$\left(S_l^p - S_k^p\right)^+ = R\left(\tilde{C}_p(k,l)\right)\max\left\{S_l^p - S_k^p, 0\right\} \qquad (5.10)$$

则决策者 D_p 的总的一致性测度为

$$G^p = \sum_{(k,l)\in\Omega^p} \left(S_l^p - S_k^p\right)^+ = \sum_{(k,l)\in\Omega^p} R\left(\tilde{C}_p(k,l)\right)\max\left\{S_l^p - S_k^p, 0\right\} \qquad (5.11)$$

基于式(5.11)，群体总的一致性测度为

$$G = \sum_{p=1}^q G^p = \sum_{p=1}^q \sum_{(k,l)\in\Omega^p} \left(S_l^p - S_k^p\right)^+ = \sum_{p=1}^q \sum_{(k,l)\in\Omega^p} R\left(\tilde{C}_p(k,l)\right)\max\left\{S_l^p - S_k^p, 0\right\} \quad (5.12)$$

又因为

$$\left(S_l^p - S_k^p\right)^+ - \left(S_l^p - S_k^p\right)^- = R\left(\tilde{C}_p(k,l)\right)\left(S_l^p - S_k^p\right) \qquad (5.13)$$

根据式(5.3)，可以化简得到

$$S_l^p - S_k^p = \sum_{j=1}^n \omega_j d(r_{lj}^p, r_j^+) - \sum_{j=1}^n \omega_j d(r_{kj}^p, r_j^+) = \sum_{j=1}^n \omega_j \left(d(r_{lj}^p, r_j^+) - d(r_{kj}^p, r_j^+)\right) \quad (5.14)$$

$$\begin{aligned} G - B &= \sum_{p=1}^q \sum_{(k,l)\in\Omega^p} \left[\left(S_l^p - S_k^p\right)^+ - \left(S_l^p - S_k^p\right)^-\right] \\ &= \sum_{p=1}^q \sum_{(k,l)\in\Omega^p} R\left(\tilde{C}_p(k,l)\right)\left(S_l^p - S_k^p\right) \\ &= \sum_{p=1}^q \sum_{(k,l)\in\Omega^p} \sum_{j=1}^n \omega_j R\left(\tilde{C}_p(k,l)\right)\left(d(r_{lj}^p, r_j^+) - d(r_{kj}^p, r_j^+)\right) \end{aligned} \qquad (5.15)$$

5.1.3　属性权重求解模型

在求解属性权重时，需要对群体总的非一致性测度 B 最小化，通常会导致一个平凡解的出现。因此，必须添加一个约束条件来对问题进行求解。基于这种思

想，建立如下线性规划模型求解属性权重：

$$\min\{B\}$$

$$\text{s.t.}\begin{cases} G - B \geqslant h \\ \omega_j \geqslant \delta \ (j=1,2,\cdots,n), \sum_{j=1}^{n} \omega_j = 1 \end{cases} \quad (5.16)$$

其中，$h > 0$ 表示由决策者根据自身的决策偏好和实际的管理决策需要事先给出的一个正数；$\delta > 0$ 表示一个足够小的正数，以保证求出的权重不等于 0。模型所体现出的含义是群体总的一致性测度 G 在比群体总的非一致性测度 B 至少大 h 的情况下，使得群体总的非一致性测度最小。

基于式 (5.15)，模型 (5.16) 可以等价转化为

$$\min\left\{ \sum_{p=1}^{q} \sum_{(k,l)\in\Omega^p} R\big(\tilde{C}_p(k,l)\big)\max\big\{S_l^p - S_k^p, 0\big\} \right\}$$

$$\text{s.t.}\begin{cases} \sum_{p=1}^{q} \sum_{(k,l)\in\Omega^p} \sum_{j=1}^{n} \omega_j R\big(\tilde{C}_p(k,l)\big)\big(d(r_{lj}^p, r_j^+) - d(r_{kj}^p, r_j^+)\big) \geqslant h \\ \omega_j \geqslant \delta \ (j=1,2,\cdots,n), \sum_{j=1}^{n} \omega_j = 1 \end{cases} \quad (5.17)$$

为了简化上述模型，令

$$z_{kl}^p = \max\big\{S_l^p - S_k^p, 0\big\} \quad (5.18)$$

则容易得到不等式：

$$z_{kl}^p \geqslant (S_l^p - S_k^p) \Rightarrow (S_k^p - S_l^p) + z_{kl}^p \geqslant 0 \quad (5.19)$$

将式 (5.14) 代入式 (5.19)，可以直接得到

$$\sum_{j=1}^{n} \omega_j \big(d(r_{lj}^p, r_j^+) - d(r_{kj}^p, r_j^+)\big) + z_{kl}^p \geqslant 0 \quad (5.20)$$

根据式 (5.20)，我们可以将模型 (5.17) 改写为如下形式：

$$\min\left\{ \sum_{p=1}^{q} \sum_{(k,l)\in\Omega^p} R\big(\tilde{C}_p(k,l)\big)z_{kl}^p \right\}$$

$$\text{s.t.}\begin{cases} \sum_{p=1}^{q} \sum_{(k,l)\in\Omega^p} \sum_{j=1}^{n} \omega_j R\big(\tilde{C}_p(k,l)\big)\big(d(r_{lj}^p, r_j^+) - d(r_{kj}^p, r_j^+)\big) \geqslant h \\ \sum_{j=1}^{n} \omega_j \big(d(r_{lj}^p, r_j^+) - d(r_{kj}^p, r_j^+)\big) + z_{kl}^p \geqslant 0, (k,l) \in \Omega^p (p=1,2,\cdots,q) \\ \omega_j \geqslant \delta \ (j=1,2,\cdots,n), \sum_{j=1}^{n} \omega_j = 1 \\ z_{kl}^p \geqslant 0, \ (k,l) \in \Omega^p (p=1,2,\cdots,q) \end{cases} \quad (5.21)$$

利用单纯型方法求解模型 (5.21)，可以得到最优属性权重向量 $\omega^* = \big(\omega_1^*,$ $\omega_2^*, \cdots, \omega_n^*\big)^{\mathrm{T}}$ 和区间二型模糊正理想解(interval type-2 fuzzy positive ideal solution, IT2FPIS) A^+，然后根据式 (5.3) 计算方案 A_i 相对于 IT2FPIS A^+ 的距离。最后，运用 Copeland 社会选择函数[253]对排序结果进行集结。

值得注意的是，上述模型只适用于属性权重信息完全未知的情况。对于属性信息不完全的情况(部分信息已知，部分信息未知)，需要对上述模型进行进一步的修改。设 Λ 为不完全属性权重信息集合，根据 Park 和 Kim[254]的研究，Λ 可以表示为以下几种情况。

(1)弱序：$\{\omega_i \geqslant \omega_j\}(i \neq j)$。

(2)严格序：$\{\omega_i - \omega_j \geqslant \xi_i\}(\xi_i > 0)$。

(3)倍数序：$\{\omega_i \geqslant \xi_i \omega_j\}(i \neq j, 0 \leqslant \xi_i \leqslant 1)$。

(4)差异序：$\{\omega_i - \omega_j \geqslant \omega_k - \omega_l\}(i \neq j \neq k \neq l)$。

(5)区间序：$\{\xi_i \leqslant \omega_i \leqslant \xi_i + \varepsilon_i\}(0 \leqslant \xi \leqslant \xi_i + \varepsilon \leqslant 1)$。

对于上述情形，模型 (5.21) 可以转化为

$$\min\left\{\sum_{p=1}^{q}\sum_{(k,l)\in\Omega^p} R\big(\tilde{C}_p(k,l)\big)z_{kl}^p\right\}$$

$$\text{s.t.}\begin{cases}\sum_{p=1}^{q}\sum_{(k,l)\in\Omega^p}\sum_{j=1}^{n}\omega_j R\big(\tilde{C}_p(k,l)\big)\big(d(r_{lj}^p, r_j^+) - d(r_{kj}^p, r_j^+)\big) \geqslant h \\ \sum_{j=1}^{n}\omega_j\big(d(r_{lj}^p, r_j^+) - d(r_{kj}^p, r_j^+)\big) + z_{kl}^p \geqslant 0, (k,l)\in\Omega^p (p=1,2,\cdots,q) \\ z_{kl}^p \geqslant 0, (k,l)\in\Omega^p (p=1,2,\cdots,q) \\ \omega\in\Lambda\end{cases} \quad (5.22)$$

需要指出的是，模型 (5.22) 有一个前提假定，即认为所有决策者的重要性是相同的，对于决策者权重不同的情形，只需对模型 (5.22) 进行如下的改进：

$$\min\left\{\sum_{p=1}^{q}\sum_{(k,l)\in\Omega^p} R\big(\tilde{C}_p(k,l)\big)z_{kl}^p\right\}$$

$$\text{s.t.}\begin{cases}\sum_{p=1}^{q} qe_p\left(\sum_{(k,l)\in\Omega^p}\sum_{j=1}^{n}\omega_j R\big(\tilde{C}_p(k,l)\big)\big(d(r_{lj}^p, r_j^+) - d(r_{kj}^p, r_j^+)\big)\right) \geqslant h \\ \sum_{j=1}^{n}\omega_j\big(d(r_{lj}^p, r_j^+) - d(r_{kj}^p, r_j^+)\big) + z_{kl}^p \geqslant 0, (k,l)\in\Omega^p (p=1,2,\cdots,q) \\ z_{kl}^p \geqslant 0, (k,l)\in\Omega^p (p=1,2,\cdots,q) \\ \omega\in\Lambda\end{cases} \quad (5.23)$$

显然，当决策者权重向量 $e = \left(\dfrac{1}{q}, \dfrac{1}{q}, \cdots, \dfrac{1}{q} \right)^{\mathrm{T}}$ 时，模型(5.23)可以退化为模型 (5.22)。

5.1.4　决策步骤

步骤 1：建立群决策矩阵 $T^p = (t^p_{ij})_{m \times n}$，并根据属性特征进行标准化。

步骤 2：给出决策者的偏好序集合 $\Omega^p = \left\{ (k,l) \mid A_k \succ_{\tilde{C}_p(k,l)} A_l (k,l \in M) \right\}$。

步骤 3：根据模型(5.23)建立线性优化模型，求解出最优属性权重向量 ω 和 IT2FPIS A^+。

步骤 4：计算方案 $A_i (i = 1, 2, \cdots, m)$ 和 IT2FPIS A^+ 之间的加权距离 $S^p_i (i = 1, 2, \cdots, m; p = 1, 2, \cdots, q)$。

步骤 5：运用 Copeland 社会选择函数对个体排序结果进行集结，得到最终的群排序结果。

5.1.5　算例分析

本小节中，我们将运用一个酒店个性化推荐的算例来验证方法的有效性。现有五家酒店 $A_1 \sim A_5$ 可供选择，考虑六个评价属性：与当前位置的距离(C_1)，酒店的星级(C_2)，酒店的性价比(C_3)，酒店的服务水平(C_4)，酒店的平均顾客满意度(C_5)，酒店的管理水平(C_6)。现邀请三位拥有丰富酒店管理经验的专家对这五家酒店进行评分，专家权重为 $e = (0.25, 0.40, 0.35)^{\mathrm{T}}$，所给出的评分信息矩阵如表 5.2～表 5.4 所示。

表 5.2　评分矩阵 $R^{(1)}$

酒店	C_1	C_2	C_3	C_4	C_5	C_6
A_1	VH	ML	VH	VH	VH	M
A_2	H	M	L	MH	M	L
A_3	M	L	H	ML	VL	ML
A_4	VH	VH	ML	ML	VH	VL
A_5	ML	ML	L	MH	M	MH

注：VL 表示非常低，ML 表示中低，L 表示低，M 表示中，VH 表示非常高，MH 表示中高，H 表示高

表 5.3　评分矩阵 $R^{(2)}$

酒店	C_1	C_2	C_3	C_4	C_5	C_6
A_1	VH	ML	H	MH	VH	L
A_2	H	M	H	M	ML	H
A_3	M	H	H	M	M	H
A_4	L	MH	ML	VH	H	M
A_5	L	VH	ML	ML	H	H

表 5.4　评分矩阵 $R^{(3)}$

酒店	C_1	C_2	C_3	C_4	C_5	C_6
A_1	M	M	VH	VH	MH	VL
A_2	MH	VH	L	L	VH	MH
A_3	VH	VH	MH	H	VH	VH
A_4	M	ML	VH	H	M	VH
A_5	VL	VH	VL	VH	ML	ML

三位专家给出的偏好序集合分别为

DM_1：$\varOmega^1 = \left\{ \langle (A_2, A_1), \mathrm{SCP} \rangle, \langle (A_1, A_3), \mathrm{P} \rangle, \langle (A_2, A_3), \mathrm{MP} \rangle \right\}$

DM_2：$\varOmega^2 = \left\{ \langle (A_2, A_4), \mathrm{AP} \rangle, \langle (A_3, A_5), \mathrm{STP} \rangle, \langle (A_2, A_1), \mathrm{MP} \rangle \right\}$

DM_3：$\varOmega^3 = \left\{ \langle (A_1, A_4), \mathrm{SCP} \rangle, \langle (A_2, A_3), \mathrm{P} \rangle, \langle (A_2, A_4), \mathrm{MP} \rangle, \langle (A_2, A_5), \mathrm{STP} \rangle \right\}$

三位专家给出的个体不完全属性权重信息分别为

$\varLambda_1$：$0.10 \leqslant w_1 \leqslant 0.30, 0.10 \leqslant w_2 \leqslant 0.40, w_3 \leqslant w_4$

$\varLambda_2$：$0.15 \leqslant w_3 \leqslant 0.20, 0.20 \leqslant w_4 \leqslant 0.30, 0.10 \leqslant w_6 \leqslant 0.15$

$\varLambda_3$：$0.10 \leqslant w_5 \leqslant 0.25, w_2 - w_1 \geqslant 0.10, w_4 - w_2 \leqslant w_3 - w_1$

则群体不完全属性权重信息为

$$\begin{aligned}
\varLambda &= \varLambda_1 \bigcup \varLambda_2 \bigcup \varLambda_3 \\
&= \left\{ 0.10 \leqslant w_1 \leqslant 0.30, 0.10 \leqslant w_2 \leqslant 0.40, w_3 \leqslant w_4, 0.15 \leqslant w_3 \leqslant 0.20, \right. \\
&\quad\ 0.20 \leqslant w_4 \leqslant 0.30, 0.10 \leqslant w_6 \leqslant 0.15, 0.10 \leqslant w_5 \leqslant 0.25, \\
&\quad\ \left. w_2 - w_1 \geqslant 0.10, w_4 - w_2 \leqslant w_3 - w_1, \sum_{j=1}^{6} w_j = 1 \right\}
\end{aligned}$$
$$\tag{5.24}$$

根据模型(5.23)，建立优化模型(5.25)：

$$\min\begin{Bmatrix}0.125z_{21}^1+0.714z_{13}^1+0.319z_{23}^1+0.512z_{24}^2+0.881z_{35}^2+0.319z_{21}^2+0.125z_{14}^3\\+0.714z_{23}^3+0.512z_{24}^3+0.881z_{25}^3\end{Bmatrix}$$

$$\text{s.t.}\begin{cases}0.371\omega_1+0.247\omega_2-0.231\omega_3+0.169\omega_4-0.038\omega_5+0.173\omega_6\geqslant h\\0.085\omega_1-0.106\omega_2+0.465\omega_3+0.189\omega_4+0.270\omega_5-0.045\omega_6+z_{21}^1\geqslant 0\\-0.271\omega_1-0.089\omega_2+0.085\omega_3-0.376\omega_4+0.554\omega_5+0.221\omega_6+z_{13}^1\geqslant 0\\-0.185\omega_1+0.195\omega_2+0.381\omega_3-0.187\omega_4-0.284\omega_5+0.131\omega_6+z_{23}^1\geqslant 0\\0.065\omega_1+0.269\omega_2-0.291\omega_3+0.274\omega_4+0.386\omega_5-0.074\omega_6+z_{24}^2\geqslant 0\\-0.106\omega_1+0.181\omega_2-0.295\omega_3+0.342\omega_4+0.191\omega_5+0.233\omega_6+z_{35}^2\geqslant 0\\0.113\omega_1-0.106\omega_2+0.214\omega_3+0.248\omega_4+0.386\omega_5-0.192\omega_6+z_{21}^2\geqslant 0\\0.353\omega_1-0.112\omega_2+0.324\omega_3-0.086\omega_4+0.024\omega_5-0.087\omega_6+z_{14}^3\geqslant 0\\0.136\omega_1+0.258\omega_2+0.293\omega_3+0.157\omega_4+0.193\omega_5-0.121\omega_6+z_{23}^3\geqslant 0\\0.097\omega_1-0.094\omega_2+0.487\omega_3+0.382\omega_4+0.235\omega_5+0.203\omega_6+z_{24}^3\geqslant 0\\-0.337\omega_1+0.269\omega_2+0.098\omega_3+0.463\omega_4-0.091\omega_5+0.063\omega_6+z_{25}^3\geqslant 0\\z_{21}^1,z_{13}^1,z_{23}^1,z_{24}^2,z_{35}^2,z_{21}^2,z_{14}^3,z_{23}^3,z_{24}^3,z_{25}^3\geqslant 0\\0.10\leqslant w_1\leqslant 0.30,0.10\leqslant w_2\leqslant 0.40,w_3\leqslant w_4,0.15\leqslant w_3\leqslant 0.20,0.20\leqslant w_4\leqslant 0.30,\\0.10\leqslant w_6\leqslant 0.15,0.10\leqslant w_5\leqslant 0.25,w_2-w_1\geqslant 0.10,w_4-w_2\leqslant w_3-w_1\\w_1+w_2+w_3+w_4+w_5+w_6=1\end{cases}$$

$$(5.25)$$

运用 Lingo 软件求解模型(5.25)，得到最优属性权重向量 ω^* 和 IT2FPIS A^+ 分别为

$$\omega^*=(0.114,0.220,0.162,0.239,0.105,0.160)^{\mathrm{T}}$$

$$A^+=\left[(0.872,0.891,0.894,0.901;1.000),(0.934,0.952,0.965,0.977;1.000)\right]$$

根据式(5.1)，可得到酒店 A_i 和 IT2FPIS A^+ 之间的加权距离 S_i^p 值，具体结果如表 5.5 和表 5.6 所示。

表 5.5　酒店与最优理想解 IT2FPIS 间的距离

距离	A_1	A_2	A_3	A_4	A_5	排序
d_1	0.324	0.285	0.296	0.307	0.314	$A_2\succ A_3\succ A_4\succ A_5\succ A_1$
d_2	0.325	0.279	0.265	0.288	0.307	$A_3\succ A_2\succ A_4\succ A_5\succ A_1$
d_3	0.288	0.259	0.315	0.265	0.301	$A_2\succ A_4\succ A_1\succ A_5\succ A_3$

表 5.6　基于 Copeland 社会选择函数的方案的得分值

酒店	决策专家			Copeland 得分值
	D_1	D_2	D_3	
A_1	5	5	3	4.30
A_2	1	2	1	1.40
A_3	2	1	5	2.65
A_4	3	3	2	2.67
A_5	4	4	4	4.00

因此，五家酒店的排序为

$$A_2 \succ A_3 \succ A_4 \succ A_5 \succ A_1$$

因此，最值得推荐的酒店为 A_2。

为了验证所提方法的有效性，接下来采用 Chen[113]提出的基于符号距离的区间二型模糊多维偏好分析方法来对上述算例进行验证。

步骤 1：利用区间二型模糊加权平均算子，将个体决策矩阵集结成群决策矩阵，结果如下。

$$A_{11} = \left[(0.690, 0.825, 0.825, 0.895; 0.950), (0.758, 0.825, 0.825, 0.860; 1.000) \right]$$

$$A_{12} = \left[(0.170, 0.370, 0.370, 0.570; 0.950), (0.270, 0.370, 0.370, 0.470; 1.000) \right]$$

$$A_{13} = \left[(0.820, 0.960, 0.960, 1.000; 0.950), (0.890, 0.960, 0.960, 0.980; 1.000) \right]$$

$$A_{14} = \left[(0.740, 0.880, 0.880, 0.960; 0.950), (0.810, 0.880, 0.880, 0.960; 1.000) \right]$$

$$A_{15} = \left[(0.760, 0.895, 0.895, 0.965; 0.950), (0.828, 0.895, 0.895, 0.930; 1.000) \right]$$

$$A_{16} = \left[(0.025, 0.115, 0.115, 0.245; 0.950), (0.070, 0.115, 0.115, 0.198; 1.000) \right]$$

$$A_{21} = \left[(0.630, 0.830, 0.830, 0.965; 0.950), (0.730, 0.830, 0.830, 0.898; 1.000) \right]$$

$$A_{22} = \left[(0.510, 0.675, 0.675, 0.805; 0.950), (0.593, 0.675, 0.675, 0.740; 1.000) \right]$$

$$A_{23} = \left[(0.280, 0.420, 0.420, 0.580; 0.950), (0.350, 0.420, 0.420, 0.500; 1.000) \right]$$

$$A_{24} = \left[(0.245, 0.410, 0.410, 0.610; 0.950), (0.328, 0.410, 0.410, 0.510; 1.000) \right]$$

$$A_{25} = \left[(0.430, 0.595, 0.595, 0.725; 0.950), (0.513, 0.595, 0.595, 0.660; 1.000) \right]$$

$$A_{26} = \left[(0.455, 0.630, 0.630, 0.790; 0.950), (0.543, 0.630, 0.630, 0.710; 1.000) \right]$$

$$A_{31} = \left[(0.380, 0.545, 0.545, 0.675; 0.950), (0.463, 0.545, 0.545, 0.610; 1.000) \right]$$

$$A_{32} = \left[(0.595, 0.735, 0.735, 0.825; 0.950), (0.665, 0.735, 0.735, 0.780; 1.000) \right]$$

$$A_{33} = \left[(0.630, 0.830, 0.830, 0.965; 0.950), (0.730, 0.830, 0.830, 0.898; 1.000) \right]$$

$$A_{34} = \left[(0.390, 0.590, 0.590, 0.755; 0.950), (0.490, 0.590, 0.590, 0.673; 1.000) \right]$$

$$A_{35} = \left[(0.435, 0.550, 0.550, 0.630; 0.950), (0.493, 0.550, 0.550, 0.602; 1.000) \right]$$

$$A_{36} = \left[(0.620, 0.785, 0.785, 0.875; 0.950), (0.703, 0.785, 0.785, 0.830; 1.000) \right]$$

$$A_{41} = \left[(0.330, 0.465, 0.465, 0.615; 0.950), (0.398, 0.465, 0.465, 0.540; 1.000) \right]$$

$$A_{42} = \left[(0.460, 0.635, 0.635, 0.785; 0.950), (0.548, 0.635, 0.635, 0.710; 1.000) \right]$$

$$A_{43} = \left[(0.380, 0.545, 0.545, 0.675; 0.950), (0.463, 0.545, 0.545, 0.610; 1.000) \right]$$

$$A_{44} = \left[(0.630, 0.790, 0.790, 0.875; 0.950), (0.710, 0.790, 0.790, 0.832; 1.000) \right]$$

$$A_{45} = \left[(0.610, 0.785, 0.785, 0.895; 0.950), (0.698, 0.785, 0.785, 0.840; 1.000) \right]$$

$$A_{46} = \left[(0.435, 0.550, 0.550, 0.630; 0.950), (0.493, 0.550, 0.550, 0.602; 1.000) \right]$$

$$A_{51} = \left[(0.025, 0.115, 0.115, 0.245; 0.950), (0.070, 0.115, 0.115, 0.198; 1.000) \right]$$

$$A_{52} = \left[(0.700, 0.825, 0.825, 0.875; 0.950), (0.763, 0.825, 0.825, 0.850; 1.000) \right]$$

$$A_{53} = \left[(0.040, 0.145, 0.145, 0.275; 0.950), (0.093, 0.145, 0.145, 0.228; 1.000) \right]$$

$$A_{54} = \left[(0.480, 0.645, 0.645, 0.775; 0.950), (0.563, 0.645, 0.645, 0.710; 1.000) \right]$$

$$A_{55} = \left[(0.390, 0.590, 0.590, 0.750; 0.950), (0.490, 0.590, 0.590, 0.670; 1.000) \right]$$

$$A_{56} = \left[(0.440, 0.640, 0.640, 0.800; 0.950), (0.540, 0.640, 0.640, 0.720; 1.000) \right]$$

步骤 2：计算近似的正理想解 A_{+j} 和负理想解（negative ideal solution，NIS）A_{-j}。

$$A_{+j} = \left\{ \begin{array}{l} \left\langle C_1, \left[A_{+1}^L, A_{+1}^U \right] \right\rangle, \left\langle C_2, \left[A_{+2}^L, A_{+2}^U \right] \right\rangle, \left\langle C_3, \left[A_{+3}^L, A_{+3}^U \right] \right\rangle, \\ \left\langle C_4, \left[A_{+4}^L, A_{+4}^U \right] \right\rangle, \left\langle C_5, \left[A_{+5}^L, A_{+5}^U \right] \right\rangle, \left\langle C_6, \left[A_{+6}^L, A_{+6}^U \right] \right\rangle \end{array} \right\}$$

$$A_{-j} = \left\{ \begin{array}{l} \left\langle C_1, \left[A_{-1}^L, A_{-1}^U \right] \right\rangle, \left\langle C_2, \left[A_{-2}^L, A_{-2}^U \right] \right\rangle, \left\langle C_3, \left[A_{-3}^L, A_{-3}^U \right] \right\rangle, \\ \left\langle C_4, \left[A_{-4}^L, A_{-4}^U \right] \right\rangle, \left\langle C_5, \left[A_{-5}^L, A_{-5}^U \right] \right\rangle, \left\langle C_6, \left[A_{-6}^L, A_{-6}^U \right] \right\rangle \end{array} \right\} \tag{5.26}$$

其中，

$$\left[A_{+j}^L, A_{+j}^U \right] = \left[\left(\mathop{\vee}_{p=1}^{3} (\mathop{\vee}_{i=1}^{6} e_p a_{1i_j}^{Lp}), \mathop{\vee}_{p=1}^{3} (\mathop{\vee}_{i=1}^{6} e_p a_{1i_j}^{Lp}), \mathop{\vee}_{p=1}^{3} (\mathop{\vee}_{i=1}^{6} e_p a_{1i_j}^{Lp}), \mathop{\vee}_{p=1}^{3} (\mathop{\vee}_{i=1}^{6} e_p a_{1i_j}^{Lp}); \mathop{\wedge}_{p=1}^{3} (\mathop{\wedge}_{i=1}^{6} e_p h_{1i_j}^{p}) \right), \right.$$

$$\left. \left(\mathop{\vee}_{p=1}^{3} (\mathop{\vee}_{i=1}^{6} e_p a_{1i_j}^{Up}), \mathop{\vee}_{p=1}^{3} (\mathop{\vee}_{i=1}^{6} e_p a_{1i_j}^{Up}), \mathop{\vee}_{p=1}^{3} (\mathop{\vee}_{i=1}^{6} e_p a_{1i_j}^{Up}), \mathop{\vee}_{p=1}^{3} (\mathop{\vee}_{i=1}^{6} e_p a_{1i_j}^{Up}); \mathop{\wedge}_{p=1}^{3} (\mathop{\wedge}_{i=1}^{6} e_p h_{1i_j}^{p}) \right) \right] \tag{5.27}$$

结果如表 5.7 所示。

表 5.7　基于 A_{+j} 和 A_{-j} 的正负理想解

正负理想参考值		数值
正理想参考值 A_{+j}	A_{+1}	[(0.630, 0.830, 0.830, 0.965; 0.950),(0.730, 0.830, 0.830, 0.898; 1.000)]
	A_{+2}	[(0.700, 0.825, 0.825, 0.875; 0.950),(0.763, 0.825, 0.825, 0.850; 1.000)]
	A_{+3}	[(0.820, 0.960, 0.960, 1.000; 0.950),(0.890, 0.960, 0.960, 0.980; 1.000)]
	A_{+4}	[(0.740, 0.880, 0.880, 0.960; 0.950),(0.810, 0.880, 0.880, 0.960; 1.000)]
	A_{+5}	[(0.760, 0.895, 0.895, 0.965; 0.950),(0.828, 0.895, 0.895, 0.930; 1.000)]
	A_{+6}	[(0.620, 0.785, 0.785, 0.875; 0.950),(0.703, 0.785, 0.785, 0.830; 1.000)]
负理想参考值 A_{-j}	A_{-1}	[(0.025, 0.115, 0.115, 0.245; 0.950),(0.070, 0.115, 0.115, 0.198; 1.000)]
	A_{-2}	[(0.170, 0.370, 0.370, 0.570; 0.950),(0.270, 0.370, 0.370, 0.470; 1.000)]
	A_{-3}	[(0.040, 0.145, 0.145, 0.275; 0.950),(0.093, 0.145, 0.145, 0.228; 1.000)]
	A_{-4}	[(0.245, 0.410, 0.410, 0.610; 0.950),(0.328, 0.410, 0.410, 0.510; 1.000)]
	A_{-5}	[(0.390, 0.590, 0.590, 0.750; 0.950),(0.490, 0.590, 0.590, 0.670; 1.000)]
	A_{-6}	[(0.035, 0.145, 0.145, 0.275; 0.950),(0.085, 0.145, 0.145, 0.235; 1.000)]

　　步骤 3：利用区间二型模糊欧氏距离公式计算正负偏差距离 $d_2(A_{ij}, A_{+j})$ 和 $d_2(A_{ij}, A_{-j})$，结果显示在表 5.8 基于欧氏距离的前两列。限于篇幅，这里仅以 $d_2(A_{11}, A_{+1})$ 和 $d_2(A_{11}, A_{-1})$ 为例来说明具体的计算过程。

表 5.8　基于两种符号距离的贴近度

A_{ij}	基于 city block 距离 ($\beta = 1$)			基于欧氏距离 ($\beta = 2$)		
	$d_1(A_{ij}, A_{+j})$	$d_1(A_{ij}, A_{-j})$	CI_{ij}^1	$d_2(A_{ij}, A_{+j})$	$d_2(A_{ij}, A_{-j})$	CI_{ij}^2
A_{11}	0.037	0.688	0.949	0.031	0.689	0.957
A_{12}	0.441	0.000	0.000	0.442	0.000	0.000
A_{13}	0.000	0.789	1.000	0.000	0.790	1.000
A_{14}	0.000	0.457	1.000	0.000	0.459	1.000
A_{15}	0.000	0.300	1.000	0.000	0.303	1.000
A_{16}	0.646	0.027	0.040	0.647	0.028	0.042
A_{21}	0.000	0.693	1.000	0.000	0.695	1.000
A_{22}	0.143	0.299	0.676	0.148	0.300	0.669
A_{23}	0.518	0.212	0.290	0.519	0.232	0.309
A_{24}	0.457	0.000	0.000	0.459	0.000	0.000

A_{ij}	基于 city block 距离 ($\beta=1$)			基于欧氏距离 ($\beta=2$)		
	$d_1(A_{ij},A_{+j})$	$d_1(A_{ij},A_{-j})$	CI_{ij}^1	$d_2(A_{ij},A_{+j})$	$d_2(A_{ij},A_{-j})$	CI_{ij}^2
A_{25}	0.294	0.015	0.049	0.296	0.019	0.060
A_{26}	0.144	0.476	0.768	0.146	0.477	0.766
A_{31}	0.279	0.414	0.597	0.281	0.286	0.504
A_{32}	0.085	0.356	0.807	0.086	0.359	0.807
A_{33}	0.123	0.665	0.844	0.131	0.667	0.836
A_{34}	0.290	0.167	0.365	0.293	0.168	0.364
A_{35}	0.337	0.049	0.127	0.338	0.059	0.147
A_{36}	0.000	0.619	1.000	0.000	0.626	1.000
A_{41}	0.350	0.343	0.495	0.351	0.344	0.494
A_{42}	0.181	0.260	0.589	0.184	0.262	0.587
A_{43}	0.403	0.386	0.489	0.404	0.387	0.489
A_{44}	0.098	0.359	0.786	0.099	0.362	0.785
A_{45}	0.110	0.190	0.633	0.112	0.192	0.632
A_{46}	0.226	0.394	0.635	0.227	0.396	0.636
A_{51}	0.693	0.000	0.000	0.694	0.000	0.000
A_{52}	0.000	0.441	1.000	0.000	0.446	1.000
A_{53}	0.789	0.000	0.000	0.790	0.000	0.000
A_{54}	0.235	0.222	0.486	0.236	0.224	0.487
A_{55}	0.300	0.000	0.000	0.303	0.000	0.000
A_{56}	0.139	0.481	0.776	0.142	0.482	0.772

$$d_2(A_{11},A_{+1})=\left[\frac{1}{8}\left((0.690-0.630)^2+(0.825-0.830)^2+(0.825-0.830)^2\right.\right.$$
$$+(0.895-0.965)^2+(0.758-0.730)^2+(0.825-0.830)^2 \qquad (5.28)$$
$$\left.\left.+(0.825-0.830)^2+(0.860-0.898)^2\right)\right]^{\frac{1}{2}}=0.037$$

$$d_2(A_{11},A_{-1})=\left[\frac{1}{8}\left((0.690-0.025)^2+(0.825-0.115)^2+(0.825-0.115)^2\right.\right.$$
$$+(0.895-0.245)^2+(0.758-0.070)^2+(0.825-0.115)^2 \qquad (5.29)$$
$$\left.\left.+(0.825-0.115)^2+(0.860-0.198)^2\right)\right]^{\frac{1}{2}}=0.689$$

步骤 4：计算贴近度指标 $\mathrm{CI}_{ij}^{\beta}(\beta=1,2)$。这里以 CI_{11}^{2} 为例说明计算过程，其余的结果如表 5.8 最后一列所示。

$$\mathrm{CI}_{11}^{2}=\frac{d_{2}(A_{11},A_{-1})}{d_{2}(A_{11},A_{-1})+d_{2}(A_{11},A_{+1})}=\frac{0.689}{0.689+0.037}=0.949 \tag{5.30}$$

步骤 5：设决策者给出的偏好关系集合 Ω 为 $\{(1,3),(1,5),(2,3),(2,5),(3,5)\}$，设定参数 $\eta=0.3$，由决策专家给出的不完全属性权重信息集合为

$$\Lambda=\{0.10\leqslant w_{1}\leqslant 0.30,0.10\leqslant w_{2}\leqslant 0.40,w_{3}\leqslant w_{4},0.15\leqslant w_{3}\leqslant 0.20,0.20\leqslant w_{4}\leqslant 0.30,$$
$$0.10\leqslant w_{5}\leqslant 0.25,0.10\leqslant w_{6}\leqslant 0.15,w_{2}-w_{1}\geqslant 0.10,w_{4}-w_{2}\leqslant w_{3}-w_{1}\}$$

因此，对 Ω 中的每一对序偶，我们可以根据以下公式计算得到相应的偏差值。

$$Z_{13}=0\vee\sum_{j=1}^{6}\left(C_{3j}^{2}-C_{1j}^{2}\right)\omega_{j}$$

$$Z_{23}=0\vee\sum_{j=1}^{6}\left(C_{3j}^{2}-C_{2j}^{2}\right)\omega_{j},\ \ Z_{25}=0\vee\sum_{j=1}^{6}\left(C_{5j}^{2}-C_{2j}^{2}\right)\omega_{j}$$

$$Z_{35}=0\vee\sum_{j=1}^{6}\left(C_{5j}^{2}-C_{3j}^{2}\right)\omega_{j},\ \ Z_{45}=0\vee\sum_{j=1}^{6}\left(C_{5j}^{2}-C_{4j}^{2}\right)\omega_{j}$$

在此基础上，构造如下所示的线性优化模型：

$$\min\{Z_{13}+Z_{23}+Z_{25}+Z_{35}+Z_{45}\}$$

$$\text{s.t.}\begin{cases}-2.847\omega_{1}+1.742\omega_{2}-0.198\omega_{3}-0.175\omega_{4}-1.605\omega_{5}+1.111\omega_{6}\geqslant 0.3\\-0.352\omega_{1}+0.806\omega_{2}-0.164\omega_{3}-0.636\omega_{4}-0.852\omega_{5}+0.959\omega_{6}+Z_{13}\geqslant 0\\-0.403\omega_{1}+0.125\omega_{2}+0.492\omega_{3}+0.364\omega_{4}+0.087\omega_{5}+0.234\omega_{6}+Z_{23}\geqslant 0\\-1.000\omega_{1}+0.281\omega_{2}+0.037\omega_{3}+0.487\omega_{4}-0.061\omega_{5}+0.007\omega_{6}+Z_{25}\geqslant 0\\-0.597\omega_{1}+0.156\omega_{2}-0.455\omega_{3}+0.123\omega_{4}-0.148\omega_{5}-0.227\omega_{6}+Z_{35}\geqslant 0\\-0.495\omega_{1}+0.374\omega_{2}-0.108\omega_{3}-0.513\omega_{4}-0.631\omega_{5}+0.138\omega_{6}+Z_{45}\geqslant 0\\Z_{13}\geqslant 0,Z_{23}\geqslant 0,Z_{25}\geqslant 0,Z_{35}\geqslant 0,Z_{45}\geqslant 0\\\omega_{1}+\omega_{2}+\omega_{3}+\omega_{4}+\omega_{5}+\omega_{6}=1,\omega_{j}\geqslant 0,\quad\text{对于所有 }j\\\omega\in\Lambda\end{cases} \tag{5.31}$$

求解模型 (5.31)，得到最优属性权重向量 $\omega=(0.153,0.204,0.231,0.252,0.117,0.043)^{\mathrm{T}}$。

步骤 6：计算综合贴近度。

$$\overline{\mathrm{WI}}_{1}^{2}=0.457,\ \overline{\mathrm{WI}}_{2}^{2}=0.725,\ \overline{\mathrm{WI}}_{3}^{2}=0.623,\ \overline{\mathrm{WI}}_{4}^{2}=0.511,\ \overline{\mathrm{WI}}_{5}^{2}=0.398 \tag{5.32}$$

显然，根据综合贴近度的大小，五家酒店的综合排序为 $A_{2}\succ A_{3}\succ A_{4}\succ A_{1}\succ A_{5}$。

接下来，我们采用 city block 距离（又称为曼哈顿距离）$d_1(A_{ij}, A_{+j})$ 和 $d_1(A_{ij}, A_{-j})$（表 5.8）来进一步验证，本例中取 $\beta = 2$ 计算所得到的正负偏差距离 K_j 如下所示。

$$
\begin{aligned}
&K_1 = d_1(A_{+1}, A_{-1}) = 0.693, \quad K_2 = d_1(A_{+2}, A_{-2}) = 0.441, \quad K_3 = d_1(A_{+3}, A_{-3}) = 0.789 \\
&K_4 = d_1(A_{+4}, A_{-4}) = 0.457, \quad K_5 = d_1(A_{+5}, A_{-5}) = 0.301, \quad K_6 = d_1(A_{+6}, A_{-6}) = 0.619
\end{aligned} \tag{5.33}
$$

根据 Chen[109] 所提出的方法，建立如下优化模型：

$$
\min\{Z_{13} + Z_{23} + Z_{25} + Z_{35} + Z_{45}\}
$$

$$
\text{s.t.}
\begin{cases}
-2.855\omega_1 + 1.865\omega_2 - 0.194\omega_3 - 0.038\omega_4 - 1.604\omega_5 + 1.117\omega_6 \geqslant 0.3 \\
-0.365\omega_1 + 0.807\omega_2 - 0.156\omega_3 - 0.635\omega_4 - 0.873\omega_5 + 0.960\omega_6 + Z_{13} \geqslant 0 \\
-0.402\omega_1 + 0.131\omega_2 + 0.499\omega_3 + 0.365\omega_4 + 0.078\omega_5 + 0.232\omega_6 + Z_{23} \geqslant 0 \\
-1.000\omega_1 + 0.324\omega_2 + 0.035\omega_3 + 0.486\omega_4 - 0.049\omega_5 + 0.008\omega_6 + Z_{25} \geqslant 0 \\
-0.594\omega_1 + 0.193\omega_2 - 0.463\omega_3 + 0.121\omega_4 - 0.127\omega_5 - 0.224\omega_6 + Z_{35} \geqslant 0 \\
-0.494\omega_1 + 0.410\omega_2 - 0.109\omega_3 - 0.299\omega_4 - 0.633\omega_5 + 0.141\omega_6 + Z_{45} \geqslant 0 \\
Z_{13} \geqslant 0, Z_{23} \geqslant 0, Z_{25} \geqslant 0, Z_{35} \geqslant 0, Z_{45} \geqslant 0 \\
\omega_1 + \omega_2 + \omega_3 + \omega_4 + \omega_5 + \omega_6 = 1, \omega_j \geqslant 0, \quad \text{对于所有} j \\
\omega \in \Lambda
\end{cases}
$$

求出最优属性权重向量为 $\omega = (0.153, 0.204, 0.231, 0.252, 0.117, 0.043)^T$。在此基础上，进一步计算得到五家酒店的综合贴近度为

$$
\overline{WI_1^2} = 0.399, \ \overline{WI_2^2} = 0.732, \ \overline{WI_3^2} = 0.647, \ \overline{WI_4^2} = 0.562, \ \overline{WI_5^2} = 0.518
$$

因此，五家酒店的综合排序为 $A_2 \succ A_3 \succ A_4 \succ A_5 \succ A_1$。本节所得结果与文献 [109] 完全相同，验证了本节方法的有效性。

5.2　基于 TODIM 的区间二型模糊决策方法

TODIM 方法是由 Gomes 和 Lima 于 1992 年提出的[255]，它是一个离散的多属性决策方法，来源于前景理论，现已成为现代行为决策理论中的经典多属性决策方法之一。与其他行为决策方法相比，TODIM 方法的主要优点是：考虑决策者的有限理性（bounded rationality）行为特征。主要原因是该方法能够从参考点的角度考虑不确定条件下的损失和收益，且决策者在不确定条件下对损失更为敏感。另外，在完全理性决策中，决策者追求效用最大化，而在 TODIM 方法中，决策者的目标重视效用最大化。因此，TODIM 方法可以被视为一种有效的有限理性行为决策方法。

然而，目前还鲜有将 TODIM 拓展到高阶复杂不确定环境下的研究。综上所述，绿色供应商的推荐过程涉及不确定性信息融合和决策者的行为特征，评价信

息往往是未知的，许多因素都受到不确定性的影响。因此，随着绿色供应商推荐问题的复杂性增加，一型模糊集和其他扩展形式已经不足以通过建模具体准确地反映实际情况。在这种情况下，区间二型模糊集可以被认为是处理这个问题的最有用的工具之一，因为它可以较为准确地表达复杂不确定性。同时，基于前景理论，TODIM 方法能够充分反映决策者的有限理性，并且能够表达不确定条件下损失和增益函数(风险)的具体形式。因此，研究拓展的 TODIM 方法在区间二型模糊集环境下的绿色供应商推荐中的应用是十分有必要的。基于这个想法，本节中我们将拓展 TODIM 方法到区间二型模糊环境下，进一步研究基于决策者的有限理性行为的区间二型模糊决策方法，并进一步应用其处理现实生活中的绿色供应商决策推荐问题。

5.2.1　拓展的区间二型模糊 TODIM 方法

步骤 1：根据属性的类别划分，属性可以被分为两个集合——效益型属性集合 F_1 (越大越好)和成本型属性集合 F_2 (越小越好)，满足 $F_1 \bigcup F_2 = C$ 和 $F_1 \bigcap F_2 = \varnothing$ ，其中，$\varnothing$ 是空集。一般来说，除非属性同属于一类，否则决策矩阵必须在实施决策过程之前进行标准化处理。在本节中，我们使用以下公式来对决策矩阵 $\tilde{R}^{(k)}$ 进行标准化。

$$\tilde{\tilde{a}}_{ij}^{(k)} = \begin{cases} \tilde{a}_{ij}^{(k)}, & \text{效益型属性} C_j \in F_1 \\ \left(\tilde{a}_{ij}^{(k)}\right)^c, & \text{成本型属性} C_j \in F_2 \end{cases} \tag{5.34}$$

其中，$\left(\tilde{a}_{ij}^{(k)}\right)^c \in L^c$ 表示 $\tilde{a}_{ij}^{(k)}$ 的补集，然后我们得到标准化后的矩阵 $\tilde{\tilde{R}}^{(k)} = \left(\tilde{\tilde{a}}_{ij}^{(k)}\right)_{m \times n}$ 。

步骤 2：通过使用区间二型模糊加权平均算子将各个属性权重集结为群属性权重。由决策者 D_k 提供属性 C_j ，权重用 $\lambda_j^{(k)} \in L$ 表示，其相应的区间二型模糊集 $\tilde{\omega}_j^{(k)}$ 可以表示为

$$\tilde{\omega}_j^{(k)} = \left[\left(\underline{\omega}_{j1}^{(k)}, \underline{\omega}_{j2}^{(k)}, \underline{\omega}_{j3}^{(k)}, \underline{\omega}_{j4}^{(k)}; \underline{h}_{\omega j}^{(k)} \right), \left(\overline{\omega}_{j1}^{(k)}, \overline{\omega}_{j2}^{(k)}, \overline{\omega}_{j3}^{(k)}, \overline{\omega}_{j4}^{(k)}; \overline{h}_{\omega j}^{(k)} \right) \right] \tag{5.35}$$

然后，计算每个属性的集结权重

$$\begin{aligned} \tilde{\omega}_j &= \text{IT2FWA}_\lambda \left(\omega_j^{(1)}, \omega_j^{(2)}, \cdots, \omega_j^{(p)} \right) \\ &= \left[\left(\sum_{k=1}^p \lambda_k \underline{\omega}_{j1}^{(k)}, \sum_{k=1}^p \lambda_k \underline{\omega}_{j2}^{(k)}, \sum_{k=1}^p \lambda_k \underline{\omega}_{j3}^{(k)}, \sum_{k=1}^p \lambda_k \underline{\omega}_{j4}^{(k)}; 1 - \prod_{k=1}^p \left(1 - \underline{h}_{\omega j}^{(k)}\right)^{\lambda_k} \right), \right. \\ &\quad \left. \left(\sum_{k=1}^p \lambda_k \overline{\omega}_{j1}^{(k)}, \sum_{k=1}^p \lambda_k \overline{\omega}_{j2}^{(k)}, \sum_{k=1}^p \lambda_k \overline{\omega}_{j3}^{(k)}, \sum_{k=1}^p \lambda_k \overline{\omega}_{j4}^{(k)}; 1 - \prod_{k=1}^p \left(1 - \overline{h}_{\omega j}^{(k)}\right)^{\lambda_k} \right) \right] \end{aligned} \tag{5.36}$$

步骤 3：运用 KM 算法计算集结权重 $\tilde{\omega}_j$ 的质心[38]。

在此算法的基础上，$\tilde{\omega}_j$ 的质心区间计算如下：

$$\underline{c}\left(\tilde{\omega}_j\right) = \min_{\xi \in [a,b]} \frac{\int_a^{\xi} x\overline{\mu}_{\overline{\omega}_j}(x)\mathrm{d}x + \int_{\xi}^b x\underline{\mu}_{\overline{\omega}_j}(x)\mathrm{d}x}{\int_a^{\xi} \overline{\mu}_{\overline{\omega}_j}(x)\mathrm{d}x + \int_{\xi}^b \underline{\mu}_{\overline{\omega}_j}(x)\mathrm{d}x} \tag{5.37}$$

$$\overline{c}\left(\tilde{\omega}_j\right) = \max_{\xi \in [a,b]} \frac{\int_a^{\xi} x\overline{\mu}_{\overline{\omega}_j}(x)\mathrm{d}x + \int_{\xi}^b x\underline{\mu}_{\overline{\omega}_j}(x)\mathrm{d}x}{\int_a^{\xi} \overline{\mu}_{\overline{\omega}_j}(x)\mathrm{d}x + \int_{\xi}^b \underline{\mu}_{\overline{\omega}_j}(x)\mathrm{d}x} \tag{5.38}$$

根据式(5.37)和式(5.38)，我们得到质心值：

$$c\left(\tilde{\omega}_j\right) = \frac{\underline{c}\left(\tilde{\omega}_j\right) + \overline{c}\left(\tilde{\omega}_j\right)}{2} \tag{5.39}$$

进而利用式(5.40)求得标准化的权重：

$$\omega_j = \frac{c\left(\tilde{\omega}_j\right)}{\sum_{j=1}^n c\left(\tilde{\omega}_j\right)} \tag{5.40}$$

步骤 4：计算属性 C_j 相对于参考权重 C_r 的权重值 ω_{jr}。

$$\omega_{jr} = \frac{\omega_j}{\omega_r}\left(j = 1, 2, \cdots, n\right) \tag{5.41}$$

其中，ω_j 表示属性 C_j 的权重且 $\omega_r = \max_j\{\omega_j\}$。

步骤 5：利用式(5.42)计算在属性 C_j 下，方案 A_i 相对方案 A_k 的占优程度。

$$\phi_j\left(A_i, A_k\right) = \begin{cases} \sqrt{\dfrac{\omega_{jk}d\left(\tilde{r}_{ij}, \tilde{r}_{kj}\right)}{\sum_{j=1}^n \omega_{jk}}}, & R\left(r_{ij}\right) - R\left(r_{kj}\right) > 0 \\ 0, & R\left(r_{ij}\right) - R\left(r_{kj}\right) = 0 \\ -\dfrac{1}{\theta}\sqrt{\dfrac{\sum_{j=1}^n \omega_{jk}d\left(\tilde{r}_{kj}, \tilde{r}_{ij}\right)}{\omega_{jk}}}, & R\left(r_{ij}\right) - R\left(r_{kj}\right) < 0 \end{cases} \tag{5.42}$$

其中，参数 $\theta(\theta > 0)$ 表示损失的衰减因子。θ 的不同取值对应有不同形状的前景理论值函数。若 $0 < \theta < 1$ 表示损失的影响逐渐增加，则 $\theta > 1$ 表示损失的影响逐渐减少。

步骤 6：利用式 (5.43) 计算在属性 C_j 下，方案 A_i 相对方案 A_k 的全局占优程度。

$$\delta\left(A_i, A_k\right) = \sum_{k=1}^{p} \lambda_k \sum_{j=1}^{n} \phi_j\left(A_i, A_k\right) \tag{5.43}$$

步骤 7：计算方案 A_i 的全局前景值。

$$\pi\left(A_i\right) = \frac{\sum\limits_{k=1}^{m} \delta\left(A_i, A_k\right) - \min\limits_{i}\left\{\sum\limits_{k=1}^{m} \delta\left(A_i, A_k\right)\right\}}{\max\limits_{i}\left\{\sum\limits_{k=1}^{m} \delta\left(A_i, A_k\right)\right\} - \min\limits_{i}\left\{\sum\limits_{k=1}^{m} \delta\left(A_i, A_k\right)\right\}} \tag{5.44}$$

步骤 8：根据全局前景值对方案进行排序。$\pi\left(A_i\right)$ 越大，方案 A_i 越好。

在本节中，将提供一个案例来说明提出的方法在绿色供应商选择问题中的应用。

5.2.2　问题描述

随着经济全球化的不断发展，环保、绿色供应链管理在市场经济中起到了越来越重要的作用，并且已成为现代管理科学中热门的研究领域。绿色供应商评估和推荐是绿色供应链管理中最重要的问题之一。本小节中我们考虑一个汽车制造企业的决策问题，目的是寻找最好的供应商采购其新汽车设备的关键部件。经过初步筛选，四家潜在的汽车设备供应商 (A_1, A_2, A_3, A_4) 已经被确定入围且需要对其进一步评估。在评估过程中要考虑的十个属性是：绿色产品创新（C_1）；绿色形象（C_2）；使用环保技术（C_3）；资源消耗（C_4）；绿色能力（C_5）；环境管理（C_6）；质量管理（C_7）；产品全生命周期成本（C_8）；生产中的污染（C_9）；工作人员环保培训（C_{10}），见表 5.9。三名决策者 D_1、D_2、D_3 具有不同的风险偏好（D_1 为风险厌恶者；D_2 为风险中性者；D_3 为风险偏好者），被邀请对其进行评估。$e = (0.2, 0.4, 0.4)^{\mathrm{T}}$ 是它们的一组权重向量。三名决策者使用区间二型模糊集来评估十个属性的重要性（表 5.10）。决策矩阵见表 5.11～表 5.13。

表 5.9　评估绿色供应商的属性

属性	名称	定义
C_1	绿色产品创新	通过产品设计和技术创新来生产绿色产品
C_2	绿色形象	绿色客户占总客户的比例
C_3	使用环保技术	保护自然环境和资源，减少人类参与的负面影响
C_4	资源消耗	原材料、能源和水资源的消耗

续表

属性	名称	定义
C_5	绿色能力	减少原材料及产品对自然资源产生负面影响的能力
C_6	环境管理	运用管理技术谋求经济与绿色的平衡
C_7	质量管理	供应链管理活动中的质量方针、质量计划和质量控制
C_8	产品全生命周期成本	从产品的选择、设计、制造、测试、使用、维护、修理到产品的报废的成本
C_9	生产中的污染	每天排放的空气污染物、废水、固体废物和有害物质的平均量
C_{10}	工作人员环保培训	工作人员对环境目标的理解和企业实施培训

表 5.10　语言标度及其对应的区间二型模糊集

语言标度	梯形区间二型模糊集
非常差(VP)	$[(0.0,0.0,0.0,1.0;1.0),(0.0,0.0,0.0,0.5;0.9)]$
差(P)	$[(0.0,1.0,1.0,3.0;1.0),(0.5,1.0,1.0,2.0;0.9)]$
比较差(MP)	$[(1.0,3.0,3.0,5.0;1.0),(2.0,3.0,3.0,4.0;0.9)]$
中等(M)	$[(3.0,3.0,5.0,7.0;1.0),(4.0,5.0,5.0,6.0;0.9)]$
比较好(MG)	$[(5.0,7.0,7.0,9.0;1.0),(6.0,7.0,7.0,8.0;0.9)]$
好(G)	$[(7.0,9.0,9.0,10.0;1.0),(8.0,9.0,9.0,9.5;0.9)]$
非常好(VG)	$[(9.0,10.0,10.0,10.0;1.0),(9.5,10.0,10.0,10.0;0.9)]$

表 5.11　决策矩阵 R_1

供应商	C_1	C_2	C_3	C_4	C_5	C_6	C_7	C_8	C_9	C_{10}
A_1	VP	MP	M	G	VG	M	P	VP	MP	P
A_2	P	MG	M	VG	P	P	MG	G	M	VP
A_3	VP	MP	MG	M	G	MP	P	VP	G	M
A_4	VG	MP	G	P	M	VP	VP	MP	P	VP

表 5.12 决策矩阵 R_2

供应商	C_1	C_2	C_3	C_4	C_5	C_6	C_7	C_8	C_9	C_{10}
A_1	P	G	MG	VG	VP	P	G	MG	M	P
A_2	VP	VP	G	MG	VG	P	MP	VP	MG	MP
A_3	MP	VP	VG	MP	MP	VG	G	MP	VG	P
A_4	VP	MP	M	G	VG	M	P	VP	MP	P

表 5.13 决策矩阵 R_3

供应商	C_1	C_2	C_3	C_4	C_5	C_6	C_7	C_8	C_9	C_{10}
A_1	MP	VP	VG	MP	MP	VG	G	MP	VG	P
A_2	VP	MP	M	G	VG	M	P	VP	MP	P
A_3	MP	VP	VG	MP	MP	VG	G	MP	VG	P
A_4	VP	VP	G	MG	VG	P	MP	VP	MG	MP

三名决策者根据表 5.10 对十个属性权重进行评价(表 5.14)。

表 5.14 决策者的权重偏好

决策者	C_1	C_2	C_3	C_4	C_5	C_6	C_7	C_8	C_9	C_{10}
D_1	VP	MP	MG	G	VG	MP	P	VP	VG	G
D_2	VG	P	M	MG	MP	VP	M	MG	G	P
D_3	G	VG	MG	G	MP	VP	G	VP	P	VG

5.2.3 评价步骤

步骤 1:由于属性 C_1、C_2、C_3、C_5、C_6、C_7、C_{10} 是效益型属性,C_4、C_8、C_9 是成本型属性,首先我们利用式(5.34)和表 5.10 对决策矩阵进行标准化,标准化后的决策矩阵 $\tilde{R}_1$、$\tilde{R}_2$、$\tilde{R}_3$ 见表 5.15~表 5.17。

表 5.15 决策矩阵 $\tilde{R}_1$

供应商	C_1	C_2	C_3	C_4	C_5	C_6	C_7	C_8	C_9	C_{10}
A_1	VG	MP	M	P	VG	M	P	VG	MG	P
A_2	G	MG	M	VP	P	P	MG	P	M	VP
A_3	VG	MP	MG	M	G	MP	P	VG	P	M
A_4	VP	MP	G	G	M	VP	VP	MG	G	VP

表 5.16　决策矩阵 $\tilde{R}_2$

供应商	C_1	C_2	C_3	C_4	C_5	C_6	C_7	C_8	C_9	C_{10}
A_1	G	G	MG	VP	VP	P	G	MP	M	P
A_2	VG	VP	G	MP	VG	P	MP	VG	MP	MP
A_3	MG	VP	VG	MG	MP	VG	G	MG	VP	P
A_4	VG	MP	M	P	VG	M	P	VG	MG	P

表 5.17　决策矩阵 $\tilde{R}_3$

供应商	C_1	C_2	C_3	C_4	C_5	C_6	C_7	C_8	C_9	C_{10}
A_1	MG	VP	VG	MG	MP	VG	G	MG	VP	P
A_2	VG	MP	M	P	VG	M	P	VG	MG	P
A_3	MG	VP	VG	MG	MP	VG	G	MG	VP	P
A_4	VG	VP	G	MP	VG	P	MP	VG	MP	MP

步骤 2：基于式(5.36)，通过使用区间二型模糊加权平均算子将个体属性权重集结成群属性权重，计算结果如下。

$$\tilde{\omega}_1=[(3.1,4.7,6.4,7.8;1.0),(3.7,5.2,7.4,8.1;0.9)]$$
$$\tilde{\omega}_2=[(1.1,2.7,3.6,4.2;1.0),(2.7,3.8,4.6,6.1;0.9)]$$
$$\tilde{\omega}_3=[(2.1,3.7,5.2,6.4;1.0),(4.3,5.4,6.7,7.5;0.9)]$$
$$\tilde{\omega}_4=[(0.9,1.4,2.8,3.2;1.0),(1.7,3.1,4.5,5.9;0.9)]$$
$$\tilde{\omega}_5=[(5.3,6.4,7.1,8.2;1.0),(6.1,7.4,8.5,9.2;0.9)]$$
$$\tilde{\omega}_6=[(3.7,4.8,6.1,6.9;1.0),(4.2,5.4,6.8,7.7;0.9)]$$
$$\tilde{\omega}_7=[(4.2,5.3,6.5,7.2;1.0),(5.4,6.3,7.1,8.1;0.9)]$$
$$\tilde{\omega}_8=[(2.5,6.8,7.7,8.4;1.0),(3.4,4.9,6.1,7.3;0.9)]$$
$$\tilde{\omega}_9=[(0.9,1.3,2.2,3.5;1.0),(1.2,2.4,3.7,4.9;0.9)]$$
$$\tilde{\omega}_{10}=[(5.1,6.8,7.7,8.4;1.0),(6.5,7.8,8.6,9.5;0.9)]$$

步骤 3：计算集结权重 $\tilde{\omega}_j$ 的质心得到相对权重 ω_{jk}。根据式(5.37)～式(5.41)，我们得到如下计算结果：

$$\omega_{jk}=(0.12,0.08,0.17,0.11,0.05,0.14,0.21,0.04,0.03,0.05)^{\mathrm{T}}$$

步骤 4：计算决策者 D_k 在属性 C_j 下供应商 A_i 相对供应商 A_k 的优势度。基于式(5.42)，我们设定 $\theta=1$，其中 $(\theta_1,\theta_2,\theta_3)=(2.0,1.0,0.5)$ 且结果见表 5.18～表 5.27。

表 5.18　在属性 C_1 下每个供应商相对其他供应商的优势度

供应商	DM$_1$ 占优矩阵 ϕ_1^1				DM$_2$ 占优矩阵 ϕ_1^2				DM$_3$ 占优矩阵 ϕ_1^3			
	A_1	A_2	A_3	A_4	A_1	A_2	A_3	A_4	A_1	A_2	A_3	A_4
A_1	0.000	0.243	0.175	-0.247	0.000	0.379	0.577	0.246	0.000	0.621	-0.324	0.483
A_2	-0.654	0.000	0.429	0.321	-0.525	0.000	0.638	-0.743	-0.264	0.000	0.731	0.825
A_3	-0.732	-0.478	0.000	-0.432	-0.412	-0.238	0.000	0.195	0.775	-0.307	0.000	0.267
A_4	0.692	-0.545	0.563	0.000	-0.694	-0.325	-0.779	0.000	-0.637	-0.245	-0.725	0.000

表 5.19　在属性 C_2 下每个供应商相对其他供应商的优势度

供应商	DM$_1$ 占优矩阵 ϕ_1^1				DM$_2$ 占优矩阵 ϕ_1^2				DM$_3$ 占优矩阵 ϕ_1^3			
	A_1	A_2	A_3	A_4	A_1	A_2	A_3	A_4	A_1	A_2	A_3	A_4
A_1	0.000	-0.552	-0.668	-0.847	0.000	-0.723	0.154	0.129	0.000	0.037	0.245	0.473
A_2	0.127	0.000	0.835	0.423	0.128	0.000	0.147	0.152	-0.824	0.000	0.197	-0.363
A_3	0.235	-0.121	0.000	0.632	-0.844	-0.675	0.000	0.194	-0.724	-0.554	0.000	0.217
A_4	0.009	-0.327	-0.298	0.000	-0.793	-0.773	-0.817	0.000	-0.513	0.617	-0.698	0.000

表 5.20　在属性 C_3 下每个供应商相对其他供应商的优势度

供应商	DM$_1$ 占优矩阵 ϕ_1^1				DM$_2$ 占优矩阵 ϕ_1^2				DM$_3$ 占优矩阵 ϕ_1^3			
	A_1	A_2	A_3	A_4	A_1	A_2	A_3	A_4	A_1	A_2	A_3	A_4
A_1	0.000	-0.062	0.111	0.203	0.000	0.237	-0.139	0.317	0.000	0.328	0.117	0.237
A_2	0.854	0.000	0.273	0.172	-0.731	0.000	0.256	-0.645	-0.527	0.000	0.239	-0.158
A_3	-0.783	-0.636	0.000	0.369	0.813	-0.672	0.000	0.192	-0.774	0.747	0.000	0.473
A_4	-0.664	-0.745	-0.552	0.000	-0.625	0.272	-0.723	0.000	-0.692	0.772	-0.425	0.000

表 5.21　在属性 C_4 下每个供应商相对其他供应商的优势度

供应商	DM$_1$ 占优矩阵 ϕ_1^1				DM$_2$ 占优矩阵 ϕ_1^2				DM$_3$ 占优矩阵 ϕ_1^3			
	A_1	A_2	A_3	A_4	A_1	A_2	A_3	A_4	A_1	A_2	A_3	A_4
A_1	0.000	0.147	-0.258	0.426	0.000	0.428	0.355	0.215	0.000	-0.363	0.242	0.176
A_2	-0.773	0.000	0.713	0.245	-0.515	0.000	-0.176	0.284	0.624	0.000	0.246	0.125
A_3	0.654	-0.119	0.000	-0.554	-0.598	0.812	0.000	-0.353	-0.715	-0.698	0.000	0.332
A_4	-0.258	-0.715	0.442	0.000	-0.725	-0.624	0.577	0.000	-0.823	-0.825	0.663	0.000

表 5.22　在属性 C_5 下每个供应商相对其他供应商的优势度

供应商	DM₁ 占优矩阵 ϕ_1^1				DM₂ 占优矩阵 ϕ_1^2				DM₃ 占优矩阵 ϕ_1^3			
	A_1	A_2	A_3	A_4	A_1	A_2	A_3	A_4	A_1	A_2	A_3	A_4
A_1	0.000	0.194	0.234	0.274	0.000	0.028	-0.437	0.336	0.000	-0.134	-0.325	0.233
A_2	-0.551	0.000	0.166	0.232	-0.428	0.000	-0.215	0.117	0.698	0.000	-0.613	0.342
A_3	0.669	-0.457	0.000	0.165	0.379	0.639	0.000	-0.432	0.495	0.249	0.000	0.253
A_4	-0.784	-0.656	-0.476	0.000	-0.547	-0.812	0.557	0.000	-0.577	-0.617	-0.713	0.000

表 5.23　在属性 C_6 下每个供应商相对其他供应商的优势度

供应商	DM₁ 占优矩阵 ϕ_1^1				DM₂ 占优矩阵 ϕ_1^2				DM₃ 占优矩阵 ϕ_1^3			
	A_1	A_2	A_3	A_4	A_1	A_2	A_3	A_4	A_1	A_2	A_3	A_4
A_1	0.000	-0.145	0.333	-0.541	0.000	0.103	0.239	-0.444	0.000	-0.115	0.247	-0.327
A_2	0.787	0.000	0.124	-0.625	-0.882	0.000	-0.624	0.354	0.77	0.000	-0.254	0.109
A_3	-0.565	-0.738	0.000	0.332	-0.671	0.317	0.000	-0.138	0.64	0.723	0.000	0.277
A_4	0.432	0.321	-0.666	0.000	0.535	-0.633	0.728	0.000	0.59	-0.679	-0.657	0.000

表 5.24　在属性 C_7 下每个供应商相对其他供应商的优势度

供应商	DM₁ 占优矩阵 ϕ_1^1				DM₂ 占优矩阵 ϕ_1^2				DM₃ 占优矩阵 ϕ_1^3			
	A_1	A_2	A_3	A_4	A_1	A_2	A_3	A_4	A_1	A_2	A_3	A_4
A_1	0.000	-0.311	0.245	-0.461	0.000	-0.325	0.611	0.304	0.000	-0.117	0.229	0.245
A_2	0.573	0.000	0.921	-0.332	0.525	0.000	-0.266	0.353	0.823	0.000	0.114	-0.307
A_3	-0.429	-0.102	0.000	-0.565	-0.321	0.625	0.000	0.255	-0.697	-0.665	0.000	0.223
A_4	0.531	0.653	0.324	0.000	-0.539	-0.533	-0.623	0.000	-0.645	0.603	-0.621	0.000

表 5.25　在属性 C_8 下每个供应商相对其他供应商的优势度

供应商	DM₁ 占优矩阵 ϕ_1^1				DM₂ 占优矩阵 ϕ_1^2				DM₃ 占优矩阵 ϕ_1^3			
	A_1	A_2	A_3	A_4	A_1	A_2	A_3	A_4	A_1	A_2	A_3	A_4
A_1	0.000	0.621	-0.104	0.233	0.000	0.433	0.192	-0.155	0.000	0.324	-0.217	0.089
A_2	-0.238	0.000	-0.141	0.521	-0.523	0.000	-0.209	0.333	-0.449	0.000	0.187	-0.253
A_3	0.607	0.772	0.000	0.227	-0.818	0.652	0.000	-0.415	0.633	-0.712	0.000	-0.301
A_4	-0.595	0.623	-0.673	0.000	0.799	-0.557	0.546	0.000	-0.087	0.632	0.519	0.000

表 5.26　在属性 C_9 下每个供应商相对其他供应商的优势度

供应商	DM$_1$				DM$_2$				DM$_3$			
	占优矩阵 ϕ_l^1				占优矩阵 ϕ_l^2				占优矩阵 ϕ_l^3			
	A_1	A_2	A_3	A_4	A_1	A_2	A_3	A_4	A_1	A_2	A_3	A_4
A_1	0.000	0.201	−0.312	0.225	0.000	0.337	−0.105	0.247	0.000	0.431	−0.332	0.254
A_2	−0.777	0.000	0.119	−0.154	−0.552	0.000	0.343	−0.111	0.437	0.000	0.117	−0.315
A_3	0.635	−0.737	0.000	0.247	0.838	−0.633	0.000	0.292	0.703	−0.73	0.000	0.662
A_4	−0.724	0.692	−0.363	0.000	−0.645	−0.827	−0.744	0.000	0.461	0.635	−0.312	0.000

表 5.27　在属性 C_{10} 下每个供应商相对其他供应商的优势度

供应商	DM$_1$				DM$_2$				DM$_3$			
	占优矩阵 ϕ_l^1				占优矩阵 ϕ_l^2				占优矩阵 ϕ_l^3			
	A_1	A_2	A_3	A_4	A_1	A_2	A_3	A_4	A_1	A_2	A_3	A_4
A_1	0.000	−0.112	−0.117	0.232	0.000	0.221	−0.132	−0.121	0.000	0.224	−0.135	0.243
A_2	0.808	0.000	0.145	−0.414	−0.723	0.000	0.133	0.204	−0.32	0.000	0.722	−0.165
A_3	0.774	−0.745	0.000	0.362	0.812	−0.647	0.000	−0.196	0.73	−0.188	0.000	−0.337
A_4	−0.693	0.517	−0.339	0.000	0.878	−0.704	0.549	0.000	−0.47	0.726	0.433	0.000

步骤 5：计算决策者 D_k 在属性 C_j 下供应商 A_i 相对供应商 A_k 的全局占优程度。基于式 (5.18)，我们得到最终的结果，见表 5.28。

表 5.28　在不同的属性下每个供应商相对其他供应商的全局占优程度

供应商	DM$_1$				DM$_2$				DM$_3$			
	占优矩阵 ϕ_l^1				占优矩阵 ϕ_l^2				占优矩阵 ϕ_l^3			
	A_1	A_2	A_3	A_4	A_1	A_2	A_3	A_4	A_1	A_2	A_3	A_4
A_1	0.000	−0.873	−0.723	0.025	0.000	−1.096	−0.867	0.047	0.000	−0.737	−0.927	0.145
A_2	−0.824	0.000	−0.612	−0.372	−0.987	0.000	−0.932	−0.129	−0.83	0.000	−0.798	−0.988
A_3	−1.132	−0.937	0.000	0.164	−1.121	−1.057	0.000	0.658	−0.11	−1.135	0.000	0.929
A_4	−0.097	−0.109	0.437	0.000	−2.402	−2.253	−0.1746	0.000	−1.02	−0.497	−1.132	0.000

步骤 6：根据式 (5.43) 计算供应商 A_i 的全局占优值，其结果见表 5.29。

表 5.29　供应商的全局占优值

供应商	A_1	A_2	A_3	A_4
$\pi(A_i)$	0.7356	1.0000	0.8237	0.2345

步骤 7：根据 $\pi(A_i)$ 对供应商进行排序，并选择最好的供应商。

根据表 5.29 得

$$\pi(A_2) > \pi(A_3) > \pi(A_1) > \pi(A_4)$$

因此

$$A_2 \succ A_3 \succ A_1 \succ A_4$$

其中，符号 "$\succ$" 表示优于，因此，最好的供应商为 A_2。

5.2.4　灵敏度分析

为了反映不同参数 θ 的值对排序结果产生的影响，本小节中我们采用不同的 θ 值进行计算，并评估得到备选供应商的排序。相应的结果如表 5.30 所示。

表 5.30　不同的参数 θ 下的供应商排序

θ	供应商				供应商排序
	A_1	A_2	A_3	A_4	
$\theta = 1$	0.7356	1.0000	0.8237	0.2345	$A_2 \succ A_3 \succ A_1 \succ A_4$
$\theta = 2$	0.8342	1.0000	0.9107	0.1772	$A_2 \succ A_3 \succ A_1 \succ A_4$
$\theta = 3$	0.6379	1.0000	0.7842	0.2423	$A_2 \succ A_3 \succ A_1 \succ A_4$
$\theta = 4$	0.5926	1.0000	0.6531	0.1352	$A_2 \succ A_3 \succ A_1 \succ A_4$

为了可视化不同 θ 值的影响，我们根据表 5.30 绘制一个雷达图来展示灵敏度分析的结果，如图 5.1 所示。

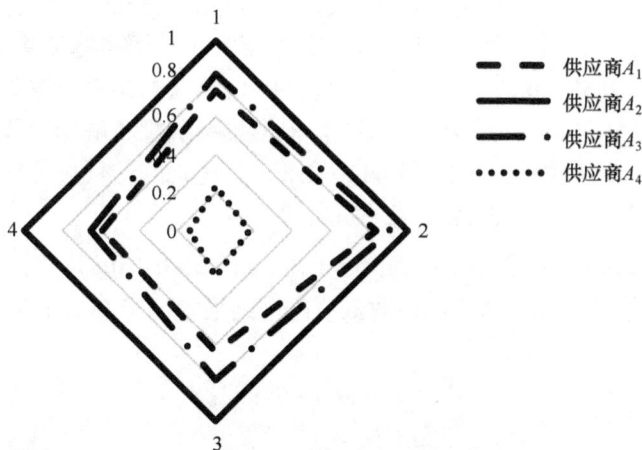

图 5.1　灵敏度分析的雷达图

从表 5.30 可以看出，θ 在 1～4 取不同的值时，所得到的排序结果是完全相同的。这意味着排序结果对 θ 值的变化不敏感。换言之，尽管决策过程引入了衰

减因子 θ，最终的排序结果仍保持一致。

另外，值得注意的是，上述敏感性分析是基于 e 值不变的情况下进行的。接下来，我们继续对决策者权重向量的变化进行灵敏度分析。我们假设 $\theta=1$，灵敏度分析是通过修改加权向量 e，并重新计算 e 取不同值时的供应商排序。

如表 5.31 所示，当 e 取不同值时，供应商的排序略有不同，这样可能会产生不同的决策结果。所以，当属性权重未知时，选择合适的方法来确定属性权重是十分重要的。

表 5.31　不同 e 值下的供应商排序

情况	不同的 e			供应商排序
	e_1	e_2	e_3	
1	0.20	0.40	0.40	$A_2 \succ A_3 \succ A_1 \succ A_4$
2	0.10	0.45	0.45	$A_2 \succ A_3 \succ A_4 \succ A_1$
3	0.30	0.50	0.20	$A_2 \succ A_1 \succ A_3 \succ A_4$
4	0.40	0.25	0.35	$A_2 \succ A_3 \succ A_1 \succ A_4$

由表 5.30 和表 5.31 可得，最终的决策结果取决于两个因素，即参数 θ 和决策者的权重向量 e。如何选择这两个参数对这个决策问题的求解很重要。接下来，我们使用 Pedrycz 和 Song 提出的基于 PSO 算法的最优分配信息粒计算方法进行灵敏度分析[95]。首先，专家使用一组五个语言标度的语言偏好关系进行输入，优化的过程是通过在连续迭代标签中获得最佳适应度函数。PSO 算法返回的对语言标度集合 S_1（粒度为 7 的语言标度集合）的最佳分割点分别为 0.22、0.26、0.32、0.38、0.49 和 0.51，对于语言标度集合 S_2（粒度为 5 的语言标度集合）的最佳分割点分别为 0.08、0.52、0.67 和 0.72。本例中 PSO 算法的参数设置如下：粒子数为 100，迭代次数为 300，$c_1=c_2=2$。其次，根据集结阶段和解释阶段，基于更高的适应度函数 Q，给出优化后的群体偏好关系，且优化的迭代过程根据所获得的适应度函数来动态调整，具体优化结果参见图 5.2。

从图 5.2 可以看出，当我们设定 $\theta=1$ 和 $e=(0.25,0.4,0.35)^T$ 时，随着具有较好的适应度函数值的下降，算法迅速收敛。这个结果验证了在这个例子中 $\theta=1$ 是鲁棒的结论。

$$\max Q = -\theta\ln\theta$$

$$\begin{cases} n\theta = \sum_{i=1}^{n}\theta_i \\ \sum_{i=1}^{n}\dfrac{n-i}{n-1}e_i = \theta \end{cases} \tag{5.45}$$

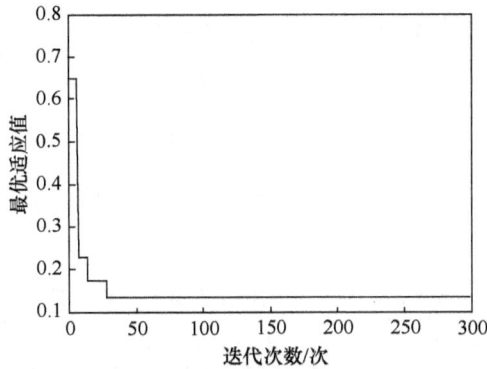

图 5.2　根据 PSO 算法得到的最优适应性指标

在这种情况下，我们可以借助于 PSO 算法求解方程 (5.45) 的反问题 (inverse problem) 来匹配 $\theta = 1$ 的最优值及其相应决策者的风险权重向量。

5.2.5　对比分析

为了验证 5.2.1 小节所提出的方法的有效性，我们用区间二型模糊 TOPSIS 方法[97]进行比较分析，结果如下：

首先，确定正理想解 $A^+ = (v_1^+, v_2^+, \cdots, v_m^+)$ 和负理想解 $A^- = (v_1^-, v_2^-, \cdots, v_m^-)$，其中

$$v_i^+ = \begin{cases} \max\limits_{1 \leqslant j \leqslant n} \text{Rank}(\tilde{\tilde{v}}_{ij}), & f_i \in F_1 \\ \min\limits_{1 \leqslant j \leqslant n} \text{Rank}(\tilde{\tilde{v}}_{ij}), & f_i \in F_2 \end{cases} \tag{5.46}$$

且

$$v_i^- = \begin{cases} \min\limits_{1 \leqslant j \leqslant n} \text{Rank}(\tilde{\tilde{v}}_{ij}), & f_i \in F_1 \\ \max\limits_{1 \leqslant j \leqslant n} \text{Rank}(\tilde{\tilde{v}}_{ij}), & f_i \in F_2 \end{cases} \tag{5.47}$$

其中，F_1 表示效益型属性的集合；F_2 表示成本型属性的集合，它们满足以下要求：$F_1 \cup F_2 = C$（其中 C 是属性集）且 $F_1 \cap F_2 = \varnothing$。

用式 (5.48) 和式 (5.49) 计算每个供应商 A_j 与正理想解 A^+ 的距离 $d^+(A_j)$ 和与负理想解 A^- 的距离 $d^-(A_j)$：

$$d^+(A_j) = \sqrt{\sum_{i=1}^{m} \left(\text{Rank}(\tilde{\tilde{v}}_{ij}) - v_i^+\right)^2} \tag{5.48}$$

$$d^-(A_j) = \sqrt{\sum_{i=1}^{m} \left(\text{Rank}(\tilde{\tilde{v}}_{ij}) - v_i^-\right)^2} \tag{5.49}$$

计算每个供应商 A_j 的相对接近度 $C(A_j)$ 如下：

$$C(A_j) = \frac{d^-(A_j)}{d^+(A_j) + d^-(A_j)} \tag{5.50}$$

用式 $(5.48) \sim$ 式 (5.50) 计算相应的距离 $d^+(A_j)$、$d^-(A_j)$ 和相对接近度 $C(A_j)$，见表 5.32。

表 5.32　供应商的相关系数及最终排序

供应商	$d^+(A_j)$	$d^-(A_j)$	$C(A_j)$	最终排序
A_1	0.523	0.517	0.497	3
A_2	0.543	0.695	0.561	2
A_3	0.523	0.776	0.597	1
A_4	0.639	0.527	0.452	4

从表 5.32 可以看出，区间二型模糊 TODIM 和区间二型模糊 TOPSIS 所得到的排序结果略有不同。使用本节中提出的区间二型模糊 TODIM 方法，最佳的排序方案是 A_2，而使用区间二型模糊 TOPSIS 方法，最佳的排序方案是 A_3。造成差异的主要原因是本节所提出的方法考虑了决策者在多准则群决策问题中的有限理性行为，而区间二型模糊 TOPSIS 假设了决策者的完全理性，没有考虑决策者的有限理性行为。进而本节所提出的方法可以根据决策者的实际需要和行为偏好选择合适的决策结果，因此，得到的排序结果更为准确合理。

绿色供应商选择问题是绿色供应链管理中最重要的问题之一，对制造商的绩效有着直接的影响。从这个角度来讲，绿色供应商选择决策方法的提出和扩展具有重要的理论价值与实际意义。尽管目前有很多模糊多属性决策方法已被用于绿色供应商选择问题，但这些方法大多没有考虑决策者的有限理性行为。此外，它们不能在一些特定情况下较好地解决模糊群体决策问题。本节中我们在区间二型模糊环境下拓展经典行为多属性决策 TODIM 方法进行绿色供应商的选择。接下来，对本节所提出的方法进行一个简单的评述。

TODIM 方法是解决多属性群决策问题的一种有效的决策方法，特别是在考虑决策者的有限理性情况下。我们在区间二型模糊环境下扩展 TODIM 方法来处理多属性群决策问题，其中所有的决策信息和属性权重信息均用区间二型模糊集表示。首先，我们定义了一个新的区间二型模糊距离，在此基础上，基于模糊逻辑原理和 α 截集定义了区间二型模糊集的加权距离。其次，我们在区间二型模糊集的背景下提出了一种基于 TODIM 方法的多属性群决策方法，在这个方法中，我们可以使用基于前景理论的多属性效用函数来计算占优程度，并得到最佳的备选方案。最后，我们用一个绿色供应商选择实例来验证所提出的方法的有效性，借助粒度计算方法进行灵敏度分析，并和区间二型模糊 TOPSIS 方法进行了比较分析。结果表明，该方法比区间二型模糊 TOPSIS 方法更为合理、灵活，易在实践中推广应用。

在未来的研究中，可以将 TODIM 方法与 AHP、DEMATEL（decision making trial and evaluation laboratory，决策实验分析）、PROMETHEE 等其他经典决策方法进行整合，并利用 Choquet 积分进一步考虑属性之间的相互作用。此外，该方法可以应用于其他类似的供应商选择问题，如低碳供应商选择、战略供应商选择、可持续供应商选择等。

5.3　本章小结

本章从多属性决策理论出发，首先从决策优化的角度出发，建立了区间二型模糊偏好关系，并将经典的多维线性优化方法扩展到区间二型模糊环境下，提出了基于 LINMAP 的区间二型模糊决策方法。其次，考虑到行为决策的特点，将经典的 TODIM 方法进行改进，建立了基于 TODIM 的区间二型模糊决策模型，并结合粒计算的基本建模原理研究了对应的灵敏度分析方法。分别从偏好建模、行为决策与优化理论三个层面研究了基于 TODIM 的区间二型模糊决策问题，在一定程度上克服了现有研究中只是对经典方法进行简单拓展的缺点，为进一步深入研究二型模糊决策尤其是广义二型模糊决策的理论与方法提供了新的思路，进行了有益的探索。

第6章 基于区间二型模糊信息的混合多属性决策方法

6.1 基于FTP效用函数和关联分析的区间二型模糊决策方法

在多属性个性化推荐中，相似度的计算是一个重要的环节，其直接影响最终推荐结果的准确性。关联分析[256-262]作为相似度的有效拓展，能够从整体性的角度更好地描述不确定系统的相关性。因此，在本节中，我们将在第 5 章基础上，进一步提出两种新的关联度，并将其扩展到区间二型模糊环境，给出两种新的区间二型模糊关联度的计算方法。在此基础上，充分考虑决策者在决策过程中的行为偏好，借鉴经典的 FTP 效用函数[263]的相关理论，给出一种新的区间二型模糊决策方法。

6.1.1 区间二型模糊关联度

定义 6.1 设 $X_0 = (x_0(1), x_0(2), \cdots, x_0(n))$ 是系统的特征序列，且 $X_i = (x_i(1), x_i(2), \cdots, x_i(n))(i = 1, 2, \cdots, m)$，则

$$C_i^{(2)}(k) = \left(1 - \Delta_i(k)\right) \frac{1 + |L_0| + |L_i|}{1 + |L_0| + |L_i| + |L_i - L_0|} \tag{6.1}$$

称 $C_i^{(2)}(k)$ 为绝对关联系数。其中，$L_i = \left| \sum_{k=2}^{n-1} x_i(k) + \frac{1}{2} x_i(n) \right|$ 且 $\Delta_i(k) = |x_i(k) - x_0(k)|$。

定理 6.1 绝对关联度

$$C^2(X_0, X_i) = \frac{1}{n} \sum_{k=1}^{n} \left(1 - \Delta_i(k)\right) \frac{1 + |L_0| + |L_i|}{1 + |L_0| + |L_i| + |L_i - L_0|} \tag{6.2}$$

满足规范性、整体性、偶对对称性和贴近性。

证明：

1. 规范性

根据定义 6.1 和定理 6.1，有 $1 + |L_0| + |L_i| \leqslant 1 + |L_0| + |L_i| + |L_i - L_0|$，则可以推出 $0 \leqslant$

$C_i^{(2)}(k) \leqslant 1 \Rightarrow 0 \leqslant C^2(X_0, X_i) = \frac{1}{n} \sum_{k=1}^{n} C_i^{(2)}(k) \leqslant \frac{n}{n} = 1$。当 $X_0 = X_i$ 时，即 $x_0(k) = x_i(k)$，

$\Delta_i(k) = 0, |L_i - L_0| = 0$。因此，对任意 k，$C_i^{(2)}(k) = 1$ 恒成立。

2. 整体性

因为绝对关联度仅考虑 X_i 和 X_0 之间的关联性，而不涉及其他因素，所以，整体性条件自然满足。

3. 偶对对称性

$\Delta_i(k) = |x_i(k) - x_0(k)| = |x_0(k) - x_i(k)| = \Delta_0(k)$；同理，$|L_i - L_0| = |L_0 - L_i|$，可以推出 $C_i^{(2)}(k) = C_0^{(2)}(k)$ 和 $C^2(X_i, X_0) = C^2(X_0, X_i)$。显然，偶对对称性成立。

4. 贴近性

当 $|x_0(k) - x_i(k)| \to 0$ 时，有 $1 - \Delta_i(k) \to 1$ 且 $1 + |L_0| + |L_i| \to 1 + |L_0| + |L_i| + |L_i - L_0|$，即 $C^2(X_0, X_i) \to 1$，所以贴近性显然成立。证毕。

定义 6.2　设 $X_0 = (x_0(1), x_0(2), \cdots, x_0(n))$ 是系统的特征序列，且 $X_i = (x_i(1), x_i(2), \cdots, x_i(n))(i = 1, 2, \cdots, m)$，则

$$C_i^{(3)}(k) = \frac{1 - \Delta_i(k)}{1 + \Delta_i(k)} \frac{\sum_{i=1}^{m} x_i(k) x_0(k)}{\sqrt{\sum_{i=1}^{m} x_i(k)^2} \sqrt{\sum_{i=1}^{m} x_0(k)^2}} \tag{6.3}$$

称 $C_i^{(3)}(k)$ 为相对关联系数。显然 $0 \leqslant C_i^{(3)}(k) \leqslant 1$。

定理 6.2　相对关联度

$$C^3(X_0, X_i) = \frac{1}{n} \sum_{k=1}^{n} \frac{1 - \Delta_i(k)}{1 + \Delta_i(k)} \frac{\sum_{i=1}^{m} x_i(k) x_0(k)}{\sqrt{\sum_{i=1}^{m} x_i(k)^2} \sqrt{\sum_{i=1}^{m} x_0(k)^2}} \tag{6.4}$$

满足规范性、整体性、对称性和贴近性。

证明：同定理 6.1。

基于上述两种新的关联度，我们可以将其扩展到区间二型模糊环境，具体定义如下。

定义 6.3　设 $\tilde{A}_0(1), \tilde{A}_0(2), \cdots, \tilde{A}_0(n)$ 是区间二型模糊系统的特征序列，且

$\tilde{A}_i = \left(\tilde{A}(1), \tilde{A}(2), \cdots, \tilde{A}(n) \right)(i = 1, 2, \cdots, n)$，则

$$C_i^{(2)}(k) = \left(1 - d_i(k) \right) \frac{1 + \left| \tilde{L}_0 \right| + \left| \tilde{L}_i \right|}{1 + \left| \tilde{L}_0 \right| + \left| \tilde{L}_i \right| + \left| \tilde{L}_i - \tilde{L}_0 \right|} \tag{6.5}$$

称 $C_i^{(2)}(k)$ 为区间二型模糊绝对关联系数。其中，$\tilde{L}_i = \left| \sum_{k=2}^{n-1} R\left(\tilde{A}_i(k) \right) + \frac{1}{2} R\left(\tilde{A}_i(n) \right) \right|$ 且

$d_i(k) = \left| R\left(\tilde{A}_i(k) \right) - R\left(\tilde{A}_0(k) \right) \right|$。$R$ 表示排序函数，可用 KM 算法求解计算。

定义 6.4　设 $\tilde{A}_0 = \left(\tilde{A}(1), \tilde{A}(2), \cdots, \tilde{A}(n) \right)$ 是区间二型模糊系统的特征序列，且

$\tilde{A}_i = \left(\tilde{A}_i(1), \tilde{A}_i(2), \cdots, \tilde{A}_i(n) \right)(i = 1, 2, \cdots, m)$，则

$$C_i^{(3)}(k) = \frac{1 - d_i(k)}{1 + d_i(k)} \frac{\sum_{i=1}^{m} R\left(\tilde{A}_i(k) \right) R\left(\tilde{A}_0(k) \right)}{\sqrt{\sum_{i=1}^{m} \left(R\left(\tilde{A}_i(k) \right) \right)^2} \sqrt{\sum_{i=1}^{m} \left(R\left(\tilde{A}_0(k) \right) \right)^2}} \tag{6.6}$$

称 $C_i^{(3)}(k)$ 为区间二型模糊相对关联系数。

6.1.2　基于 FTP 效用函数的区间二型模糊信息集成算子

基于效用理论[253]，效用函数 $u(x)$ 是一个单调递增的实值函数，其核心思想是随着输入值的增加不会导致输出效用值的减少。2007 年，Conniffe 首次提出了 FTP 效用函数的概念[263]。FTP 效用函数包含了多种经典的效用函数，包括 HARA (hyperbolic absolute risk aversion)[264]、CRRA (constant relative risk aversion)[265]、PRA (power risk aversion) 等[266]。其数学定义为[263]

$$u(x) = \frac{1}{\gamma} \left\{ 1 - \left[1 - k\gamma \left(\frac{x^{1-\sigma} - 1}{1 - \sigma} \right) \right]^{\frac{1}{k}} \right\} \tag{6.7}$$

其中，$\gamma, \sigma > 0$ 且 $0 < k < 1$。

特别地，当 $k \to 0$ 时，则 FTP 效用函数退化为 PRA 效用函数

$$\lim_{k \to 0} u(x) = \lim_{k \to 0} \frac{1}{\gamma} \left\{ 1 - \left[1 - k\gamma \left(\frac{x^{1-\sigma} - 1}{1 - \sigma} \right) \right]^{\frac{1}{k}} \right\}$$

$$= \frac{1}{\gamma} \lim_{k \to 0} \left\{ 1 - \left[1 - k\gamma \left(\frac{x^{1-\sigma} - 1}{1 - \sigma} \right) \right]^{\frac{1}{k}} \right\}$$

$$= \frac{1}{\gamma} \left\{ 1 - \exp \left[1 - \gamma \left(\frac{x^{1-\sigma} - 1}{1 - \sigma} \right) \right] \right\} \tag{6.8}$$

设 $\tilde{A}_i (i = 1, 2, \cdots, n)$ 是一组区间二型模糊集，且 $\omega = (\omega_1, \omega_2, \cdots, \omega_n)^{\mathrm{T}}$ 是对应的权重向量，并且满足 $\omega_i \in [0,1]$ 和 $\sum_{i=1}^{n} \omega_i = 1$。建立如下的映射 f：

$$u\left(R\left(\tilde{A}\right)\right) = f\left(u\left(R\left(\tilde{A}_1\right)\right), u\left(R\left(\tilde{A}_2\right)\right), \cdots, u\left(R\left(\tilde{A}_n\right)\right)\right) \tag{6.9}$$

根据最小二乘法原理，我们需要最小化效用排序值和集成排序值之间的偏差，使二者之间的一致性程度尽可能高。因此，可以建立如下的优化模型：

$$\min Z = \sum_{i=1}^{n} \omega_i \left(u\left(R\left(\tilde{A}\right)\right) - u\left(R\left(\tilde{A}_i\right)\right) \right)^2 \tag{6.10}$$

根据拉格朗日条件[247]，对式 (6.10) 求一阶偏导数：

$$\frac{\partial Z}{\partial R\left(\tilde{A}\right)} = 2 \sum_{i=1}^{n} \omega_i \left(u\left(R\left(\tilde{A}\right)\right) - u\left(R\left(\tilde{A}_i\right)\right) u'\left(R\left(\tilde{A}\right)\right) \right) \tag{6.11}$$

令 $\frac{\partial Z}{\partial R\left(\tilde{A}\right)} = 0$，可以得到

$$R\left(\tilde{A}\right) = u^{-1} \left(\sum_{i=1}^{n} \omega_i R\left(\tilde{A}_i\right) \right) \tag{6.12}$$

接下来，我们应用 FTP 效用函数来定义区间二型模糊排序加权效用平均算子。

定义 6.5　设 $\tilde{A}_i (i = 1, 2, \cdots, n)$ 是一组区间二型模糊集，则

$$\mathrm{IT2FRWUA}\left(R\left(\tilde{A}_1\right), R\left(\tilde{A}_2\right), \cdots, R\left(\tilde{A}_n\right)\right) = u^{-1} \left(\sum_{i=1}^{n} \omega_i R\left(\tilde{A}_i\right) \right) \tag{6.13}$$

称为区间二型模糊排序加权效用平均算子 (interval type-2 fuzzy ranking weighted utility average, IT2FRWUA)。其中，$u^{-1}(x)$ 是 FTP 效用函数的反函数，其表达式为

$$u^{-1}(x) = \left(1 - k\gamma \frac{x^{1-\sigma} - 1}{1 - \sigma} \right)^{\frac{1}{k}} - 1 \tag{6.14}$$

下面，结合 6.1.1 小节和 6.1.2 小节的内容给出一种新的区间二型模糊决策方法。

6.1.3　决策方法

步骤 1：根据初始决策矩阵 $A_k = \left(A_{ij}^{(k)} \right)_{n \times m} (k = 1, 2, \cdots, p)$，计算规范化决策矩

阵 $\tilde{A}_k = \left(\tilde{A}_{ij}^{(k)}\right)_{n\times m}$ $(k=1,2,\cdots,p)$，规范化公式如式 (6.15) 所示[120]：

$$\tilde{A}_{ij}^k = \begin{cases} A_{ij}^{(k)}, & \text{效益型属性} C_j \\ \left(A_{ij}^{(k)}\right)^c, & \text{成本型属性} C_j \end{cases} \tag{6.15}$$

步骤 2：确定区间二型模糊正负理想解

$$\tilde{A}^{(k)+} = \left(\tilde{A}_1^{(k)+}, \tilde{A}_2^{(k)+}, \cdots, \tilde{A}_n^{(k)+}\right) \tag{6.16}$$

和

$$\tilde{A}^{(k)-} = \left(\tilde{A}_1^{(k)-}, \tilde{A}_2^{(k)-}, \cdots, \tilde{A}_n^{(k)-}\right) \tag{6.17}$$

其中

$$\begin{aligned} \tilde{A}_j^{(k)+} &= \max_i R\left(\tilde{A}_{ij}^{(k)+}\right)(j=1,2,\cdots,n) \\ \tilde{A}_j^{(k)-} &= \min_i R\left(\tilde{A}_{ij}^{(k)-}\right)(j=1,2,\cdots,n) \end{aligned} \tag{6.18}$$

步骤 3：根据式 (6.16) 和式 (6.17) 计算方案与正负理想解之间的关联系数 $\xi_{ij}^{(k)+}, \xi_{(p)ij}^{(k)-}$ $(p=1,2,3;k=1,2,\cdots,m)$。

步骤 4：计算方案与正负理想解之间的综合关联度。

$$\xi_i^+ = \sum_{k=1}^p \sum_{p=1}^3 \sum_{j=1}^n e_k \omega_j \xi_{(p)ij}^{(k)+} \tag{6.19}$$

和

$$\xi_i^- = \sum_{k=1}^p \sum_{p=1}^3 \sum_{j=1}^n e_k \omega_j \xi_{(p)ij}^{(k)-} \tag{6.20}$$

步骤 5：计算群效用排序值。

$$u^G = u^{-1}\left(\sum_{k=1}^p \sum_{i=1}^m \sum_{j=1}^n e_k \omega_j R\left(\tilde{A}_{ij}^{(k)}\right)\right) \tag{6.21}$$

步骤 6：建立权重求解模型。基于效用函数理论，一个基本的思想是最大化群体效用值 u^G，因此，可以建立如下优化模型

$$\max u^G = u^{-1}\left(\sum_{k=1}^p \sum_{i=1}^m \sum_{j=1}^n e_k \omega_j R\left(\tilde{A}_{ij}^{(k)}\right)\right)$$

$$\text{s.t.} \begin{cases} \sum_{j=1}^n \omega_j = 1 \\ \omega \in \Delta \end{cases} \tag{6.22}$$

同时，根据关联分析的基本思想，应该使得备选方案与正理想解的综合关联度尽可能大，并且与负理想解的综合关联度尽可能小。因此，基于这种思想可以构造如下模型：

$$\max\left\{\xi_i^+ + \xi_i^- - 1\right\}$$
$$\text{s.t.}\begin{cases}\sum_{j=1}^n \omega_j = 1 \\ \omega \in \Delta\end{cases}$$
(6.23)

根据式 (6.19) 和式 (6.20)，模型 (6.23) 可以改写为

$$\max\left\{\sum_{k=1}^p\sum_{p=1}^3\sum_{j=1}^n e_k\omega_j\left(\xi_{(p)ij}^{(k)+} - \xi_{(p)ij}^{(k)-}\right) - 1\right\}$$
$$\text{s.t.}\begin{cases}\sum_{j=1}^n \omega_j = 1 \\ \omega \in \Delta\end{cases}$$
(6.24)

由于需要同时优化模型 (6.23) 和模型 (6.24)，为了求解方便，我们将多目标优化模型转化为如下的单目标优化模型：

$$\max\left\{\begin{array}{l}\theta u^{-1}\left(\sum_{k=1}^p\sum_{i=1}^m\sum_{j=1}^n e_k\omega_j R\left(\tilde{A}_{ij}^{(k)}\right)\right) + (1-\theta) \\ \sum_{k=1}^p\sum_{p=1}^3\sum_{j=1}^n e_k\omega_j\left(\xi_{(p)ij}^{(k)+} - \xi_{(p)ij}^{(k)-}\right) - 1\end{array}\right.$$
$$\text{s.t.}\begin{cases}\sum_{j=1}^n \omega_j = 1 \\ \omega \in \Delta\end{cases}$$
(6.25)

其中，θ 表示平衡系数，且满足 $0 \leqslant \theta \leqslant 1$。

步骤 7：计算方案 A_i 相对于正理想解的贴近度 p_i

$$p_i = \frac{\xi_i^+}{\xi_i^+ + \xi_i^-}$$
(6.26)

步骤 8：根据贴近度 p_i 的大小对方案进行排序。p_i 值越大，则方案越优。

6.1.4　基于聚类算法的复杂大规模区间二型模糊群体决策方法

接下来，我们给出一种新的基于信息粒的区间二型模糊聚类方法——集团序方法。首先给出其定义。

定义 6.6 设 $\tilde{A} = \left\{ \tilde{A}_1, \tilde{A}_2, \cdots, \tilde{A}_n \right\}$ 是一组区间二型模糊集，$\tau = \left\{ \tau_1, \tau_2, \cdots, \tau_k \right\}$ 为聚类集合，其中，k 为聚类个数。如果存在一个排序函数 R 和效用偏差向量 $u = \left\{ u_1, u_2, \cdots, u_k \right\}^{\mathrm{T}}$ 满足下列条件。

(1) $\tau_1 \bigcup \tau_2 \bigcup \cdots \bigcup \tau_k = \tau$。

(2) 对任意 $\tau_i, \tau_j \left(\tau_i, \tau_j \neq \varnothing \right)$，如果 $i \neq j$，则 $\tau_i \bigcap \tau_j \neq \varnothing$。

(3) 如果 $k > 1$，则 $\forall q, R_q^{\max} > R_{q+1}^{\max}$ 且 $u_q^{\max} > u_{q+1}^{\max}$。其中，

$$
\begin{aligned}
R_q^{\max} &= \max \left\{ R\left(\tilde{A}_i \right) \mid \tilde{A}_i \in Q_q \right\} \\
R_{q+1}^{\max} &= \max \left\{ R\left(\tilde{A}_i \right) \mid \tilde{A}_i \in Q_{q+1} \right\} \\
u_q^{\max} &= \max \left\{ u\left(R\left(\tilde{A}_i \right) \right) \mid \tilde{A}_i \in Q_q \right\} \\
u_{q+1}^{\max} &= \max \left\{ u\left(R\left(\tilde{A}_i \right) \right) \mid \tilde{A}_i \in Q_{q+1} \right\}
\end{aligned}
\tag{6.27}
$$

则称 $\tau = \left\{ \tau_1, \tau_2, \cdots, \tau_k \right\}$ 为聚类集合。

其具体算法步骤如下所示。

步骤 1：令 $p = 1$，$\tau^* = \tau$，得到个体偏好矩阵 $Y^k = \left[y_{ij}^k \right]_{m \times m}$，其中 $y_{ij}^k = R\left(\tilde{A}_{ij}^k \right) - u\left(R\left(\tilde{A}_{ij}^k \right) \right)$。

步骤 2：将个体偏好信息集结成群体决策偏好矩阵 Y。

步骤 3：如果 $\tau^* \neq \varnothing$，对 $\forall y_j \in \tau^*$，得到四元数组 $\left(P_j^{\tau^*}, Q_j^{\tau^*}, R_j^{\tau^*}, U_j^{\tau^*} \right)$；如果 $\tau^* = \varnothing$，则进入下一步骤。

步骤 4：令 $p = p+1, \tau^* = \tau \setminus \left\{ Q^p \bigcup U^p \right\}$，得到更新的群体偏好矩阵 Y^*，转入步骤 2。当 $p > k$ 时，进入步骤 5。

步骤 5：重复步骤 3 和步骤 4，直到得到聚类结果。

基于上述的理论分析，我们进一步提出一种基于聚类算法的求解大规模区间二型模糊群决策方法，其具体步骤如下。

步骤 1：利用区间二型模糊集团序聚类方法将全体决策者划分为 l 个子群，其中，l 是聚类的个数。

$$
\begin{aligned}
\tau_1 &= \left\{ D_{i_1}, D_{i_2}, \cdots, D_{i_{\sigma(\tau_1)}} \right\} \\
\tau_2 &= \left\{ D_{j_1}, D_{j_2}, \cdots, D_{j_{\sigma(\tau_2)}} \right\} \\
&\quad\vdots \\
\tau_l &= \left\{ D_{l_1}, D_{l_2}, \cdots, D_{l_{\sigma(\tau_l)}} \right\}
\end{aligned}
\tag{6.28}
$$

其中，$\left\{i_1, i_2, \cdots, i_{\sigma(\tau_1)}; j_1, j_2, \cdots, j_{\sigma(\tau_2)}; l_1, l_2, \cdots, l_{\sigma(\tau_l)}\right\}$ 表示 $\{1, 2, \cdots, p\}$ 的一个排列，且满足 $i_{\sigma(\tau_1)} + i_{\sigma(\tau_2)} + \cdots + i_{\sigma(\tau_l)} = p$。

步骤 2：利用 6.1.3 小节中的决策方法计算每个子群的排序。

步骤 3：利用加权 Borda 函数[267]将各子群的排序结果集结为群排序结果。

由于各子群存在优先级的关系 $p_{\tau_1} \succ p_{\tau_2} \succ \cdots \succ p_{\tau_l}$，我们首先定义如下形式的优先级权重：

$$\omega\left(p_{\tau_k}\right) = \frac{l + 5 - 2k}{4l} \tag{6.29}$$

显然，$\sum\limits_{k=1}^{l} \omega\left(p_{\tau_k}\right) = 1$。

同时，我们需要考虑各个子群的重要性，给出如下的定义：

$$\omega\left(S_{\tau_k}\right) = \frac{\sigma_{\tau_k}}{\sum\limits_{k=1}^{l} \sigma_{\tau_k}} \tag{6.30}$$

因此，每个子群的整体复合权重可以表示为

$$\omega(\tau_k) = \omega\left(p_{\tau_k}\right) \omega\left(S_{\tau_k}\right) = \frac{l + 5 - 2k}{4l} \times \frac{\sigma_{\tau_k}}{\sum\limits_{k=1}^{l} \sigma_{\tau_k}} \tag{6.31}$$

然后根据 Borda 函数对结果进行集结，即可得到最终的群排序结果。

6.1.5 算例分析

算例 6.1 某卖场欲对即将上市的五款品牌的智能手机进行个性化推荐：小米（A_1）、三星（A_2）、华为（A_3）、苹果（A_4）、HTC（A_5）。现邀请三位资深的手机玩家（其重要性程度依次为 0.2、0.5、0.3）从质量（C_1）、外观（C_2）、价格（C_3）、售后服务（C_4）这四个方面综合评价并进行个性化推荐。假定三位手机玩家给出的不完全属性权重信息为 $\Omega = \{0.15 \leqslant w_1 \leqslant 0.3, 0.2 \leqslant w_2 \leqslant 0.4, 0.2 \leqslant w_3 \leqslant 0.4, 0.2 \leqslant w_4 \leqslant 0.35\}$，给出的决策信息矩阵如表 6.1～表 6.3 所示。其余的决策信息与文献[268]中算例 1 相同。

表 6.1 决策信息矩阵 D_1

手机品牌	C_1	C_2	C_3	C_4
A_1	VH	M	H	MH
A_2	H	VH	ML	M
A_3	H	H	MH	H

手机品牌	C_1	C_2	C_3	C_4
A_4	VH	H	H	M
A_5	VH	VH	ML	MH

注：VL 表示非常低，ML 表示中低，L 表示低，M 表示中，VH 表示非常高，MH 表示中高，H 表示高

表 6.2　决策信息矩阵 D_2

手机品牌	C_1	C_2	C_3	C_4
A_1	H	MH	VH	H
A_2	L	VL	M	M
A_3	ML	VL	H	MH
A_4	L	VH	MH	L
A_5	VL	MH	M	VH

表 6.3　决策信息矩阵 D_3

手机品牌	C_1	C_2	C_3	C_4
A_1	L	MH	VL	VH
A_2	ML	VL	VH	L
A_3	MH	VH	M	VH
A_4	H	MH	VL	MH
A_5	L	MH	VL	H

　　根据 6.1.3 小节提出的方法，下面针对本节中的算例给出具体的决策计算过程。

　　步骤 1：由于价格（C_3）为成本型属性，其余为效益型属性，根据式（6.15），得到规范化的决策矩阵，如表 6.4～表 6.6 所示。

表 6.4　决策信息矩阵 $\tilde{D}_1$

手机品牌	C_1	C_2	C_3	C_4
A_1	VH	M	L	MH
A_2	H	VH	MH	M
A_3	H	H	ML	H
A_4	VH	H	L	M
A_5	VH	VH	MH	MH

表 6.5　决策信息矩阵 $\tilde{D}_2$

手机品牌	C_1	C_2	C_3	C_4
A_1	H	MH	VL	H
A_2	L	VL	M	M
A_3	ML	VL	L	MH
A_4	L	VH	ML	L
A_5	VL	MH	M	VH

表 6.6　决策信息矩阵 $\tilde{D}_3$

手机品牌	C_1	C_2	C_3	C_4
A_1	L	MH	VH	VH
A_2	ML	VL	VL	L
A_3	MH	VH	M	VH
A_4	H	MH	VH	MH
A_5	L	MH	VH	H

步骤 2：确定区间二型模糊正负理想解。

$$\tilde{A}^{(1)+} = \{VH, VH, H, H\}, \quad \tilde{A}^{(1)-} = \{H, M, ML, M\}$$

$$\tilde{A}^{(2)+} = \{VH, VH, MH, H\}, \quad \tilde{A}^{(2)-} = \{H, ML, M, L\} \tag{6.32}$$

$$\tilde{A}^{(3)+} = \{VH, VH, VH, VH\}, \quad \tilde{A}^{(3)-} = \{L, L, ML, VL\}$$

步骤 3：根据区间二型模糊正负理想解计算关联系数矩阵

$$\xi_1^{1+} = \begin{pmatrix} 0.24 & 0.46 & 0.63 & 0.81 \\ 0.57 & 1.00 & 0.72 & 0.19 \\ 0.66 & 0.48 & 0.29 & 0.15 \\ 0.26 & 1.00 & 0.38 & 0.57 \\ 0.47 & 0.63 & 0.72 & 0.61 \end{pmatrix}, \quad \xi_1^{1-} = \begin{pmatrix} 0.63 & 0.52 & 0.29 & 0.15 \\ 0.41 & 0.00 & 0.16 & 0.77 \\ 0.28 & 0.52 & 0.65 & 0.81 \\ 0.66 & 0.00 & 0.59 & 0.34 \\ 0.55 & 0.32 & 0.26 & 0.38 \end{pmatrix} \tag{6.33}$$

$$\xi_2^{2+} = \begin{pmatrix} 0.66 & 0.74 & 0.37 & 0.49 \\ 1.00 & 0.56 & 0.45 & 1.00 \\ 0.36 & 0.64 & 0.55 & 0.72 \\ 0.82 & 0.39 & 0.45 & 0.57 \\ 0.73 & 0.54 & 0.63 & 0.51 \end{pmatrix}, \quad \xi_2^{2-} = \begin{pmatrix} 0.32 & 0.24 & 0.61 & 0.55 \\ 0.00 & 0.39 & 0.53 & 0.00 \\ 0.57 & 0.31 & 0.42 & 0.22 \\ 0.15 & 0.58 & 0.47 & 0.33 \\ 0.25 & 0.41 & 0.32 & 0.44 \end{pmatrix} \tag{6.34}$$

$$\xi_3^{3+} = \begin{pmatrix} 0.37 & 0.52 & 0.73 & 0.62 \\ 0.45 & 0.93 & 0.62 & 0.15 \\ 0.49 & 0.57 & 0.28 & 0.23 \\ 0.44 & 1.00 & 0.28 & 0.53 \\ 0.64 & 1.00 & 0.36 & 0.62 \end{pmatrix}, \xi_3^{3-} = \begin{pmatrix} 0.55 & 0.46 & 0.21 & 0.34 \\ 0.59 & 0.04 & 0.33 & 0.42 \\ 0.52 & 0.41 & 0.69 & 0.72 \\ 0.44 & 0.00 & 0.66 & 0.45 \\ 0.35 & 0.00 & 0.62 & 0.31 \end{pmatrix} \tag{6.35}$$

步骤 4：计算每个方案相对正负理想解的综合关联度。

根据式(6.19)和式(6.20)，可以计算得到

$$\xi_1^+ = 1.46\omega_1 + 1.85\omega_2 + 1.59\omega_3 + 1.77\omega_4, \xi_1^- = 1.21\omega_1 + 1.08\omega_2 + 1.27\omega_3 + 1.22\omega_4$$

$$\xi_2^+ = 2.24\omega_1 + 2.27\omega_2 + 1.66\omega_3 + 1.74\omega_4, \xi_2^- = 0.77\omega_1 + 0.62\omega_2 + 1.18\omega_3 + 0.84\omega_4$$

$$\xi_3^+ = 1.37\omega_1 + 1.76\omega_2 + 1.25\omega_3 + 1.37\omega_4, \xi_3^- = 1.22\omega_1 + 1.14\omega_2 + 1.64\omega_3 + 1.46\omega_4$$

$$\xi_4^+ = 1.23\omega_1 + 3.64\omega_2 + 1.59\omega_3 + 2.51\omega_4, \xi_4^- = 1.70\omega_1 + 0.87\omega_2 + 2.68\omega_3 + 1.11\omega_4$$

$$\xi_5^+ = 1.95\omega_1 + 2.08\omega_2 + 1.70\omega_3 + 1.68\omega_4, \xi_5^- = 1.02\omega_1 + 0.81\omega_2 + 1.19\omega_3 + 1.16\omega_4$$

$$\tag{6.36}$$

步骤 5：根据式(6.21)，计算总体的群效用排序值

$$u^G = u^{-1}\left(1.2\omega_1 + 0.3\omega_2 + 0.9\omega_3 + 1.5\omega_4\right)$$

$$= \left(1 - k\gamma \frac{\left(1.2\omega_1 + 0.3\omega_2 + 0.9\omega_3 + 1.5\omega_4\right)^{1-\sigma} - 1}{1-\sigma}\right)^{\frac{1}{k}} - 1 \tag{6.37}$$

在文献[267]中通过实验，得到一般条件下最优的拟合参数值为 $k = 2.25$、$\gamma = 1.5$ 和 $\sigma = 0.75$，本例中将采用这些参数进行计算。

步骤 6 和步骤 7：根据式(6.25)，建立优化模型并求解，将解代入式(6.26)，计算得到每个方案的最优贴近度，计算结果如下。

$$p_1 = 0.72, p_2 = 0.68, p_3 = 0.39, p_4 = 0.85, p_5 = 0.52$$

所以五款品牌的智能手机的个性化推荐次序依次为 $A_4 \succ A_1 \succ A_2 \succ A_5 \succ A_3$。

算例 6.2 某手机卖场欲对五款即将上市的智能手机进行个性化推荐，为了做好前期的市场调查，进行广告的定向精准投放。预先选取了 30 名用户 $E = \{e_1, e_2, \cdots, e_{30}\}$ 进行体验，并根据其体验感受从价格(C_1)、功能(C_2)、售后服务(C_3)、质量(C_4)四个方面进行推荐。假定四个属性的权重向量为 $W = (0.4, 0.3, 0.1, 0.2)^{\mathrm{T}}$，其余的决策信息与文献[248]中算例 1 相同。

步骤 1：根据 6.1.4 小节中提出的区间二型模糊集团序聚类方法，将 30 名用户按照对手机市场营销的熟悉程度，即非常熟悉、比较熟悉、一般、不熟悉进行聚类。聚类结果如下所示。

$$\tau_1 = \{e_3, e_7, e_{12}, e_{16}, e_{19}, e_{23}, e_{20}\}$$
$$\tau_2 = \{e_1, e_6, e_9, e_{17}, e_{22}, e_{26}, e_{28}, e_{30}\}$$
$$\tau_3 = \{e_4, e_{10}, e_{11}, e_{13}, e_{14}, e_{18}, e_{24}\}$$
$$\tau_4 = \{e_2, e_5, e_8, e_{15}, e_{21}, e_{25}, e_{27}, e_{29}\}$$

$$(6.38)$$

步骤 2：利用算例 1 中的方法计算得到每个子群的排序结果。

$$\text{Rank}(\tau_1): A_2 \succ A_3 \succ A_4 \succ A_1 \succ A_5$$
$$\text{Rank}(\tau_2): A_3 \succ A_2 \succ A_1 \succ A_4 \succ A_5$$
$$\text{Rank}(\tau_3): A_2 \succ A_4 \succ A_1 \succ A_3 \succ A_5$$
$$\text{Rank}(\tau_4): A_3 \succ A_1 \succ A_2 \succ A_5 \succ A_4$$

$$(6.39)$$

步骤 3：利用加权的 Borda 函数集结所有的子群排序结果得到整体的群排序结果。

根据式（6.29），可以计算得到优先级权重向量。

$$\omega(p_\tau) = \left(\omega(p_{\tau_1}), \omega(p_{\tau_2}), \omega(p_{\tau_3}), \omega(p_{\tau_4})\right) = \left(\frac{7}{16}, \frac{5}{16}, \frac{3}{16}, \frac{1}{16}\right) \quad (6.40)$$

同样地，基于式（6.30），得到子群的权重计算结果。

$$\omega(S_\tau) = \left(\omega(S_{\tau_1}), \omega(S_{\tau_2}), \omega(S_{\tau_3}), \omega(S_{\tau_4})\right) = \left(\frac{7}{30}, \frac{4}{30}, \frac{7}{30}, \frac{4}{15}\right) \quad (6.41)$$

因此，可以得到总体权重向量为

$$\omega(\tau) = \left(\omega(\tau_1), \omega(\tau_2), \omega(\tau_3), \omega(\tau_4)\right) = \left(\frac{49}{480}, \frac{1}{24}, \frac{7}{160}, \frac{1}{60}\right) \quad (6.42)$$

最后，运用加权的 Borda 函数[267]进行集结，得到五款手机的综合推荐评分值，计算结果如表 6.7 所示。

表 6.7　基于 Borda 函数的综合评分值

手机品牌	τ_1	τ_2	τ_3	τ_4	Borda 得分值
A_1	4	3	3	2	0.8229
A_2	1	2	1	3	0.3625
A_3	2	1	4	1	0.4792
A_4	3	4	2	5	0.8104
A_5	5	5	5	4	1.2125

从表 6.7 中不难看出，五款手机的推荐排序依次为

$$A_2 \succ A_3 \succ A_4 \succ A_1 \succ A_5$$

因此，优先对手机 A_2 进行个性化推荐。

有上述结果不难发现，与文献[268]给出的结果是完全吻合的，其主要原因在于文献[268]所应用的效用函数仅是 FTP 效用函数的一种特例。因此，本节中所提出的方法使用范围更广。在后续的研究中，我们还将把其他形式的效用函数，如 HARA、CRRA、PRA 等扩展到二型模糊环境下，扩展其在行为决策中的应用范围。

6.2　基于 VIKOR 方法和前景理论的区间二型模糊决策方法

自前景理论[269]提出以来，已在行为科学中得到了广泛的应用[269-276]。目前行为决策已经成为决策分析领域的研究热点。如何将决策者的有限理性与行为偏好结合起来，以处理具有高阶不确定性的二型模糊决策问题是一个有重要理论价值的问题。本节将经典的处理有限理性决策的 VIKOR 方法[277]和行为科学中的前景理论相结合，提出一种新的处理区间二型模糊信息的决策方法，为研究区间二型模糊行为决策的理论与方法进行有益的探索。

6.2.1　前景理论

前景理论由美国著名的两位心理学家 Kahneman 和 Tversky[269]于 1979 年首次提出，Kahneman 并因此理论在行为经济学研究中所取得的开创性的成果获得了 2002 年的诺贝尔经济学奖，是目前研究基于风险不确定性问题的重要理论依据，也是现代行为科学研究的理论基石[278]。自前景理论提出以来，已有相当数量的研究成果发表在 *Science*、*Management Science*、*Operations Research*、*Decision Sciences*、*Econometrics* 等顶级期刊上[279-285]。

前景理论对一个决策问题的处理分为两个阶段：编辑和评价。在编辑阶段，决策的结果根据参考点和效用函数进行排序。在评价阶段，决策者根据决策结果和其对应的客观权重概率相乘并加总求和，得到方案的前景值，最后根据前景值的大小进行排序。前景值越大，则决策方案越好。

1979 年，Kahneman 和 Tversky 提出了价值函数应遵循的三个准则[269]：参考点依赖、损失厌恶、敏感性递减。根据这三个准则，可以构造一个非对称的"S"形价值函数，如图 6.1 所示，其数学表达形式如下。

$$v(x) = \begin{cases} x^{\alpha}, & x \geqslant 0 \\ -\lambda(-x)^{\beta}, & x < 0 \end{cases} \tag{6.43}$$

其中，α 和 β 两个调节系数分别表示价值函数凹与凸的程度，并且满足约束 $0 \leqslant \alpha, \beta \leqslant 1$；$\lambda$ 表示损失厌恶的程度，且要求 $\lambda > 1$。

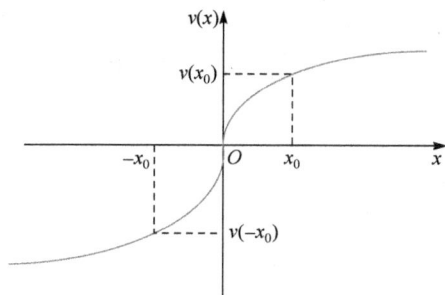

图 6.1　价值函数

随后, Tversky 和 Kahneman 又给出了概率权重函数 (probability weight function) 的数学定义[270]

$$
\pi(p) = \begin{cases} \dfrac{p^{\gamma}}{\left(p^{\gamma} + (1-p)^{\gamma}\right)^{\frac{1}{\gamma}}}, & x \geqslant 0 \\[4mm] \dfrac{p^{\delta}}{\left(p^{\delta} + (1-p)^{\delta}\right)^{\frac{1}{\delta}}}, & x < 0 \end{cases} \tag{6.44}
$$

根据 Tversky 和 Kahneman 的研究[270], 通过行为实验的方法对参数进行估计, 得到了一组参数的估计值, 即 $\alpha = 0.88$、$\lambda = 2.25$、$\gamma = 0.61$、$\delta = 0.69$。本节中我们采用这一组经验参数值进行计算。

6.2.2　VIKOR 方法

VIKOR 方法是由 Opricovic[277]提出来的一种经典的多属性决策方法, 能够有效地处理属性冲突情况下的决策问题, 通过折中解 (满意解) 来替换传统决策方法中的最优解, 因此, 这是一种基于决策者有限理性行为和 TOPSIS 改进的决策方法。其基本的思想是基于 L_p 度量空间。

$$
L_{p,j} = \left(\sum_{i=1}^{n} \left(\omega_i \frac{f_i^* - f_{ij}}{f_i^* - f_i^-} \right)^p \right)^{\frac{1}{p}}, \quad 1 \leqslant p \leqslant +\infty, j = 1, 2, \cdots, J \tag{6.45}
$$

其中, $\omega_i (i = 1, 2, \cdots, I)$ 表示属性所对应的权重向量; $f_i^* = \max_j f_{ij}$ 和 $f_i^- = \min_j f_{ij}$ 分别表示最大和最小的属性值; 测度 $L_{p,j}$ 表示备选方案 A_i 到最优理想解的距离。因此, VIKOR 方法的最大优点在于能够最大化群效用值并且最小化个体的后悔值 (机会损失)。其折中解 F^c 是可行解中最接近理想解的解, 其几何示意如图 6.2 所示。

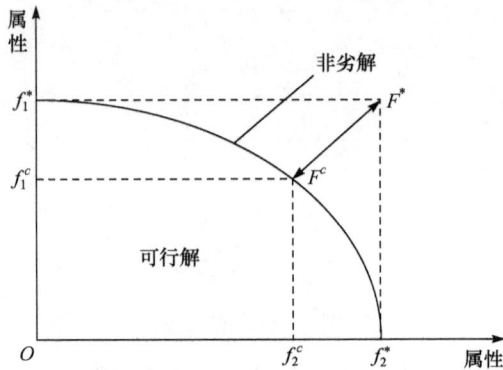

图 6.2　VIKOR 方法折中解的几何解释

6.2.3　一种新的区间二型模糊距离测度

本小节中，将提出一种基于 α 截集的排序值函数方法，并在此基础上给出一种新的度量区间二型模糊集的距离公式。首先，给出基于 α 截集的排序值函数的定义。

定义 6.7　设 $\tilde{A} = \left(\tilde{A}^L, \tilde{A}^U \right)$ 是一个区间二型模糊集，对任意的 $\alpha \in [0,1]$，其 α 截集定义为

$$\tilde{A}_\alpha(x) = \lambda \tilde{A}^L_\alpha(x) + (1-\lambda) \tilde{A}^U_\alpha(x) \tag{6.46}$$

其中，λ 表示组合系数，满足 $0 \leqslant \lambda \leqslant 1$。

定义 6.8　设 $\tilde{A} = \left(\tilde{A}^L, \tilde{A}^U \right)$ 是一个区间二型模糊集，对任意的 $\alpha \in [0,1]$，则 $\tilde{A}_\alpha(x)$ 定义为

$$\tilde{A}_\alpha(x) = \begin{cases} 1, & x \in \tilde{A}^L_\alpha(x) \\ \lambda, & x \notin \tilde{A}^L_\alpha(x), x \in \tilde{A}^U_\alpha(x) \\ 0, & x \notin \tilde{A}^U_\alpha(x) \end{cases} \tag{6.47}$$

基于上述定义，下面给出一种新的排序值函数的定义

定义 6.9　设 $\tilde{A} = \left[\left(a^L_1, a^L_2, a^L_3, a^L_4; h^L_{\tilde{A}} \right), \left(a^U_1, a^U_2, a^U_3, a^U_4; h^U_{\tilde{A}} \right) \right]$ 是定义在论域 X 上的区间二型模糊集，则定义在 $\tilde{A}$ 和 $\tilde{\mathbf{1}}$ 之间的排序值函数为

$$R_d\left(\tilde{A}, \tilde{\mathbf{1}}\right) = \int_0^1 \left(1 - \frac{\int_a^b \min\left(\tilde{A}_\alpha(x), \tilde{\mathbf{1}}_\alpha(x)\right) \mathrm{d}x}{\int_a^b \max\left(\tilde{A}_\alpha(x), \tilde{\mathbf{1}}_\alpha(x)\right) \mathrm{d}x} \right) \mathrm{d}\alpha \tag{6.48}$$

其中，$\tilde{\mathbf{1}} = \left[(1,1,1,1;1), (1,1,1,1;1) \right]$。

基于定义 6.7 和定义 6.8，可以得到如下的定理。

定理 6.3　设 $\tilde{A} = \left[\left(a_1^L, a_2^L, a_3^L, a_4^L; h_{\tilde{A}}^L\right), \left(a_1^U, a_2^U, a_3^U, a_4^U; h_{\tilde{A}}^U\right)\right]$ 是定义在论域 X 上的区间二型模糊集，则定义在 $\tilde{A}$ 和 $\tilde{\mathbf{1}}$ 之间的排序值函数为

$$
\begin{aligned}
R_d\left(\tilde{A}, \tilde{\mathbf{1}}\right) = & 1 - a_4^L - \lambda\left(a_1^L - a_1^U + a_4^U - a_4^L\right) - \frac{1}{2h_{\tilde{A}}^L h_{\tilde{A}}^U}\left[h_{\tilde{A}}^U\left(\lambda\left(a_2^L - a_1^L - a_2^U + a_1^U\right)\right.\right. \\
& \left.\left. -\left(a_4^L - a_3^L - a_2^L + a_1^L\right)\right) - h_{\tilde{A}}^L\left(a_4^U - a_3^U - a_4^L + a_3^L\right)\right]
\end{aligned}
\tag{6.49}
$$

证明：基于式 (6.46) 和定义 6.8，可知：

$$
\begin{aligned}
\int_a^b \min\left(\tilde{A}_\alpha(x), \tilde{\mathbf{1}}_\alpha(x)\right)\mathrm{d}x = & \int_a^b \tilde{A}_\alpha(x)\mathrm{d}x \\
= & a_4^L - \frac{\alpha}{h_{\tilde{A}}^L}\left(a_4^L - a_3^L - a_2^L + a_1^L\right) \\
& + \lambda\left[\left(a_1^L - a_1^U\right) + \frac{\alpha}{h_{\tilde{A}}^L}\left(a_2^L - a_1^L - a_2^U + a_1^U\right) + \left(a_4^U - a_4^L\right)\right. \\
& \left. -\frac{\alpha}{h_{\tilde{A}}^U}\left(a_4^U - a_3^U - a_4^L + a_3^L\right)\right] \\
= & a_4^L + \lambda\left(a_1^L - a_1^U + a_4^U - a_4^L\right) \\
& + \frac{\alpha}{h_{\tilde{A}}^L h_{\tilde{A}}^U} h_{\tilde{A}}^U\left(\lambda\left(a_2^L - a_1^L - a_2^U + a_1^U\right)\right. \\
& \left. -\left(a_4^L - a_3^L - a_2^L + a_1^L\right)\right) - h_{\tilde{A}}^L\left(a_4^U - a_3^U - a_4^L + a_3^L\right)
\end{aligned}
\tag{6.50}
$$

和

$$
\int_a^b \max\left(\tilde{A}_\alpha(x), \tilde{\mathbf{1}}_\alpha(x)\right)\mathrm{d}x = \int_a^b \tilde{\mathbf{1}}_\alpha(x)\mathrm{d}x = 1
\tag{6.51}
$$

根据式 (6.48)，可以推导出

$$
\begin{aligned}
R_d\left(\tilde{A}, \tilde{\mathbf{1}}\right) = & \int_0^1\left(1 - \frac{\int_a^b \min\left(\tilde{A}_\alpha(x), \tilde{\mathbf{1}}_\alpha(x)\right)\mathrm{d}x}{\int_a^b \max\left(\tilde{A}_\alpha(x), \tilde{\mathbf{1}}_\alpha(x)\right)\mathrm{d}x}\right)\mathrm{d}\alpha \\
= & \int_0^1\left(1 - a_4^L - \lambda\left(a_1^L - a_1^U + a_4^U - a_4^L\right)\right. \\
& -\frac{\alpha}{2h_{\tilde{A}}^L h_{\tilde{A}}^U}\left[h_{\tilde{A}}^U\left(\lambda\left(a_2^L - a_1^L - a_2^U + a_1^U\right)\right.\right. \\
& \left.\left.\left. -\left(a_4^L - a_3^L - a_2^L + a_1^L\right)\right) - h_{\tilde{A}}^L\left(a_4^U - a_3^U - a_4^L + a_3^L\right)\right]\right)\mathrm{d}\alpha
\end{aligned}
$$

$$
\begin{aligned}
&= 1 - \alpha_4^L - \lambda\left(\alpha_1^L - \alpha_1^U + \alpha_4^U - \alpha_4^L\right) - \frac{1}{2h_{\tilde{A}}^L h_{\tilde{A}}^U}\Big[h_{\tilde{A}}^U\left(\lambda\left(\alpha_2^L - \alpha_1^L - \alpha_2^U + \alpha_1^U\right)\right.\\
&\quad \left. -\left(\alpha_4^L - \alpha_3^L + \alpha_2^L + \alpha_1^L\right)\right) - h_{\tilde{A}}^L\left(\alpha_4^U - \alpha_3^U - \alpha_4^L + \alpha_3^L\right)\Big]
\end{aligned}
\tag{6.52}
$$

并且当 $0 \leqslant h_{\tilde{A}}^L = h_{\tilde{A}}^U = h_{\tilde{A}} \leqslant 1$，式 (6.52) 可以简化为如下形式：

$$
\begin{aligned}
R_d\left(\tilde{A}, \tilde{\mathbf{1}}\right) &= 1 - a_4^L - \lambda\left(a_1^L - a_1^U + a_4^U - a_4^L\right)\\
&\quad - \frac{1}{2h_{\tilde{A}}^2}\Big[h_{\tilde{A}}\left(\lambda\left(a_2^L - a_1^L - a_2^U + a_1^U\right)\right.\\
&\quad \left. -\left(a_4^L - a_3^L - a_2^L + a_1^L\right)\right) - h_{\tilde{A}}\left(a_4^U - a_3^U - a_4^L + a_3^L\right)\Big]
\end{aligned}
\tag{6.53}
$$

证毕。

　　值得注意的是，排序值函数涉及参数 λ 的取值问题。在实际决策问题中，λ 可以看成是反映决策者态度(风险偏好)的一个度量参数。如果决策者是基于乐观属性(风险偏好)的，则取 $\lambda = 0$；如果决策者是基于中立属性的，则取 $\lambda = 0.5$；如果决策者是基于悲观属性(风险规避)的，则取 $\lambda = 1$。需要强调的是，上述给出的三条属性只是建议标准，由于现实决策问题的复杂性和不确定性，在实际的决策过程中应根据决策问题自身的结构特点和需要，合理确定参数 λ 的取值。在没有先验信息的情况下，我们通常假定决策者是态度中立的，同时为了简化计算，一般取 $\lambda = 0.5$ 进行计算。

　　根据定理 6.3 和定义 6.9，两个区间二型模糊集 $\tilde{A}$ 和 $\tilde{B}$ 的大小比较可以等价地转化为其排序值 $R_d\left(\tilde{A}, \tilde{\mathbf{1}}\right)$ 和 $R_d\left(\tilde{B}, \tilde{\mathbf{1}}\right)$ 大小的比较，原因在于排序值 $R_d\left(\tilde{A}, \tilde{\mathbf{1}}\right)$ 和 $R_d\left(\tilde{B}, \tilde{\mathbf{1}}\right)$ 均为实数，实数集是稠密的并且满足全序关系的。因此，下面三种情况必有一条会成立：$R_d\left(\tilde{A}, \tilde{\mathbf{1}}\right) > R_d\left(\tilde{B}, \tilde{\mathbf{1}}\right)$，$R_d\left(\tilde{A}, \tilde{\mathbf{1}}\right) = R_d\left(\tilde{B}, \tilde{\mathbf{1}}\right)$，或 $R_d\left(\tilde{A}, \tilde{\mathbf{1}}\right) < R_d\left(\tilde{B}, \tilde{\mathbf{1}}\right)$。对任意两个区间二型模糊集 $\tilde{A}$ 和 $\tilde{B}$，可以定义如下的排序关系。

　　定义 6.10　设 $\tilde{A}$ 和 $\tilde{B}$ 是定义在论域 X 上的两个区间二型模糊集，则 $\tilde{A}$ 和 $\tilde{B}$ 的排序关系可以由排序值函数 $R_d\left(\tilde{A}, \tilde{\mathbf{1}}\right)$ 和 $R_d\left(\tilde{B}, \tilde{\mathbf{1}}\right)$ 诱导得到，具体定义如下。

　　(1) 如果 $R_d\left(\tilde{A}, \tilde{\mathbf{1}}\right) > R_d\left(\tilde{B}, \tilde{\mathbf{1}}\right)$，则 $\tilde{A}$ 优于 $\tilde{B}$，记作 $\tilde{A} \succ \tilde{B}$。

　　(2) 如果 $R_d\left(\tilde{A}, \tilde{\mathbf{1}}\right) = R_d\left(\tilde{B}, \tilde{\mathbf{1}}\right)$，则 $\tilde{A}$ 无差异于 $\tilde{B}$，记作 $\tilde{A} \sim \tilde{B}$。

　　(3) 如果 $R_d\left(\tilde{A}, \tilde{\mathbf{1}}\right) < R_d\left(\tilde{B}, \tilde{\mathbf{1}}\right)$，则 $\tilde{A}$ 劣于 $\tilde{B}$，记作 $\tilde{A} \prec \tilde{B}$。

　　显然，基于上述定义，可以得到如下的一个性质。

　　性质 6.1　设 $\tilde{A} = \left[\left(a_1^L, a_2^L, a_3^L, a_4^L; h_{\tilde{A}}^L\right), \left(a_1^U, a_2^U, a_3^U, a_4^U; h_{\tilde{A}}^U\right)\right]$ 是定义在论域 X 上

的一个区间二型模糊集，当且仅当 $R_d\left(\tilde{A},\tilde{\mathbf{1}}\right)=0$ 时，$\tilde{A}\sim\tilde{\mathbf{1}}$。

基于模糊数的排序原理，给出如下两个定理来说明所提出的排序值函数既满足线性序，也满足 admissible 序。

定理 6.4　设 L 表示所有定义在论域 X 上的区间二型模糊集，$\{\preceq\}$ 是定义在集合 L 上的一个二元关系。则序关系 $\{\preceq\}$ 一定是一个线性序且 $\left(L,\preceq,\tilde{\mathbf{0}},\tilde{\mathbf{1}}\right)$ 是一个完备格，其最小元素为 $\tilde{\mathbf{0}}=\left[(0,0,0,0;0),(0,0,0,0;0)\right]$，最大元素为 $\tilde{\mathbf{1}}=\left[(1,1,1,1;1),(1,1,1,1;1)\right]$。

证明：首先，我们要证明 $\{\preceq\}$ 是一个偏序。根据集合论的知识，只需证明 $\preceq$ 分别满足反身性、反对称性和传递性。

(1)反身性。对任意区间二型模糊集 $\tilde{A}\in L$，有 $R_d\left(\tilde{A},\tilde{\mathbf{1}}\right)\leqslant R_d\left(\tilde{A},\tilde{\mathbf{1}}\right)$，不难看出排序值函数是单调递减的，所以可以推出 $\tilde{A}\preceq\tilde{A}$。

(2)反对称性。对任意两个区间二型模糊集 $\tilde{A},\tilde{B}\in L$，如果 $\tilde{A}\preceq\tilde{B}$ 且 $\tilde{B}\preceq\tilde{A}$，有 $R_d\left(\tilde{A},\tilde{\mathbf{1}}\right)\leqslant R_d\left(\tilde{B},\tilde{\mathbf{1}}\right)$ 且 $R_d\left(\tilde{B},\tilde{\mathbf{1}}\right)\leqslant R_d\left(\tilde{A},\tilde{\mathbf{1}}\right)\Rightarrow R_d\left(\tilde{B},\tilde{\mathbf{1}}\right)=R_d\left(\tilde{A},\tilde{\mathbf{1}}\right)$。根据排序值的单调性，容易推出 $\tilde{A}\sim\tilde{B}$。

(3)传递性。对任意的区间二型模糊集 $\tilde{A},\tilde{B},\tilde{C}\in L$，如果 $\tilde{A}\preceq\tilde{B}$ 且 $\tilde{B}\preceq\tilde{C}$，则 $R_d\left(\tilde{A},\tilde{\mathbf{1}}\right)\leqslant R_d\left(\tilde{B},\tilde{\mathbf{1}}\right)$ 和 $R_d\left(\tilde{B},\tilde{\mathbf{1}}\right)\leqslant R_d\left(\tilde{C},\tilde{\mathbf{1}}\right)$，因为 $R_d\left(\tilde{A},\tilde{\mathbf{1}}\right)$、$R_d\left(\tilde{B},\tilde{\mathbf{1}}\right)$、$R_d\left(\tilde{C},\tilde{\mathbf{1}}\right)$ 均为实数，基于实数集上的排序关系，可以推出 $R_d\left(\tilde{A},\tilde{\mathbf{1}}\right)\leqslant R_d\left(\tilde{B},\tilde{\mathbf{1}}\right)\leqslant R_d\left(\tilde{C},\tilde{\mathbf{1}}\right)$，又因为所提出的集成函数满足单调性，且存在一一映射的关系，因此，容易推出 $\tilde{A}\sim\tilde{C}$。

基于上述分析，易知 $\{\preceq\}$ 是一个偏序。证毕。

定理 6.5　设 $(L,\preceq)$ 是一个偏序集，则 $\{\preceq\}$ 一定是一个 admissible 序。

证明：基于 admissible 序的定义，只需证明 $\{\preceq\}$ 满足下面两个条件。

(1) $\{\preceq\}$ 是定义在 L 上的线性序。根据定理 6.4，结论显然成立。

(2)对任意两个区间二型模糊集 $\tilde{A},\tilde{B}\in L$，$\tilde{A}\preceq\tilde{B}$ 当且仅当 $R_d\left(\tilde{A},\tilde{\mathbf{1}}\right)\leqslant R_d\left(\tilde{B},\tilde{\mathbf{1}}\right)$ 时成立，基于定义 6.10，结论是显然的。证毕。

下面给出一种新的基于排序函数的区间二型模糊距离公式。

定义 6.11　设 $\tilde{A}$ 和 $\tilde{B}$ 是定义在论域 X 上的两个区间二型模糊集，则 $\tilde{A}$ 和 $\tilde{B}$ 之间的距离定义为

$$d\left(\tilde{A},\tilde{B}\right)=\left|R_d\left(\tilde{A},\tilde{\mathbf{1}}\right)-R_d\left(\tilde{B},\tilde{\mathbf{1}}\right)\right| \tag{6.54}$$

下面证明所给出的距离公式满足距离空间的三条公理性质。

定理 6.6　设 $\tilde{A},\tilde{B},\tilde{C}\in L$ 是区间二型模糊集。则定义在 L 上的距离 d 是一个实值映射 $d:L\times L\to R$，满足如下三条公理性质。

(1) $0 \leqslant d(\tilde{A}, \tilde{B}) \leqslant 1$。当 $d(\tilde{A}, \tilde{B}) = 0 \Leftrightarrow \tilde{A} = \tilde{B}$（非负性）。

(2) $d(\tilde{A}, \tilde{B}) = d(\tilde{B}, \tilde{A})$（对称性）。

(3) $d(\tilde{A}, \tilde{C}) \leqslant d(\tilde{A}, \tilde{B}) + d(\tilde{B}, \tilde{C})$（三角不等式）。

算例 6.3　设 $\tilde{A} = \left[(0.1, 0.3, 0.3, 0.5; 0.9), (0.5, 0.7, 0.7, 0.9; 1.0) \right]$ 和 $\tilde{B} = \left[(0.3, 0.5, 0.5, 0.7; 0.9), (0.5, 0.7, 0.7, 0.9; 1.0) \right]$ 是定义在论域 X 上的两个区间二型模糊集，且令 $\lambda = 0.5$，则 $\tilde{A}$ 和 $\tilde{B}$ 之间的距离计算如下。

首先根据排序值函数计算出

$$
\begin{aligned}
R_d(\tilde{A}, \tilde{\mathbf{1}}) = {} & 1 - 0.5 - 0.5 \times (0.1 - 0.5 + 0.9 - 0.5) - \frac{1}{2 \times 0.9 \times 1} \Big[(0.5 \times (0.3 - 0.1 - 0.7 + 0.5) \\
& - (0.5 - 0.3 - 0.3 + 0.1)) - 0.9 \times (0.9 - 0.7 - 0.5 + 0.3) \Big] = 0.5
\end{aligned}
$$

和

$$
\begin{aligned}
R_d(\tilde{B}, \tilde{\mathbf{1}}) = {} & 1 - 0.7 - 0.5 \times (0.3 - 0.5 + 0.9 - 0.7) - \frac{1}{2 \times 0.9 \times 1} \Big[(0.5 \times (0.5 - 0.3 - 0.7 + 0.5) \\
& - (0.7 - 0.5 - 0.5 + 0.3)) - 0.9 \times (0.9 - 0.7 - 0.7 + 0.5) \Big] = 0.3
\end{aligned}
$$

然后根据式（6.54），可得

$$
d(\tilde{A}, \tilde{B}) = \left| R_d(\tilde{A}, \tilde{\mathbf{1}}) - R_d(\tilde{B}, \tilde{\mathbf{1}}) \right| = |0.5 - 0.3| = 0.2
$$

为了验证所给出的距离公式的有效性，我们用经典的 KM 算法对公式进行验证[39]。首先计算出 $\tilde{A}$ 和 $\tilde{B}$ 质心区间，结果分别为

$$
c(\tilde{A}) = [0.3, 0.5], c(\tilde{B}) = [0.5, 0.7]
$$

再通过区间数的距离公式计算得到

$$
d(\tilde{A}, \tilde{B}) = \frac{\sqrt{2}}{2} \sqrt{(0.3 - 0.5)^2 + (0.5 - 0.7)^2} = 0.2
$$

显然，以上两种算法得到的计算结果是相同的，因此，说明了所给出的距离公式的有效性。

6.2.4　决策方法

在本小节中，我们将提出一种基于前景理论的区间二型模糊 VIKOR 方法，用来处理复杂不确定环境下的区间二型模糊决策问题。首先，给出区间二型模糊决策问题的一般描述；其次，结合前景理论，将经典的 VIKOR 方法扩展到区间二型模糊环境下；最后，给出区间二型模糊 VIKOR 方法的具体决策步骤。

在本小节中，我们首先给定如下的语言集，假定所有的决策者均从给定的

语言集中选出合适的语言标度来表达其决策偏好。表 6.8 中的语言标度的具体含义表示为：非常低(VL)、低(L)、比较低(ML)、中(M)、比较高(MH)、高(H)、非常高(VH)。每一个语言标度对应一个区间二型模糊集，其对应关系如表 6.8 所示。

表 6.8　语言标度及其对应的区间二型模糊集

语言标度	对应的区间二型模糊集
VL	$[(0.00, 0.00, 0.00, 0.10; 1.00), (0.00, 0.00, 0.00, 0.05; 0.90)]$
L	$[(0.00, 0.10, 0.20, 0.30; 1.00), (0.05, 0.10, 0.15, 0.20; 0.90)]$
ML	$[(0.10, 0.30, 0.40, 0.50; 1.00), (0.20, 0.30, 0.35, 0.40; 0.90)]$
M	$[(0.30, 0.50, 0.60, 0.70; 1.00), (0.40, 0.50, 0.55, 0.60; 0.90)]$
MH	$[(0.50, 0.70, 0.80, 0.90; 1.00), (0.60, 0.70, 0.75, 0.80; 0.90)]$
H	$[(0.70, 0.90, 0.95, 1.00; 1.00), (0.80, 0.85, 0.90, 0.95; 0.90)]$
VH	$[(0.90, 1.00, 1.00, 1.00; 1.00), (0.95, 1.00, 1.00, 1.00; 0.90)]$

为了更加直观地表示，我们给出所有语言标度的隶属度函数的几何表示，如图 6.3 所示。

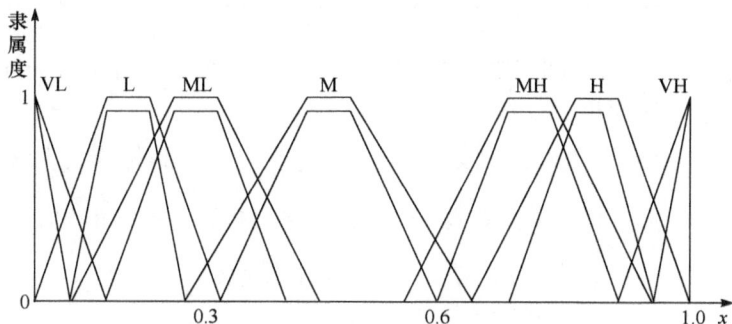

图 6.3　区间二型模糊语言标度的隶属度

此外，由于在规范化的过程中涉及区间二型模糊集的补运算。因此，我们首先给出上述语言标度的补运算定义，如表 6.9 所示。

表 6.9　语言标度的补运算

项目	对应关系						
语言标度(L)	VL	L	ML	M	MH	H	VH
补运算(L^c)	VH	H	MH	M	ML	L	VL

接下来，给出区间二型模糊决策问题的描述。

决策过程的本质是从一组备选方案中挑选出一个最佳的方案，其评价目标是在多个属性下（包含定性和定量）计算方案的综合评价值[286,287]。设 $A = \{A_1, A_2, \cdots, A_m\}$ 是全体备选方案组成的集合，$C = \{C_1, C_2, \cdots, C_n\}$ 是全体属性构成的集合。$\omega = \{\omega_1, \omega_2, \cdots, \omega_n\}^{\mathrm{T}}$ 是属性所对应的权重向量，满足 $\omega_i \in [0,1]$ 和 $\sum_{j=1}^{n} \omega_j = 1$。决策者给出的区间二型模糊决策矩阵为 $\tilde{A} = (\tilde{a}_{ij})_{m \times n}$ （表 6.10），其中，$\tilde{a}_{ij}$ 表示决策者针对备选方案 A_i 在属性 C_j 下给出的决策属性值，由一个区间二型模糊数来表示。

表 6.10　区间二型模糊决策矩阵

备选方案	属性			
	C_1	C_2	$\cdots$	C_n
A_1	$\tilde{a}_{11}$	$\tilde{a}_{12}$	$\cdots$	$\tilde{a}_{1n}$
A_2	$\tilde{a}_{21}$	$\tilde{a}_{22}$	$\cdots$	$\tilde{a}_{2n}$
$\vdots$	$\vdots$	$\vdots$		$\vdots$
A_m	$\tilde{a}_{m1}$	$\tilde{a}_{m2}$	$\cdots$	$\tilde{a}_{mn}$

基于前景理论的区间二型模糊 VIKOR 方法的决策流程如图 6.4 所示，其具体包含如下的决策步骤。

步骤 1：标准化初始的决策矩阵 $\tilde{A} = (\tilde{a}_{ij})_{m \times n}$，得到标准化后的决策矩阵 $\tilde{\tilde{A}} = (\tilde{\tilde{a}}_{ij})_{m \times n}$，计算过程中采用式 (6.55) 对初始决策矩阵进行标准化。

$$\tilde{\tilde{a}}_{ij} = \begin{cases} \tilde{a}_{ij}, & \text{效益型属性} C_j \\ (\tilde{a}_{ij})^{\mathrm{c}}, & \text{成本型属性} C_j \end{cases} \tag{6.55}$$

其中，$(\tilde{a}_{ij})^{\mathrm{c}}$ 表示 $\tilde{a}_{ij}$ 的补运算，并且满足 $(\tilde{a}_{ij})^{\mathrm{c}} \in L^{\mathrm{c}}$。

步骤 2：确定属性权重 $\tilde{\omega}_j$，其中 $\tilde{\omega}_j$ 由一个区间二型模糊集来表示。

$$\tilde{\omega}_j = \left[\tilde{\omega}_j^L(x), \tilde{\omega}_j^U(x) \right] = \left[\left(\omega_{j1}^L, \omega_{j2}^L, \omega_{j3}^L, \omega_{j4}^L; h_{\omega_j}^L \right), \left(\omega_{j1}^U, \omega_{j2}^U, \omega_{j3}^U, \omega_{j4}^U; h_{\omega_j}^U \right) \right] \tag{6.56}$$

根据 KM 算法[39]，我们计算出 $\tilde{\omega}_j$ 的质心区间的左右端点，分别为

$$\omega_j^L = \min_{\xi \in [a,b]} \frac{\int_a^\xi x \tilde{\omega}_j^U(x)\,\mathrm{d}x + \int_\xi^b x \tilde{\omega}_j^L(x)\,\mathrm{d}x}{\int_a^\xi \tilde{\omega}_j^U(x)\,\mathrm{d}x + \int_\xi^b \tilde{\omega}_j^L(x)\,\mathrm{d}x} \tag{6.57}$$

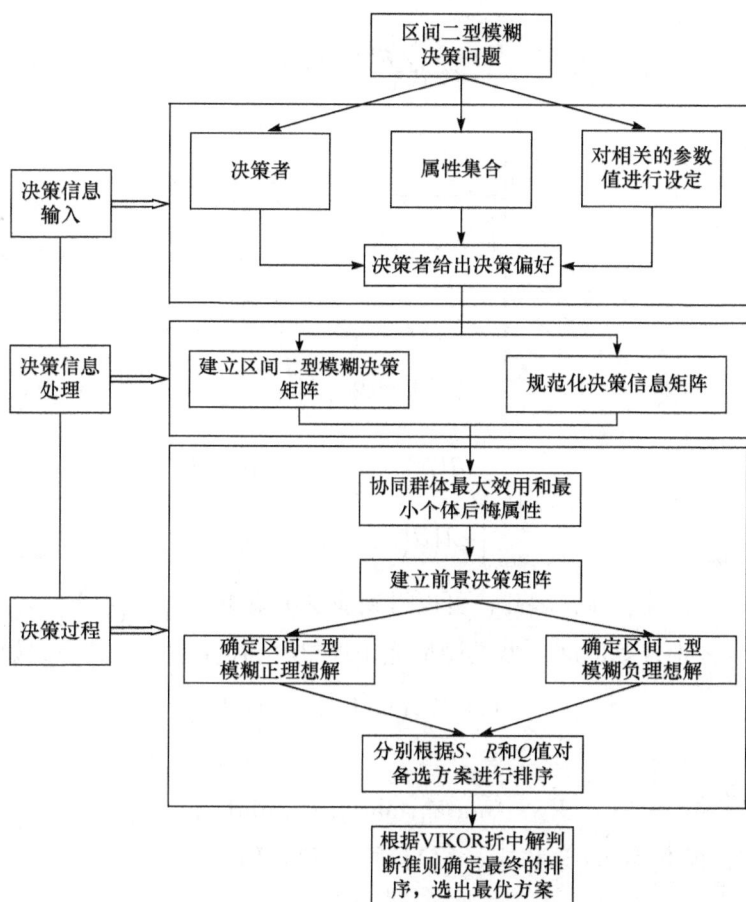

图 6.4　区间二型模糊 VIKOR 方法决策流程图

$$\omega_j^R = \max_{\xi \in [a,b]} \frac{\int_a^\xi x\tilde{\omega}_j^L(x)\,\mathrm{d}x + \int_\xi^b x\tilde{\omega}_j^U(x)\,\mathrm{d}x}{\int_a^\xi \tilde{\omega}_j^L(x)\,\mathrm{d}x + \int_\xi^b \tilde{\omega}_j^U(x)\,\mathrm{d}x} \tag{6.58}$$

然后根据式 (6.59) 得到归一化后的属性权重 $\omega_j (j = 1, 2, \cdots, n)$

$$\omega_j = \frac{\omega_j^L + \omega_j^R}{\sum_{j=1}^n (\omega_j^L + \omega_j^R)} \tag{6.59}$$

显然计算得到的属性权重满足 $\omega_j \geqslant 0 (j = 1, 2, \cdots, n)$，且 $\sum_{j=1}^n \omega_j = 1$。

步骤 3：计算前景决策矩阵 V_{ij}

$$V_{ij} = \sum_{l=1}^{m} \sum_{s=1}^{k} \pi(p_s) v\left(\tilde{a}_{ijl}^s\right) \tag{6.60}$$

其中

$$\pi(p_s) = \begin{cases} \dfrac{p_s^{\gamma}}{\left(p_s^{\gamma} + \left(1 - p_s^{\gamma}\right)^{\gamma}\right)^{\frac{1}{\gamma}}}, & \tilde{a}_{ij}^s \succ \tilde{a}_{lj}^s \\[4ex] \dfrac{p_s^{\delta}}{\left(p_s^{\delta} + \left(1 - p_s^{\delta}\right)^{\delta}\right)^{\frac{1}{\delta}}}, & \tilde{a}_{ij}^s \prec \tilde{a}_{lj}^s \end{cases} \tag{6.61}$$

$$v\left(\tilde{a}_{ijl}^s\right) = \begin{cases} \left(d\left(\tilde{a}_{ij}^s, \tilde{a}_{lj}^s\right)\right)^{\alpha}, & \tilde{a}_{ij}^s \succ \tilde{a}_{lj}^s \\[2ex] -\lambda\left(d\left(\tilde{a}_{ij}^s, \tilde{a}_{lj}^s\right)\right)^{\beta}, & \tilde{a}_{ij}^s \prec \tilde{a}_{lj}^s \end{cases} \tag{6.62}$$

这里 $l = 1, 2, \cdots, m$ 且 $l \neq i$，因此，可以得到前景决策矩阵 $V_{ij} = \left(V_{ij}\right)_{m \times n}$。

步骤 4：分别计算区间二型模糊最优正理想解和负理想解，其公式如下所示。

$$V^* = \left\{\max V_{i1}, \max V_{i2}, \cdots, \max V_{in}\right\} \tag{6.63}$$

和

$$V^- = \left\{\min V_{i1}, \min V_{i2}, \cdots, \min V_{in}\right\} \tag{6.64}$$

步骤 5：根据式 (6.65) 和式 (6.66) 计算 S_i 和 R_i 值。

$$S_i = \sum_{j=1}^{n} \omega_j \frac{d\left(V_j^*, V_{ij}\right)}{d\left(V_j^*, V_j^-\right)} \tag{6.65}$$

$$R_i = \max_j \left\{\omega_j \frac{d\left(V_j^*, V_{ij}\right)}{d\left(V_j^*, V_j^-\right)}\right\} \tag{6.66}$$

步骤 6：计算得分值 $Q_i \left(i = 1, 2, \cdots, n\right)$。

$$Q_i = v \frac{S_i - S^-}{S^* - S^-} + (1 - v) \frac{R_i - R^-}{R^* - R^-} \tag{6.67}$$

其中，$S^* = \max_i \left\{S_i\right\}$；$S^- = \min_i \left\{S_i\right\}$；$R^* = \max_i \left\{R_i\right\}$；$R^- = \min_i \left\{R_i\right\}$；$v$ 表示最大化群效用的分辨系数。通常情况下，为了计算方便，一般取 $v = 0.5$。

步骤 7：所有备选方案分别对 S_i、R_i 和 Q_i 进行升序排列，可以得到三组排序结果。

步骤 8：确定折中解 $A^{(1)}$，其在 Q_i 的排序中是处于第一位的。如果其满足如下两个条件，则 $A^{(1)}$ 在整体决策过程中为最优方案。

(1)

$$Q\left(A^{(2)}\right) - Q\left(A^{(1)}\right) \geqslant \frac{1}{m-1} \tag{6.68}$$

其中，$A^{(2)}$ 表示根据 Q_i 值排序第二的方案；m 表示方案的个数。

(2)方案 $A^{(1)}$ 在 S_i、R_i 的排序意义下仍为最优方案。

如果不能够同时满足上述两个条件，则根据以下两条属性得到折中解。

(1)若不满足条件(2)，则 $A^{(1)}$ 和 $A^{(2)}$ 均为折中(妥协)解方案。

(2)若不满足条件(1)，则 $A^{(1)}, A^{(2)}, \cdots, A^{(N)}$ 均为折中(妥协)解方案，其中，$A^{(N)}$ 由式(6.69)确定最大化的 N 值

$$Q\left(A^{(N)}\right) - Q\left(A^{(1)}\right) < \frac{1}{m-1} \tag{6.69}$$

6.2.5　算例分析

在本小节中，我们运用一个高科技风险投资项目推荐的算例来说明区间二型模糊 VIKOR 方法的有效性。

1. 建立多属性的指标推荐系统

根据已有研究，建立初始的指标推荐系统，如表 6.11 所示。

表 6.11　初始高科技风险投资项目指标推荐系统

风险类别	属性
R&D 风险	人力资源(C_1)
	信息资源(C_2)
	R&D 条件(C_3)
技术风险	技术的成熟性(C_4)
	技术的可靠性(C_5)
	技术的生命周期(C_6)
	技术的可替代性(C_7)
	知识产权保护(C_8)

续表

风险类别	属性
市场风险	生产前景（C_9）
	产品竞争力（C_{10}）
	潜在竞争者影响（C_{11}）
	营销能力（C_{12}）
生产风险	生产设备折旧率（C_{13}）
	库存水平（C_{14}）
	原材料的供应能力（C_{15}）
管理风险	管理者的经验（C_{16}）
	企业组织的合理性（C_{17}）
	科学决策的能力（C_{18}）
	工程项目管理机制（C_{19}）
环境风险	工业政策（C_{20}）
	微观经济环境（C_{21}）
	自然环境（C_{22}）
	社会和法律环境（C_{23}）
金融风险	融资能力（C_{24}）
	生产运作资金的周转能力（C_{25}）
	存贷款利率水平（C_{26}）
	资本市场的规模与稳健性（C_{27}）

　　根据表 6.11 的初始高科技风险投资项目指标推荐系统，我们设计并发放了 400 份调查问卷。30 家管理咨询公司（management consulting incorporation, MCI）参与了这项调查，其中包括 20 家国内知名管理咨询公司和 10 家国外知名管理咨询公司。其范围涉及新能源技术（8 家）、生物医药（10 家）、智能交通（5 家）、IT 移动通信（4 家）、低碳技术（3 家）。最终回收到 340 份有效问卷，问卷回收的有效率为 78%。经过仔细的调查分析，得到表 6.12 所示的统计数据。

表 6.12　调查问卷的有效回收率

管理咨询公司	公司性质	相关产业	总数/份	回收数/份	有效数/份	有效回收率
MCI 1	国内	新能源技术	10	8	8	80%
MCI 2	国外	生物医药	20	17	17	85%
MCI 3	国内	智能交通	10	7	7	70%
MCI 4	国内	IT 移动通信	15	12	12	80%
MCI 5	国内	生物医药	10	7	7	70%
MCI 6	国外	智能交通	10	9	9	90%
MCI 7	国外	新能源技术	10	8	8	80%
MCI 8	国外	智能交通	10	9	8	80%
MCI 9	国内	生物医药	20	17	16	80%
MCI 10	国内	新能源技术	15	13	13	87%
MCI 11	国外	生物医药	10	7	7	70%
MCI 12	国外	IT 移动通信	10	8	8	80%
MCI 13	国内	智能交通	15	13	11	73%
MCI 14	国内	新能源技术	10	8	7	70%
MCI 15	国内	生物医药	10	8	7	70%
MCI 16	国内	新能源技术	20	18	16	80%
MCI 17	国内	生物医药	15	13	11	73%
MCI 18	国内	智能交通	10	8	6	60%
MCI 19	国外	IT 移动通信	10	9	8	80%
MCI 20	国外	生物医药	20	17	15	75%
MCI 21	国内	低碳技术	10	8	7	70%
MCI 22	国内	新能源技术	10	7	7	70%
MCI 23	国内	低碳技术	10	9	6	60%
MCI 24	国内	生物医药	15	14	11	73%
MCI 25	国内	新能源技术	20	19	17	85%
MCI 26	国外	IT 移动通信	10	10	8	80%
MCI 27	国内	生物医药	20	19	19	95%
MCI 28	国内	新能源技术	15	12	11	73%
MCI 29	国外	低碳技术	10	8	8	80%
MCI 30	国内	生物医药	20	18	17	85%
	合计		400	340	312	78%

从图 6.5 中可以看出,平均有效回收率大于 70%,根据抽样调查的相关理论[138,284],调查统计结果是可接受的。此外,利用统计分析软件 SPSS 19.0,进一步对结果进行统计信度(reliability)和效度(validity)分析,统计分析结果如表 6.13 所示。

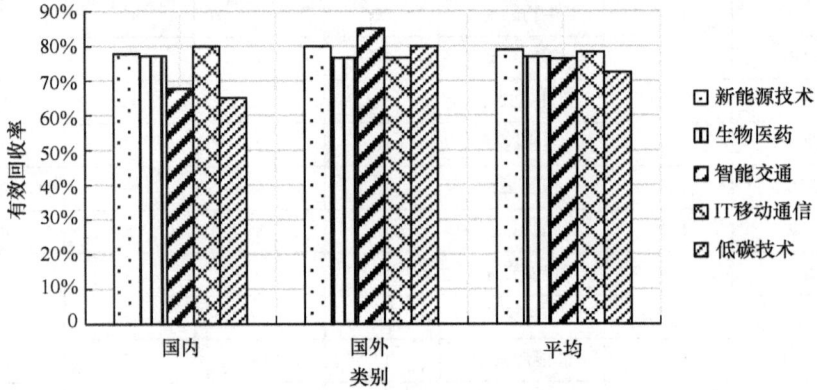

图 6.5　有效回收率柱状图

表 6.13　调查问卷的统计检验分析

指标	统计信度	效度						
	信度系数	内容效度	结构效度	效标效度	KMO 检验	巴特利特值		
						卡方	df	p 值
检验值	0.82	0.85	0.79	0.88	0.84	7.096	0.82	0.85
标准值	0.80	0.80	0.75	0.85	0.80	5.889	0.80	0.80

从表 6.13 中可以看出,所有的统计检验值均大于标准值[285],这说明了抽样调查结果的可靠性和有效性。对抽样调查结果进行进一步分析,可以得到如下结果,见表 6.14。

表 6.14　评价属性与投资项目推荐系统的相关性

评价属性	语言标度				
	RC	C	SC	NTC	NC
得分值	5	4	3	2	1
人力资源(C_1)	7	8	12	4	3
信息资源(C_2)	4	7	6	12	5
R&D 条件(C_3)	0	14	3	9	8
技术的成熟性(C_4)	9	11	6	8	0

续表

评价属性	语言标度				
	RC	C	SC	NTC	NC
技术的可靠性(C_5)	13	12	5	3	1
技术的生命周期(C_6)	8	6	7	9	4
技术的可替代性(C_7)	12	11	2	8	1
知识产权保护(C_8)	6	9	14	3	2
生产前景(C_9)	1	8	6	12	7
产品竞争力(C_{10})	4	14	9	7	0
潜在竞争者影响(C_{11})	2	13	12	6	1
营销能力(C_{12})	15	8	7	3	1
生产设备折旧率(C_{13})	3	18	4	9	0
库存水平(C_{14})	7	7	6	12	2
原材料的供应能力(C_{15})	4	19	5	6	0
管理者的经验(C_{16})	8	10	8	8	0
企业组织的合理性(C_{17})	2	15	12	4	1
科学决策的能力(C_{18})	2	13	9	10	0
工程项目管理机制(C_{19})	9	7	11	7	0
工业政策(C_{20})	13	6	3	12	0
微观经济环境(C_{21})	12	5	9	6	2
自然环境(C_{22})	2	13	14	4	1
社会和法律环境(C_{23})	7	14	6	6	1
融资能力(C_{24})	11	6	2	15	0
生产运作资金的周转能力(C_{25})	6	12	3	13	1
存贷款利率水平(C_{26})	8	16	6	2	2
资本市场的规模与稳健性(C_{27})	4	12	9	8	1

在表 6.14 中，我们运用数值得分表示评价属性与项目投资推荐系统之间的关联性：RC（5 分）表示高度相关，C（4 分）表示比较相关，SC（3 分）表示弱相关，NTC（2 分）表示弱不相关，NC（1 分）表示不相关。

根据统计分析软件 SPSS 19.0，我们计算均值（mean，用 M 表示）、方差（variance，用 V 表示）、方差系数（variance coefficient，VC）和斯皮尔曼系数（Spearman coefficient，SC），计算结果如表 6.15 所示。

表 6.15　评价属性的统计测度结果

评价属性	M	V	VC	SC
人力资源（C_1）	3.523	0.649	0.147	0.862
信息资源（C_2）	3.125	0.543	0.262	0.812
R&D 条件（C_3）	3.412	0.725	0.226	0.871
技术的成熟性（C_4）	4.029	0.627	0.212	0.935
技术的可靠性（C_5）	3.825	0.693	0.145	0.882
技术的生命周期（C_6）	3.623	0.762	0.247	0.818
技术的可替代性（C_7）	3.935	0.443	0.265	0.927
知识产权保护（C_8）	3.772	0.245	0.432	0.657
生产前景（C_9）	3.672	0.453	0.247	0.895
产品竞争力（C_{10}）	3.532	0.671	0.195	0.872
潜在竞争者影响（C_{11}）	3.149	0.656	0.237	0.828
营销能力（C_{12}）	3.799	0.425	0.124	0.937
生产设备折旧率（C_{13}）	3.417	0.597	0.292	0.863
库存水平（C_{14}）	3.231	0.443	0.309	0.637
原材料的供应能力（C_{15}）	3.512	0.724	0.243	0.876
管理者的经验（C_{16}）	3.375	0.698	0.294	0.889
企业组织的合理性（C_{17}）	2.835	0.672	0.273	0.903
科学决策的能力（C_{18}）	3.173	0.885	0.325	0.714
工程项目管理机制（C_{19}）	4.012	0.638	0.221	0.925
工业政策（C_{20}）	3.753	0.447	0.259	0.896
微观经济环境（C_{21}）	3.839	0.675	0.228	0.914
自然环境（C_{22}）	2.624	0.624	0.352	0.479
社会和法律环境（C_{23}）	2.825	0.717	0.224	0.615
融资能力（C_{24}）	3.637	0.625	0.178	0.884
生产运作资金的周转能力（C_{25}）	3.127	0.568	0.229	0.824
存贷款利率水平（C_{26}）	3.432	0.257	0.346	0.845
资本市场的规模与稳健性（C_{27}）	3.792	0.483	0.225	0.897

基于统计检验的相关理论[288,289]，当上述四种统计测度满足 $M>3.4$、$V<0.75$、$VC<0.3$ 和 $SC>0.85$ 时，该指标进入最终评价指标系统；否则，该指标被剔除。基于此，可以得到最终的高科技风险投资项目指标推荐系统，如表 6.16 所示。

表 6.16　最终高科技风险投资项目指标推荐系统

风险类型	评价属性
R&D 风险	人力资源(C_1)
	R&D 条件(C_2)
技术风险	技术的成熟性(C_3)
	技术的可靠性(C_4)
	技术的可替代性(C_5)
市场风险	生产前景(C_6)
	产品竞争力(C_7)
	营销能力(C_8)
生产风险	生产设备折旧率(C_9)
	原材料的供应能力(C_{10})
	工程项目管理机制(C_{11})
环境风险	工业政策(C_{12})
	微观经济环境(C_{13})
金融风险	融资能力(C_{14})
	资本市场的规模与稳健性(C_{15})

2. 决策过程

有一个高技术风险投资公司，打算从如下五个项目中选择一个进行投资：IT移动通信芯片(A_1)、新能源技术(A_2)、生物医药(A_3)、智能交通(A_4)、低碳减排技术(A_5)。基于表 6.16 所示的高科技风险投资项目指标推荐系统，每个备选项目对应三种自然风险状态 {Good, Middle, Poor}，其对应的风险概率向量为 $P=(P_1,P_2,P_3)=(0.2,0.5,0.3)^{\mathrm{T}}$，决策专家给出的决策推荐矩阵如表 6.17～表 6.19 所示。

表 6.17　自然风险状态 1 下的区间二型模糊决策矩阵[Good]（P_1=0.2）

项目	C_1	C_2	C_3	C_4	C_5	C_6	C_7	C_8	C_9	C_{10}	C_{11}	C_{12}	C_{13}	C_{14}	C_{15}
A_1	VH	ML	VH	VH	H	ML	VH	VL	VH	VH	L	VH	H	ML	VH
A_2	H	M	L	MH	MH	M	H	M	H	H	M	L	H	MH	ML
A_3	M	L	H	ML	VL	L	M	MH	M	ML	H	M	L	M	L
A_4	VH	VH	ML	VH	VH	VH	VH	H	VH	VH	VH	ML	VH	VH	ML
A_5	ML	ML	ML	ML	ML	ML	ML	ML	ML	MH	ML	M	ML	ML	ML

注：VL 表示非常低，ML 表示中低，L 表示低，M 表示中，VH 表示非常高，MH 表示中高，H 表示高

表 6.18　自然风险状态 2 下的区间二型模糊决策矩阵[Middle]（P_2=0.5）

项目	C_1	C_2	C_3	C_4	C_5	C_6	C_7	C_8	C_9	C_{10}	C_{11}	C_{12}	C_{13}	C_{14}	C_{15}
A_1	H	L	VH	VH	VH	MH	L	VH	VH	VH	H	L	VH	VH	ML
A_2	VH	ML	H	M	ML	VL	VL	M	ML	M	ML	H	H	VH
A_3	M	VH	H	M	M	H	MH	M	ML	M	MH	VH	VH	ML	M
A_4	M	VH	ML	VH	M	M	ML	M	M	ML	M	ML	VH	VH	VH
A_5	L	VH	MH	ML	ML	L	MH	MH	M	ML	L	VH	MH	ML	M

表 6.19　自然风险状态 3 下的区间二型模糊决策矩阵[Poor]（P_3=0.3）

项目	C_1	C_2	C_3	C_4	C_5	C_6	C_7	C_8	C_9	C_{10}	C_{11}	C_{12}	C_{13}	C_{14}	C_{15}
A_1	M	M	VH	VH	MH	H	M	VH	VH	M	M	ML	VH	VL	VH
A_2	H	M	L	L	H	VH	MH	VL	L	VH	H	M	ML	L	M
A_3	VH	VH	MH	M	VH	VL	VL	M	H	VL	VL	MH	MH	VH
A_4	VH	ML	VH	H	M	MH	M	H	MH	M	ML	M	H	H	ML
A_5	ML	VH	ML	ML	M	ML	M	M	ML	M	ML	VH	M	ML	MH

步骤 1：考虑到 C_5、C_9、C_{12} 为成本型属性，其余均为效益型属性，基于式 (6.55) 对决策矩阵进行规范化，结果如表 6.20～表 6.22 所示。

表 6.20　自然风险状态 1 下的规范化区间二型模糊决策矩阵[Good]（P_1=0.2）

项目	C_1	C_2	C_3	C_4	C_5	C_6	C_7	C_8	C_9	C_{10}	C_{11}	C_{12}	C_{13}	C_{14}	C_{15}
A_1	VH	ML	VH	VH	L	ML	VH	VL	VL	VH	L	VH	H	ML	VH
A_2	H	M	L	MH	ML	M	H	M	L	H	M	H	H	MH	ML
A_3	M	L	H	ML	VH	L	M	MH	M	ML	H	L	M	L	H
A_4	VH	VH	ML	VH	VL	VH	VH	H	VH	VH	VH	MH	VH	VH	ML
A_5	ML	ML	ML	ML	MH	ML	ML	ML	MH	MH	ML	M	ML	ML	ML

表 6.21　自然风险状态 2 下的规范化区间二型模糊决策矩阵[Middle]（P_2=0.5）

项目	C_1	C_2	C_3	C_4	C_5	C_6	C_7	C_8	C_9	C_{10}	C_{11}	C_{12}	C_{13}	C_{14}	C_{15}
A_1	H	L	VH	VH	VL	MH	L	VH	VL	VH	H	H	VH	VH	ML
A_2	VH	ML	H	M	MH	VL	VL	H	ML	ML	H	MH	H	M	VH
A_3	M	VH	H	M	M	H	MH	M	MH	M	MH	VL	VH	ML	M
A_4	M	VH	ML	VH	VL	ML	H	ML	L	VH	H	ML	MH	VH	VH
A_5	L	VH	MH	ML	MH	L	VH	M	MH	ML	L	VL	MH	ML	M

表 6.22　自然风险状态 3 下的规范化区间二型模糊决策矩阵[Poor]（P_3=0.3）

项目	C_1	C_2	C_3	C_4	C_5	C_6	C_7	C_8	C_9	C_{10}	C_{11}	C_{12}	C_{13}	C_{14}	C_{15}
A_1	M	M	VH	VH	ML	H	VH	VH	VH	MH	M	M	M	VL	VH
A_2	H	M	L	L	L	VH	MH	VL	H	VH	H	M	ML	L	M
A_3	VH	VH	MH	M	VL	M	H	M	VH	H	MH	M	MH	MH	VH
A_4	VH	ML	VH	H	M	MH	VL	L	MH	VH	MH	MH	H	H	ML
A_5	ML	VH	ML	VH	MH	M	VH	VL	M	VL	ML	VH	MH	ML	MH

步骤 2：确定属性权重。由决策者给出如下所示的区间二型模糊权重。

$$\tilde{\omega}_1 = ML, \tilde{\omega}_2 = H, \tilde{\omega}_3 = VH, \tilde{\omega}_4 = L, \tilde{\omega}_5 = ML$$
$$\tilde{\omega}_6 = VL, \tilde{\omega}_7 = VH, \tilde{\omega}_8 = VL, \tilde{\omega}_9 = ML, \tilde{\omega}_{10} = VL \qquad (6.70)$$
$$\tilde{\omega}_{11} = L, \tilde{\omega}_{12} = M, \tilde{\omega}_{13} = MH, \tilde{\omega}_{14} = VL, \tilde{\omega}_{15} = VH$$

将式（6.70）的结果等价转换为对应的区间二型模糊集（按照表 6.8 中的转换规则），根据 KM 算法对结果进行降型处理，得到去模糊化后的属性权重。计算结果如下：

$$\omega = (0.04, 0.08, 0.09, 0.03, 0.04, 0.11, 0.18, 0.02, 0.04, 0.02, 0.03, 0.05, 0.07, 0.02, 0.18)^{\mathrm{T}}$$

$$(6.71)$$

步骤 3：确定前景决策矩阵 V。根据式（6.60），可以计算得到前景决策矩阵 V。在计算过程中，我们采用文献[270]中的参数设定值，即

$$\gamma = 0.61, \delta = 0.69, \lambda = -2.25, \alpha = 0.88, \beta = 0.88$$

当决策者面临获益状态时，基于式（6.61），可以得到

$$\pi(p_1) = 0.232, \pi(p_2) = 0.487, \pi(p_3) = 0.348$$

当决策者面临损失状态时，基于式（6.61），可以得到

$$\pi(p_1) = 0.247, \pi(p_2) = 0.424, \pi(p_3) = 0.329$$

基于上述两种情况，并结合式（6.60），可以得到前景决策矩阵 V，结果如下

所示。

$$
V = \begin{bmatrix}
0.035 & 0.242 & 0.354 & -0.257 & -0.224 \\
0.072 & -0.176 & 0.239 & -0.623 & 0.432 \\
-0.267 & 0.394 & -0.047 & 0.251 & -0.477 \\
0.089 & 0.372 & -0.292 & 0.376 & -0.243 \\
0.245 & 0.346 & -0.221 & 0.283 & -0.417
\end{bmatrix} \tag{6.72}
$$

步骤 4：确定区间二型模糊决策矩阵的正负理想解

$$
V^* = \{0.245, 0.394, 0.354, 0.376, 0.432\} \tag{6.73}
$$

$$
V^- = \{-0.267, -0.176, -0.292, -0.623, -0.477\} \tag{6.74}
$$

步骤 5：计算三种得分值 S_i、R_i 和 Q_i。根据式（6.65）～式（6.67），可以得到 S_i、R_i 和 Q_i，计算结果如表 6.23 所示。

表 6.23　三种得分值 S_i、R_i、Q_i

项目	S_i	R_i	Q_i
A_1	0.3843	0.1901	0.3026
A_2	0.3910	0.1962	0.5713
A_3	0.4927	0.2225	0.7500
A_4	0.3922	0.2500	0.6267
A_5	0.4565	0.2000	0.6025

步骤 6：所有备选方案分别对 S_i、R_i 和 Q_i 进行升序排列，排序结果如下。

$$
S_1 < S_2 < S_4 < S_5 < S_3
$$
$$
R_1 < R_2 < R_5 < R_3 < R_4 \tag{6.75}
$$
$$
Q_1 < Q_2 < Q_5 < Q_4 < Q_3
$$

步骤 7：确定折中解。由三组排序结果可知，方案 A_1 在 S 和 R 的排序下为最优方案，且 $Q_2 - Q_1 = 0.2687 > \dfrac{1}{5-1} = 0.25$，满足所要求的两个条件，因此方案 A_1 是最优方案。即该公司应选择投资 IT 移动通信芯片项目作为最佳投资方案。

3. 对比分析

为了验证所提出方法的有效性，本节中采用基于 PSO 算法的最优信息粒方法[286]对该算例进行计算。首先将决策矩阵转化为具有倒数关系的语言偏好矩阵，并将信息粒进行聚类得到 5 个语言标度（每个方案对应 1 个语言标度），然后建立适应度函数（fitness function）。对语言标度集 S_1，其 PSO 算法返回的值为 0.22、

0.26、0.32、0.38、0.49；对于语言标度集 S_2，其 PSO 算法返回的值为 0.08、0.52、0.67、0.72、0.84。其中，PSO 算法的参数值设定为：粒子数=100，迭代次数=300，学习因子 $c_1=c_2=2$，迭代优化结果如图 6.6 所示。

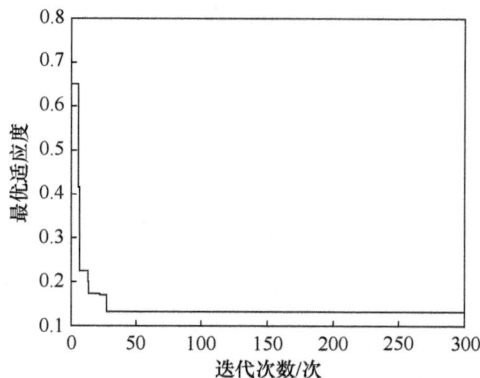

图 6.6　根据 PSO 算法得到的最优适应性指标

根据偏好关系的转换关系[95]，确定高适应性指标矩阵 Q，计算结果如下：

$$Q = \begin{pmatrix} - & 0.47 & 0.78 & 0.64 & 0.39 \\ 0.82 & - & 0.67 & 0.54 & 0.62 \\ 0.53 & 0.22 & - & 0.39 & 0.28 \\ 0.36 & 0.46 & 0.61 & - & 0.46 \\ 0.61 & 0.28 & 0.72 & 0.54 & - \end{pmatrix} \tag{6.76}$$

基于偏好矩阵的优势度关系，得到如下的排序结果：

$$R(A_1)=0.66, R(A_2)=0.57, R(A_3)=0.35, R(A_4)=0.47, R(A_5)=0.53$$

方案的排序结果为

$$A_1 \succ A_2 \succ A_5 \succ A_4 \succ A_3$$

与本节所给出方法计算结果相同，进一步验证了本节所提出的方法的有效性。

6.3　本　章　小　结

本章从组合优化决策的视角出发，研究了基于区间二型模糊信息的混合多属性决策方法。首先研究了基于 FTP 效用函数的区间二型模糊决策方法，针对大规模决策问题，给出了一种新的基于区间二型模糊聚类决策方法。其次，考虑到行为决策的特点，将前景理论与经典的 VIKOR 方法进行融合，研究了基于 VIKOR 方法的区间二型模糊行为决策方法，并将其应用于高科技风险投资项目推荐中。

最后，分别从效用理论、行为决策与多属性决策三个层面研究了基于区间二型模糊信息的混合多属性决策问题，在一定程度上克服了现有研究中只是对单一经典方法进行简单拓展的缺点，为进一步深入研究二型模糊决策问题尤其是广义二型模糊决策的理论与方法提供了新的思路，进行了有益的探索。

第 7 章　基于粒计算的区间二型模糊多属性推荐算法

目前，基于模糊理论的推荐算法已有较多的研究。但基于二型模糊的推荐算法一直是一个理论研究上的难点，主要原因在于二型模糊计算的复杂度较高，在实际运用的过程中比较难以处理，因此限制了其在推荐系统中的应用。近年来，随着计算智能科学的不断发展，一种新的研究不确定环境下的数据处理方法——粒计算应运而生[290-293]。粒计算作为计算智能领域的一个重要分支，其研究对象涵盖了区间(interval)、模糊集(fuzzy sets)、粗糙集(rough sets)和概率密度函数(probability density function)[294]。粒计算突出的优点是能通过数据挖掘的方式将研究对象按照一定的规则抽象成一个信息粒(information granularity)，然后对信息粒进行运算。因此，在一定程度上解决了二型模糊在计算上的瓶颈问题。本节将运用粒计算的相关理论与方法，给出一种新的区间二型模糊多属性推荐算法。

7.1　粒计算概述

粒计算是对词计算概念[295]的拓展，相对于 Zadeh 教授提出的词计算来讲，粒计算更加注重从数据中抽象出一个信息粒，从而对其进行计算。因此，粒计算是一种基于数据驱动的建模方法[296]，特别适合对高阶(higher type)不确定性系统的建模[297,298]。目前，在粒计算领域公认的两个决策属性——覆盖率(coverage)和特异性(specificity)，是由加拿大皇家科学院院士 Pedrycz[299]教授提出的，是粒计算研究的理论基础。首先给出这两个决策属性的定义。

定义 7.1[295]　设一维数据集 $X = \{x_1, x_2, \cdots, x_N\}$，则信息粒 Y 的覆盖率 $\mathrm{Cov}(Y)$ 定义为

$$\mathrm{Cov}(Y) = \frac{Y\text{覆盖的数据点个数}}{\text{数据集}X\text{的基数}} \tag{7.1}$$

当 Y 是一个区间时，覆盖率为

$$\mathrm{Cov}(Y) = \frac{\mathrm{Card}\{x_k \mid x_k \in X\}}{N} \tag{7.2}$$

当 Y 是一个模糊集时，覆盖率为

$$\text{Cov}(Y) = \frac{\sum_{k=1}^{N} Y(x_k)}{N} \tag{7.3}$$

由定义 7.1 可知，信息粒所覆盖的数据越多，则其 Cov(*) 就越大。因此在实际的建模过程中，通常希望 Cov(*) 越大越好。

定义 7.2[299]　设一维数据集 $X = \{x_1, x_2, \cdots, x_N\}$，则信息粒 Y 的特异性 $\text{Sp}(Y)$ 定义为

$$\text{Sp}(Y) = 1 - \frac{\text{lenth}(Y)}{\text{lenth}(\text{Universe})} \tag{7.4}$$

其中，lenth(*) 表示信息粒的度量（如区间长度）；Universe 表示论域。

当 Y 是一个模糊集时，特异性为

$$\text{Sp}(Y) = \int_0^1 \text{Sp}(Y_\alpha) \mathrm{d}\alpha \tag{7.5}$$

可以证明，$\text{Sp}\{x_i\} = 1$，$\text{Sp}\{U\} = 0$，并且满足单调性，即对于两个信息粒 A 和 B，且满足 $A \subseteq B$，则一定有 $\text{Sp}(A) \geqslant \text{Sp}(B)$。根据上述定义可知，特异性 Sp(*) 实际上反映的是信息粒的不确定性程度，Sp(*) 越大，则信息粒的不确定性程度就越低，因此，在实际建模过程中，通常希望 Sp(*) 越大越好。

但值得注意的是，这两个决策属性（目标）通常是相互冲突的。换句话说，Cov(*) 和 Sp(*) 不可能同时最大化，即当 Cov(*) 增大时，Sp(*) 则会减小。举个简单的例子，当我们去描述一个人的年龄时，我们说这个人的年龄肯定在 0～100 岁，用一个区间信息粒 [0,100] 去描述，显然，Cov(*) 是较大的，其值几乎接近于 1，因为信息粒几乎覆盖了所有的数据，但 Sp(*) 此时是很小的，几乎接近于 0，也就是说信息粒的不确定程度非常高，即能反映出的有效信息很少。因此，对于粒计算建模，我们通常需要找到一个折中解，即给出的信息粒既要尽可能多地覆盖给定的数据，同时也要尽可能多地反映（挖掘）出系统的信息，以降低系统的不确定性。因此，在实际建模的过程中，通常需要最大化覆盖率和特异性两者的乘积[296,297]，即

$$\max \text{Cov}(Y) \times \text{Sp}(Y) \tag{7.6}$$

以此来构造一个优化问题进行求解。

对于最优分布式粒优化模型，在式 (7.6) 的基础上加上一个约束条件 $\sum_{i=1}^{p} \varepsilon_i = n\varepsilon$。

其中，ε 表示信息粒的可接受水平（$0 < \varepsilon < 1$）。通常进行信息粒建模时，会存在多种建模方式，如何进行选择是一个重要的理论问题。在此，我们借助两个决策属

性随 ε 的变化图（图 7.1）来说明这个问题。

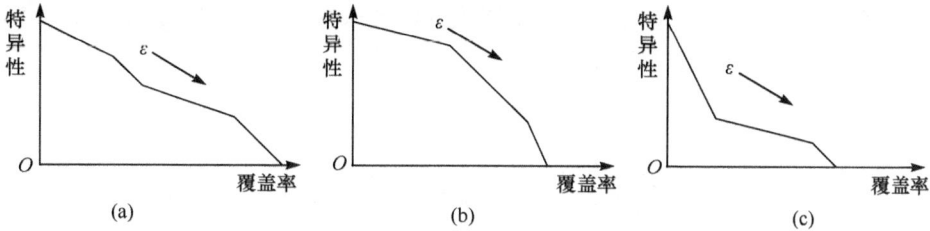

图 7.1　ε 对决策属性的协同影响

在评价粒模型时，Pedrycz[299]给出了一个重要的新测度，用特异性–覆盖率曲线下方的面积来衡量粒模型的优劣。在实际运用中，按照式（7.7）进行计算。

$$\text{AUC} = \frac{1}{\varepsilon_{\max}} \int_0^{\varepsilon_{\max}} \text{Cov}(\varepsilon) \mathrm{d}\varepsilon \tag{7.7}$$

其中，AUC 表示曲线下方面积（area under curve, AUC）；$\varepsilon_{\max}$ 表示信息粒可接受水平的最大值。

对于粒计算的本质目前学术界尚未达成广泛的共识，这就使得粒计算的概念往往被狭义理解。例如，目前国内对粒计算的研究主要集中在粗糙集方面；而国外则主要集中在区间分析方面。作者对这个问题进行了相当长时间的思考，认为对二型模糊集的深入研究可能是探究粒计算本质的关键所在。根据 Pedrycz 等的观点[300-302]，粒计算的范围包含四个方面：区间、模糊集、粗糙集和概率密度函数。要弄清粒计算的本质，就必须在这四者之间建立一个关系，将这四者联系起来。以二型模糊集为起点，其最重要的特征是质心，而质心本身就是一个区间，因此二型模糊集和区间之间就建立起了一种联系。当二型模糊集的上下隶属度函数相同时，则退化为普通的模糊集，而一型模糊集可以通过其截集和区间建立一种映射关系。同时，对于各种扩展模糊集，如直觉模糊集、犹豫模糊集等，已有相关的研究证明其与二型模糊集在一定程度上存在等价关系。因此，这就完整地建立了模糊集和区间之间的联系。对于粗糙集而言，通过上下近似对不确定概念进行逼近，其上下近似可以看成是二型模糊集的上下隶属度函数，同时，著名学者加拿大里贾纳大学的姚一豫教授提出了三支决策（three way decision making）的概念[303,304]，并证明了三支决策粗糙集与直觉模糊集是等价的，而直觉模糊集在数学上可以等价地转换为二型模糊集。因此，从这两点来看，二型模糊集和粗糙集之间也存在着数学上的联系。最后，对于概率信息，我们可以通过云模型来建立其与二型模糊集之间的联系。云模型[301,302]是以期望、熵、超熵为数字特征的不确定性概念，通过深入理解，我们不难证明云模型实际上就是附加了概率信息的区间二型模糊集，同时也是一种广义上的 3D 模糊集（概率模糊集）。因此，我们可以借鉴对云模型的研究来找出二型模糊集与概率信息之间的联系。因此，基于上述分析，我们可以通过对二型模糊集的研究来建立与区间、模糊集、粗糙集和概率密度函数的联系，从而揭示粒计算的本质。这也是本节采用粒计算的方法来研究二型模糊推荐问题的原因所在。

7.2 基于信息粒优化的评分矩阵填充方法

在个性化推荐中，如何解决评分矩阵的稀疏性是一个重要的问题，它直接影响到推荐算法的准确性和推荐结果的可靠性。目前，主要是采用矩阵分解[305]、变分优化[306]和鲁棒优化[307]的方法对稀疏矩阵进行填充，这些方法虽然在一定程度上解决了稀疏性问题，但其计算复杂性较高，并且当评分矩阵的维数增加时，容易产生维数障碍，因此在一定程度上限制了其在商务应用上的范围。本节中，将基于信息粒优化的方法，给出一种新的区间二型模糊矩阵填充方法。

首先，给出如表 7.1 所示的评分矩阵。我们用 $U = \{u_1, u_2, \cdots, u_n\}$ 表示用户集，$P = \{p_1, p_2, \cdots, p_m\}$ 表示产品(物品)集。评分矩阵 $R = \left(r_{ij}\right)_{n \times m}$，其中，$r_{ij}$ 表示用户 u_i 给产品 p_j 的评分值，由一个区间二型模糊语言标度来表示。

表 7.1 推荐评分矩阵

用户	产品 1 (p_1)	产品 2 (p_2)	$\cdots$	产品 m (p_m)
用户 1 (u_1)	r_{11}	r_{12}	$\cdots$	r_{1m}
用户 2 (u_2)	r_{21}	r_{22}	$\cdots$	r_{2m}
$\vdots$	$\vdots$	$\vdots$	$\vdots$	$\vdots$
用户 n (u_n)	r_{n1}	r_{n2}	$\cdots$	r_{nm}

假定，评分矩阵 R 中第 i 行第 j 列的评分值 r_{ij}^* 缺失。下面给出一种基于信息粒优化的缺失数据填充方法，具体步骤如下。

步骤 1：将评分矩阵中的评分值粒化，得到区间形式的信息粒为 $\mathrm{Gr}\left(r_{ij}\right) = \left[a_{ij}\left(1-\varepsilon\right), b_{ij}\left(1+\varepsilon\right)\right]$。其中，$a_{ij}$、$b_{ij}$ 是区间二型模糊数 r_{ij} 的质心区间的左右端点，可以由 KM 算法计算得到，ε 是信息粒的扰动系数(对于已知的评分值 $\varepsilon = 0$)。

步骤 2：计算用户之间的 Pearson(皮尔逊)相似度。以用户 u_k 作为基准，计算所有用户间的 Pearson 相似度，计算公式如下。

$$\mathrm{Sim}(u_k, u_i) = \frac{\sum\left(\mathrm{Gr}(r_{kj}) - \mathrm{Gr}(\overline{r_k})\right)\left(\mathrm{Gr}(r_{ij}) - \mathrm{Gr}(\overline{r_i})\right)}{\sum\left(\mathrm{Gr}(r_{kj}) - \mathrm{Gr}(\overline{r_k})\right)^2 \sqrt{\sum\left(\mathrm{Gr}(r_{kj}) - \mathrm{Gr}(\overline{r_k})\right)^2}} \tag{7.8}$$

其中，$\overline{r_i}$ 表示缺失元素所在行的平均，可以用文献[76]中的模糊加权平均解析算法来求解。值得注意的是，因为信息粒是一个区间数，所以式(7.8)按照区间数进行运算，最后得到的相似度仍然为一个区间数。

步骤 3：根据式(7.9)计算缺失值的信息粒预测值。

$$\mathrm{Gr}(r_{ij}^*) = \overline{\mathrm{Gr}(r_i)} + \frac{\sum \mathrm{centroid}\left(\mathrm{Sim}(u_i, u_k)\right)\left(\mathrm{Gr}(r_{kj}) - \mathrm{Gr}(\overline{r_k})\right)}{\sum \mathrm{centroid}\left(\mathrm{Sim}(u_i, u_k)\right)} \tag{7.9}$$

其中，centroid 为信息粒的质心。

步骤 4：建立最优信息粒优化模型。

$$\max_{\varepsilon_1, \varepsilon_2, \cdots, \varepsilon_p} \mathrm{CovGr}(r_{ij}^*) \times \mathrm{Sp}(r_{ij}^*)$$

$$\mathrm{s.t.} \sum_{i=1}^{p} \varepsilon_i = n\varepsilon \tag{7.10}$$

求解得到缺失值的最优粒化值 $\mathrm{Gr}(r_{ij}^*) = [a, b]$。其中，$(\varepsilon_1, \varepsilon_2, \cdots, \varepsilon_p)$ 为信息粒分布向量，ε 为信息粒的 orness 测度水平。

步骤 5：利用 PSO 算法去粒化，得到 r_{ij}^* 所对应的区间二型模糊语言标度。

假定，用户根据语言标度对产品进行评分，分别用 1～7 对 7 个语言标度进行评分，其对应关系为 VL(非常低) = 1、L(低) = 2、ML(中低) = 3、M(中) = 4、MH(中高) = 5、H(高) = 6、VH(非常高) = 7。

$$[a, b] = \left[\max\left(\frac{1}{7}, r_{ij}^* - \alpha\left(\frac{6}{7}\right)\right), \min\left(1, r_{ij}^* + \alpha\left(\frac{6}{7}\right)\right)\right] \tag{7.11}$$

其中，α 表示可接受的信息粒水平，对其进行线性变换得 $w = a + (b - a)x$，其中 x 是待定的一个粒子，取值在[0,1]，根据 PSO 算法得到最优的 α 与 x，计算 $\left[\frac{1}{w}\right]$，其中[ ]为高斯取整函数，找出和所计算的数值相对应的语言标度，就得到了缺失值 r_{ij}^*。

下面通过一个具体的算例来说明具体的求解过程。

例 7.1 设有 4 名用户对 4 件商品进行评分，按照二型模糊语言标度 1(VL)～7(VH)进行评分。如果用户对某件物品的评分是 7，表明该用户非常喜欢这个物品。评分结束后给出如表 7.2 所示的评分推荐矩阵。

表 7.2　推荐评分矩阵

用户	产品 1	产品 2	产品 3	产品 4
用户 1	1 (VL)	4 (M)		3 (ML)
用户 2	5 (MH)	3 (ML)	2 (L)	7 (VH)
用户 3	4 (M)	3 (ML)	4 (M)	2 (L)
用户 4	4 (M)	2 (L)	6 (H)	6 (H)

显然，用户 1 对产品 3 的评分值是缺失的。我们根据上面的步骤对该元素进行填充。

首先根据步骤 1 对全体已知评分值进行粒化，得到粒化后的评分矩阵，如表7.3 所示。

表 7.3　粒化的推荐评分矩阵

用户	产品 1	产品 2	产品 3	产品 4
用户 1	[0.19,0.22]	[0.59,0.62]		[0.43,0.46]
用户 2	[0.75,0.78]	[0.43,0.46]	[0.28,0.32]	[0.96,0.98]
用户 3	[0.59,0.62]	[0.43,0.46]	[0.59,0.62]	[0.28,0.32]
用户 4	[0.59,0.62]	[0.28,0.32]	[0.88,0.91]	[0.88,0.91]

然后根据步骤 2，以用户 1 作为基准，按照式 (7.8) 计算其与其他 3 位用户之间的 Pearson 相似度，计算结果为

$$\mathrm{Sim}(u_1,u_2)=[0.64,0.72],\ \mathrm{Sim}(u_1,u_3)=[0.76,0.82],\ \mathrm{Sim}(u_1,u_4)=[0.45,0.61]$$

接下来根据步骤 3，计算缺失值 r_{13} 的粒化值 $\mathrm{Gr}(r_{13}^*)$：

$$\mathrm{Gr}(r_{13}^*)=[0.62,0.68]+\frac{0.68\times[0.12,0.14]+0.79\times[0.23,0.31]+0.53\times[0.08,0.16]}{0.68+0.79+0.53}$$

$$=[0.773,0.892]$$

根据式 (7.10) 建立最优信息粒优化模型：

$$\max_{\varepsilon_1,\varepsilon_2,\varepsilon_3,\varepsilon_4}\mathrm{CovGr}(r_{13}^*)\times\mathrm{Sp}(r_{13}^*)$$

$$\mathrm{s.t.}\sum_{i=1}^{4}\varepsilon_i=n\varepsilon$$

利用步骤 5，对上述模型应用 PSO 算法进行求解，其求解示意图如图 7.2和图 7.3 所示。

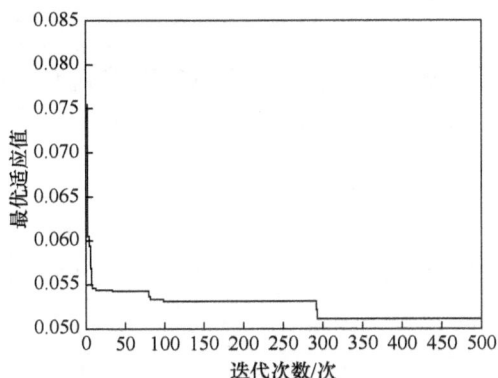

图 7.2　根据 PSO 算法得到的最优可接受信息粒水平

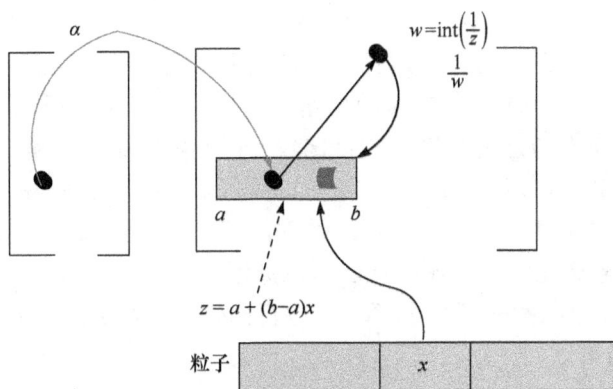

图 7.3　基于信息粒的语言标度转化示意图

通过求解可以得到最优的可接受信息粒水平 $\alpha = 0.051$，对应的最优粒子 $x = 0.45$，代入式 (7.10) 计算得到 $[a, b] = [0.224, 0.353]$，进一步计算可以得知：

$$z = 0.224 + (0.353 - 0.224) \times 0.45 = 0.282$$

所以 $\left[\dfrac{1}{z}\right] = 3$，因此缺失值所对应的二型模糊语言标度应为 ML。

从上面的算例可以看出，相对于目前推荐矩阵填充所广泛采用的奇异值矩阵分解和变分优化等方法，我们所给出的方法简单、直观，整个计算过程只需要进行简单的区间数运算和利用 PSO 这样的初等算法求解。此外，从求解过程也可以看出，求解过程中参数的设定完全依靠最优信息粒模型来求解，避免了现有方法存在的主观性。本节所提方法是一种完全基于语言的词计算方法，同时对矩阵的稀疏性没有刻意的要求。因此，这种方法相较于现有的方法具有较大的优越性。

7.3 基于 BWM 和 MULTIMOORA 的区间二型模糊个性化推荐算法

在本节中，我们将两种最新的多属性决策方法进行融合，并以粒计算的方法为工具，给出一种新的区间二型模糊推荐算法，以提高多属性个性化推荐算法的预测精度。

7.3.1 BWM

BWM[308]是一种新的属性权重求解方法，是经典 AHP 方法的有效拓展。相对于 AHP 方法来说，其突出的优点在于避免了倒数的运算，尤其对于模糊 AHP 方法，在对模糊偏好关系进行倒数运算时通常会造成信息的损失。BWM 在对属性权重求解时，借鉴了 TOPSIS 方法的思路，先找到最好(best)和最差(worst)的属性，然后将其他属性与这两个属性进行比较，得到两组偏好向量，再对其进行优化建模。显然，BWM 能够将 AHP 方法中的偏好矩阵降维成偏好向量，极大限度地减少了计算的复杂性，提高了计算的效率。其具体步骤如下[308,309]。

步骤 1：确定最好(C_B)和最差(C_W)的属性。

步骤 2：将其他属性分别与 C_B 和 C_W 进行比较，得到最优权重比较向量 A_B 和 A_W，见式(7.12)和式(7.13)。

$$A_B = (a_{B1}, a_{B2}, \cdots, a_{Bn})^{\mathrm{T}} \tag{7.12}$$

和

$$A_W = (a_{1W}, a_{2W}, \cdots, a_{nW})^{\mathrm{T}} \tag{7.13}$$

其中，取值仍然采用 Saaty 的 1~9 数值标度[310]，显然 $a_{BB} = a_{WW} = 1$。

步骤 3：建立最优属性权重求解模型。

$$\min_j \max \left\{ \left| \frac{w_B}{w_j} - a_{Bj} \right|, \left| \frac{w_j}{w_W} - a_{jW} \right| \right\}$$
$$\text{s.t.} \begin{cases} \sum_{j=1}^n w_j = 1 \\ w_j > 0 \end{cases} \tag{7.14}$$

模型(7.14)可以等价地转化为

$$\min \xi$$

$$\text{s.t.} \begin{cases} \left| \dfrac{w_B}{w_j} - a_{Bj} \right| \leqslant \xi, \quad \text{对所有} j \\[2mm] \left| \dfrac{w_j}{w_W} - a_{jW} \right| \leqslant \xi, \quad \text{对所有} j \\[2mm] \sum_{j=1}^{n} w_j = 1 \\[2mm] w_j > 0 \end{cases} \tag{7.15}$$

求解模型 (7.15) 可以得到最优属性权重向量 $\left(w_1^*, w_2^*, \cdots, w_n^* \right)^{\mathrm{T}}$ 和 ξ^*。

步骤 4：计算一致性比率。

$$\text{Consistency ratio} = \frac{\xi^*}{\text{Consistency index}} \tag{7.16}$$

其中，Consistency ratio 表示一致性比率；Consistency index 表示一致性指标，一致性指标的对应取值如表 7.4 所示。

表 7.4 一致性指标

a_{BW}	1	2	3	4	5	6	7	8	9
一致性指标	0.00	0.44	1.00	1.63	2.30	3.00	3.73	4.47	5.23

如果 Consistency ratio $\leqslant 0.25$，则接受所得到的结果；否则，调整步骤 2 中的向量数值，重复步骤 3 和步骤 4，直到满足一致性要求为止。

显然，Consistency ratio $\in [0,1]$，其值越接近于 0，说明一致性越高；越接近于 1，说明一致性越低。

模型 (7.14) 的解空间包括所有的正值 $w_j (j = 1, 2, \cdots, n)$，使得它们的和等于 1，并且在 ξ 处所有的权重比率和对应的偏好关系要最接近。

需要指出的是，模型 (7.15) 虽然能保证最优解的存在性，但并不能保证解的唯一性。通过研究发现，解的性质跟属性的数目有密切的关系。下面给出一个定理对其进行说明。

定理 7.1 对于属性数超过 3 的问题，模型 (7.15) 可能会导致多重最优解。

证明： 假设对一个有 n 个属性的问题，我们已知 ξ^*，将模型 (7.15) 中右边约束条件中的 ξ 用 ξ^* 来代替，则最优解可以由线性约束式 (7.17) 导出。

$$
\begin{cases}
\left| w_B - a_{Bj} w_j \right| \leqslant \xi^* w_j \\
\left| w_j - a_{jW} w_W \right| \leqslant \xi^* w_W \\
\sum\limits_{j=1}^{n} w_j = 1 \\
w_j > 0
\end{cases}
\tag{7.17}
$$

对具有完全一致性的问题（$\xi^* = 0$），任意一个约束条件 $\left| w_B - a_{Bj} w_j \right| \leqslant \xi^* w_j$ 可以等价地转化为一个等式约束 $\left| w_B - a_{Bj} w_j \right| = 0$（同理，$\left| w_j - a_{jW} w_W \right| \leqslant \xi^* w_W$ 可以转化为 $\left| w_j - a_{jW} w_W \right| = 0$）。对于不具有完全一致性的问题（即 $\xi^* > 0$），任意一个约束条件 $\left| w_B - a_{Bj} w_j \right| \leqslant \xi^* w_j$ 可以等价地转化为两个约束条件 $w_B - a_{Bj} w_j \leqslant \xi^* w_j$ 和 $a_{Bj} w_j - w_B \leqslant \xi^* w_j$（同理，$\left| w_j - a_{jW} w_W \right| \leqslant \xi^* w_W$ 可以等价地转化为两个约束条件 $w_j - a_{jW} w_W \leqslant \xi^* w_W$ 和 $a_{jW} w_W - w_j \leqslant \xi^* w_W$）。所以，对于满足完全一致性的问题，存在 $2n-3$ 个等式约束条件，对于不完全一致性的问题，存在 $2(2n-3)$ 个不等式约束条件。独立约束条件的数目为 $n(n-1)$ 个比较约束及 1 个权重和约束，所以对于一个满足完全一致性的问题，我们可以建立一个具有 n 个变量和 n 个约束的非齐次线性方程组。因此，根据线性代数的理论，我们可以得到唯一解。此外，基于链式法则的一致性定义，即 $a_{Bj} \times a_{jW} = a_{BW}$。所以，对于只具有 2 个属性的情形（即 $n=2$），一致性是恒成立的，因此也存在唯一解。对于不满足完全一致性的问题（$n \geqslant 3$），我们有 $4n-5$ 个约束条件（其中至少有 2 个等式约束，其余的为不等式约束），$5n-8$ 个变量（n 个权重变量和 $4n-8$ 个松弛变量），所以我们可以建立一个非齐次线性系统。

（1）如果 $n=3$，则变量数=约束条件数（$5n-8 = 4n-5$）。

（2）如果 $n>3$，则变量数>约束条件数（$5n-8 > 4n-5$）。证毕。

基于上述定理，对于具有多重最优解的情况，我们在原 BWM 的情况下，给出一个新的线性模型。

正如前面章节所讨论的，模型（7.14）可能会导致多重最优解。如果我们用目标函数 $\left\{ \left| w_B - a_{Bj} w_j \right|, \left| w_j - a_{jW} w_W \right| \right\}$ 来代替 $\left\{ \left| \dfrac{w_B}{w_j} - a_{Bj} \right|, \left| \dfrac{w_j}{w_W} - a_{jW} \right| \right\}$，则模型可以转化为下面的形式。

$$\min_{j} \max \left\{ \left| w_B - a_{Bj} w_j \right|, \left| w_j - a_{jW} w_W \right| \right\}$$

$$\text{s.t.} \sum_{j=1}^{n} w_j = 1, w_j > 0 \tag{7.18}$$

模型(7.18)可以等价地转化为如下的线性规划问题。

$$\begin{cases} \left| w_B - a_{Bj} w_j \right| \leqslant \xi^L \\ \left| w_j - a_{jW} w_W \right| \leqslant \xi^L \\ \sum_{j=1}^{n} w_j = 1 \\ w_j > 0 \end{cases} \tag{7.19}$$

模型(7.19)是一个线性问题,其满足唯一解条件。

求解模型(7.19),可以得到最优权重向量 $(w_1^*, w_2^*, \cdots, w_n^*)^T$ 和 ξ^{L*}。

对于这个模型, ξ^{L*} 可以直接被视为衡量和判断关系一致性的指标[不要应用式(7.16)中的一致性指标], ξ^{L*} 的值越接近于 0,说明一致性程度越高。

7.3.2　MULTIMOORA 方法

Brauers 和 Zavadskas[311]提出了 MULTIMOORA 方法,该方法通过对三种排序结果综合集成得到一种满足多属性决策鲁棒性条件的决策方法。其具体步骤如下。

步骤 1:建立比率系统(ratio system,RS)。

首先,将属性值按式(7.20)进行标准化:

$$r_{ij}^* = \frac{r_{ij}}{\sqrt{\sum_{i=1}^{m} r_{ij}^2}} \tag{7.20}$$

其次,计算效益型属性值与成本型属性值加权和的差值:

$$y_i^* = \sum_{j=1}^{g} w_j r_{ij}^* - \sum_{j=g+1}^{n} w_j r_{ij}^* \tag{7.21}$$

其中, g 表示效益型属性的个数。

步骤 2:采用参照点(reference point,RP)法。

计算参考点的切比雪夫距离:

$$d = \min_{i} \left\{ \max_{j} \left| p_j - r_{ij}^* \right| \right\} \tag{7.22}$$

其中, $p_j = \max_{i} r_{ij}^*$。

步骤 3：引入全乘模型（full multiplicative form，FMF）。

首先，计算第 i 个方案的效益型属性的乘性效用值 A_i，按式（7.23）计算：

$$A_i = \prod_{j=1}^{g} r_{ij}^{*} \tag{7.23}$$

其次，计算第 i 个方案的成本型属性的乘性效用值 B_i，按式（7.24）计算：

$$B_i = \prod_{j=g+1}^{n} r_{ij}^{*} \tag{7.24}$$

最后，计算第 i 个方案在全乘模型下的总体效用值 U_i：

$$U_i = \frac{A_i}{B_i} \tag{7.25}$$

步骤 4：利用优势理论对比率系统、参照点法、全乘模型三种排序结果进行集结，得到最终的排序结果。

7.3.3　基于多属性决策的区间二型模糊推荐算法

步骤 1：对一个多属性个性化推荐系统，设 $U = \{u_1, u_2, \cdots, u_n\}$ 为用户集，$C = \{c_1, c_2, \cdots, c_m\}$ 为属性集。其中，第 k 个用户 u_k 所给出的评分矩阵 $R^{(k)}$ 如表 7.5 所示。

表 7.5　用户 u_k 给出的评分矩阵 $R^{(k)}$

产品	属性 c_1	属性 c_2	$\cdots$	属性 c_m
产品 p_1	$r_{11}^{(k)}$	$r_{12}^{(k)}$	$\cdots$	$r_{1m}^{(k)}$
产品 p_2	$r_{21}^{(k)}$	$r_{22}^{(k)}$	$\cdots$	$r_{2m}^{(k)}$
$\vdots$	$\vdots$	$\vdots$		$\vdots$
产品 p_q	$r_{q1}^{(k)}$	$r_{q2}^{(k)}$	$\cdots$	$r_{qm}^{(k)}$

步骤 2：计算所有属性的权重 w_j（$j=1,2,\cdots,m$）。

运用 BWM 计算所有属性的权重。值得注意的是，在此我们考虑 w_j 仍然是一个区间二型模糊数。因此，需要对 BWM 进行拓展。

（1）首先确定最好属性和最差属性，即 c_B 和 c_W，然后得到最优和最差属性偏好向量：

$$\tilde{A}_B = \left(\tilde{a}_{B1}, \tilde{a}_{B2}, \cdots, \tilde{a}_{Bn}\right)^{\mathrm{T}}, \quad \tilde{A}_W = \left(\tilde{a}_{1W}, \tilde{a}_{2W}, \cdots, \tilde{a}_{nW}\right)^{\mathrm{T}} \tag{7.26}$$

（2）建立属性权重优化模型：

$$\min_{j} \max \left\{ \left| \frac{c_l(\tilde{w}_B)}{c_l(\tilde{w}_j)} - c_l(\tilde{a}_{Bj}) \right|, \left| \frac{c_l(\tilde{w}_j)}{c_l(\tilde{w}_W)} - c_l(\tilde{a}_{jW}) \right| \right\}$$

$$\text{s.t.} \begin{cases} \sum_{j=1}^{n} c_l(\tilde{w}_j) \leqslant 1 \\ c_l(\tilde{w}_j) > 0 \end{cases} \tag{7.27}$$

和

$$\min_{j} \max \left\{ \left| \frac{c_r(\tilde{w}_B)}{c_r(\tilde{w}_j)} - c_r(\tilde{a}_{Bj}) \right|, \left| \frac{c_r(\tilde{w}_j)}{c_r(\tilde{w}_W)} - c_r(\tilde{a}_{jW}) \right| \right\}$$

$$\text{s.t.} \begin{cases} \sum_{j=1}^{n} c_r(\tilde{w}_j) \geqslant 1 \\ c_r(\tilde{w}_j) > 0 \end{cases} \tag{7.28}$$

模型 (7.27) 和模型 (7.28) 可以等价地转化为

$$\min \xi_l^*$$

$$\text{s.t.} \begin{cases} \left| \frac{c_l(\tilde{w}_B)}{c_l(\tilde{w}_j)} - c_l(\tilde{a}_{Bj}) \right| \leqslant \xi_l^*, \quad \text{对所有} j \\ \left| \frac{c_l(\tilde{w}_j)}{c_l(\tilde{w}_W)} - c_l(\tilde{a}_{jW}) \right| \leqslant \xi_l^*, \quad \text{对所有} j \\ \sum_{j=1}^{n} c_l(\tilde{w}_j) \leqslant 1 \\ c_l(\tilde{w}_j) > 0 \end{cases} \tag{7.29}$$

和

$$\min \xi_r^*$$

$$\text{s.t.} \begin{cases} \left| \frac{c_r(\tilde{w}_B)}{c_r(\tilde{w}_j)} - c_r(\tilde{a}_{Bj}) \right| \leqslant \xi_r^*, \quad \text{对所有} j \\ \left| \frac{c_r(\tilde{w}_j)}{c_r(\tilde{w}_W)} - c_r(\tilde{a}_{jW}) \right| \leqslant \xi_r^*, \quad \text{对所有} j \\ \sum_{j=1}^{n} c_r(\tilde{w}_j) \geqslant 1 \\ c_r(\tilde{w}_j) > 0 \end{cases} \tag{7.30}$$

求解模型 (7.30)，可以得到最优属性权重向量 $\left(\tilde{w}_1^*, \tilde{w}_2^*, \cdots, \tilde{w}_n^*\right)^{\mathrm{T}}$ 和 $\tilde{\xi}^*$。

(3) 计算一致性指标。

$$\text{Consistency ratio} = \frac{\max\left\{\xi_l^*, \xi_r^*\right\}}{\text{Consistency index}} \tag{7.31}$$

如果 Consistency index $\leqslant 0.25$，则接受所求出的权重向量 $\left(\tilde{w}_1^*, \tilde{w}_2^*, \cdots, \tilde{w}_n^*\right)^{\mathrm{T}}$；否则，给出基于最优信息粒的调整模型：

$$\begin{aligned} &\max\nolimits_{A_B, A_W \in P(\text{IT2})} Q \\ &\text{s.t.} \, 2\alpha = \alpha_1 + \alpha_2 \end{aligned} \tag{7.32}$$

设定信息粒的阈值 α，进行如下变换：

$$\left[c_l\left(\tilde{a}_{Bj}\right), c_r\left(\tilde{a}_{jW}\right)\right] = \left[\max\left(\frac{1}{9}, c_l\left(\tilde{a}_{Bj}\right) - \alpha\left(\frac{8}{9}\right)\right), \min\left(1, c_r\left(\tilde{a}_{jW}\right) + \alpha\left(\frac{8}{9}\right)\right)\right] \tag{7.33}$$

将上述结果进一步粒化，得到

$$z = c_l\left(\tilde{a}_{Bj}\right) + \left(c_r\left(\tilde{a}_{jW}\right) - c_l\left(\tilde{a}_{Bj}\right)\right)x \tag{7.34}$$

基于 PSO 算法进行优化求解，得到最优的阈值 α 和粒子 x。然后计算其倒数 $\dfrac{1}{z}$，取其整数部分作为调整后的偏好值。然后重复 (1) 和 (2)，直到满足一致性指标为止。

根据前面的研究结果可知，对于具有多重最优解的情况，模型 (7.29) 和模型 (7.30) 可以等价地转化为

$$\min \xi_l^*$$
$$\text{s.t.} \begin{cases} \left|c_l\left(\tilde{w}_B\right) - c_l\left(\tilde{a}_{Bj}\right)c_l\left(\tilde{w}_j\right)\right| \leqslant \xi_l^* c_l\left(\tilde{w}_j\right), & \text{对所有} j \\ \left|c_l\left(\tilde{w}_j\right) - c_l\left(\tilde{a}_{jW}\right)c_l\left(\tilde{w}_W\right)\right| \leqslant \xi_l^* c_l\left(\tilde{w}_W\right), & \text{对所有} j \\ \displaystyle\sum_{j=1}^{n} c_l\left(\tilde{w}_j\right) \leqslant 1 \\ c_l\left(\tilde{w}_j\right) > 0 \end{cases} \tag{7.35}$$

和

$$\min \xi_r^*$$

$$\text{s.t.} \begin{cases} \left| c_r(\tilde{w}_B) - c_r(\tilde{a}_{Bj}) c_r(\tilde{w}_j) \right| \leqslant \xi_r^* c_r(\tilde{w}_j), & \text{对所有} j \\ \left| c_r(\tilde{w}_j) - c_r(\tilde{a}_{jW}) c_r(\tilde{w}_W) \right| \leqslant \xi_r^* c_r(\tilde{w}_W), & \text{对所有} j \\ \sum_{j=1}^{n} c_r(\tilde{w}_j) \geqslant 1 \\ c_r(\tilde{w}_j) > 0 \end{cases} \tag{7.36}$$

求解模型 (7.35) 和模型 (7.36)，得到满足一致性要求的唯一解。

步骤 3：应用第 3 章提出的加权区间二型模糊 Maclaurin 对称平均算子，得到基于"用户–产品"的综合评分矩阵 $R = \left(r_{ij} \right)_{n \times m}$，如表 7.6 所示。

$$\text{WIT2FMSM}_\omega \left(r_{ij}^{(1)}, r_{ij}^{(2)}, \cdots, r_{ij}^{(p)} \right) = r_{ij} \tag{7.37}$$

表 7.6　用户–产品评分矩阵

用户	产品 1 (p_1)	产品 2 (p_2)	$\cdots$	产品 m (p_m)
用户 1 (u_1)	r_{11}	r_{12}	$\cdots$	r_{1m}
用户 2 (u_2)	r_{21}	r_{22}	$\cdots$	r_{2m}
$\vdots$	$\vdots$	$\vdots$		$\vdots$
用户 n (u_n)	r_{n1}	r_{n2}	$\cdots$	r_{nm}

步骤 4：利用 7.2 节中提出的信息粒优化方法，将系数矩阵中所有元素填充完整。

步骤 5：计算全体用户与目标用户 u_* 之间的相似度，确定最邻近的 N 个用户。

$$\text{Sim}(u_*, u_i) = \frac{\sum \left(\text{Gr}(r_{*j}) - \text{Gr}(\overline{r_*}) \right) \left(\text{Gr}(r_{ij}) - \text{Gr}(\overline{r_i}) \right)}{\sqrt{\sum \left(\text{Gr}(r_{*j}) - \text{Gr}(\overline{r_*}) \right)^2} \sqrt{\sum \left(\text{Gr}(r_{ij}) - \text{Gr}(\overline{r_i}) \right)^2}} \tag{7.38}$$

步骤 6：对 N 个最邻近用户 $\{u_k^*\}$ $(k = 1, 2, \cdots, N)$ 进行赋权。

$$w(u_k^*) = \frac{\text{Sim}(u_*, u_k^*)}{\sum_{k=1}^{N} \text{Sim}(u_*, u_k^*)} \tag{7.39}$$

步骤 7：应用第 3 章提出的加权区间二型模糊对偶 Maclaurin 对称平均算子，得到"产品–属性"的综合评分矩阵 $\tilde{R}_N = \left(\tilde{r}_{ij} \right)_{q \times m}$，如表 7.7 所示。

$$\text{WIT2FDMSM}_\omega \left(\tilde{r}_{ij}^{(1)}, \tilde{r}_{ij}^{(2)}, \cdots, \tilde{r}_{ij}^{(N)} \right) = \tilde{r}_{ij} \tag{7.40}$$

其中，$\tilde{r}_{ij} = \left[\left(a_{ij(1)}^{L}, a_{ij(2)}^{L}, a_{ij(3)}^{L}, a_{ij(4)}^{L}; h_{ij}^{L} \right) \left(a_{ij(1)}^{U}, a_{ij(2)}^{U}, a_{ij(3)}^{U}, a_{ij(4)}^{U}; h_{ij}^{U} \right) \right]$。

表 7.7　产品–属性评分矩阵

产品	属性 c_1	属性 c_2	$\cdots$	属性 c_m
产品 p_1	$\tilde{r}_{11}^{(k)}$	$\tilde{r}_{12}^{(k)}$	$\cdots$	$\tilde{r}_{1m}^{(k)}$
产品 p_2	$\tilde{r}_{21}^{(k)}$	$\tilde{r}_{22}^{(k)}$	$\cdots$	$\tilde{r}_{2m}^{(k)}$
$\vdots$	$\vdots$	$\vdots$		$\vdots$
产品 p_q	$\tilde{r}_{q1}^{(k)}$	$\tilde{r}_{q2}^{(k)}$	$\cdots$	$\tilde{r}_{qm}^{(k)}$

步骤 8：运用 MULTIMOORA 方法对所有产品进行排序。

首先归一化群评分矩阵：

$$
\begin{aligned}
\tilde{x}_{ij} &= \left[\left(\frac{a_{ij(1)}^{L}}{d_j}, \frac{a_{ij(2)}^{L}}{d_j}, \frac{a_{ij(3)}^{L}}{d_j}, \frac{a_{ij(4)}^{L}}{d_j}; h_{ij}^{L} \right), \left(\frac{a_{ij(1)}^{U}}{d_j}, \frac{a_{ij(2)}^{U}}{d_j}, \frac{a_{ij(3)}^{U}}{d_j}, \frac{a_{ij(4)}^{U}}{d_j}; h_{ij}^{U} \right) \right] \\
&= \left[\left(x_{ij(1)}^{L}, x_{ij(2)}^{L}, x_{ij(3)}^{L}, x_{ij(4)}^{L}; h_{ij}^{L} \right), \left(x_{ij(1)}^{U}, x_{ij(2)}^{U}, x_{ij(3)}^{U}, x_{ij(4)}^{U}; h_{ij}^{U} \right) \right]
\end{aligned}
\tag{7.41}
$$

其中，$d_j = \sqrt{\sum_{i=1}^{m} \sum_{p=1}^{4} \left(\left(a_{ij(p)}^{L} \right)^2 + \left(a_{ij(p)}^{U} \right)^2 \right)}$。

下面分别计算三种方法。

（1）比率系统：

$$
\mathrm{RS}_i^* = \sum_{j=1}^{g} c\left(\tilde{w}_j \right) \tilde{x}_{ij}^* - \sum_{j=g+1}^{n} c\left(\tilde{w}_j \right) \tilde{x}_{ij}^*
\tag{7.42}
$$

（2）参考点法：

$$
d_j = \max_j d\left(\tilde{x}_j^*, \tilde{x}_{ij} \right)
\tag{7.43}
$$

其中，$\tilde{x}_j^*$ 表示参考点（所有方案在属性 j 下的参考点）。

（3）全乘模型：

$$
\tilde{U}_i = \frac{\tilde{A}_i}{\tilde{B}_i}
\tag{7.44}
$$

其中，$\tilde{A}_i = \prod_{j=1}^{g} \tilde{x}_{ij}$，$\tilde{B}_i = \prod_{j=g+1}^{n} \tilde{x}_{ij}$。

给出所有产品在这三种方法下的排序。

步骤 9：运用 Bernardo 方法[312]对三种排序结果进行集结，得到最终的排序结果。

建立如下 Bernardo 优化模型:

$$\max \sum_{s} \left\{ \max \frac{1}{sn} \sum_{i=1}^{3} \sum_{l=1}^{m} r_{il} p_{il} \right\}$$

$$\text{s.t.} \begin{cases} \sum_{i=1}^{3} p_{il} = 1, & l = 1, 2, \cdots, m \\ \sum_{l=1}^{m} p_{il} = 1, & i = 1, 2, 3 \\ \sum_{l=1}^{m} p_{il} - \sum_{k=1}^{m-1} p_{i(k+1)} \geqslant 0, & k = 1, 2, \cdots, m-1 \\ \sum_{i=1}^{3} d_{ig} \sum_{k=1}^{m-1} p_{ik} \leqslant v_g, & g = 1, 2, \cdots, q \\ p_{il} = 0 或 1 \end{cases} \tag{7.45}$$

其中, S 表示线性分配集合中方案出现的总次数; p_{il} 表示方案对应的 0、1 取值; d_{ig} 表示方案 A_i 的第 i 个约束因素的值; r_{il} 表示备选方案在第 i 种排序方法中排在第 l 位的次数。

步骤 10: 针对目标用户 u_* 给出用户未评分产品的预测值。

$$\hat{r}_i^*(\text{CF}) = \bar{r} + \frac{\sum \gamma_k \text{Sim}(u_i, u_k)(r_{kj} - \bar{r}_k)}{\sum \gamma_k \text{Sim}(u_i, u_k)} \tag{7.46}$$

$$\hat{r}_i^*(\text{CB}) = \frac{\sum \gamma_k \text{Sim}(u_i, u_k) r_{kj}}{\sum \gamma_k \text{Sim}(u_i, u_k)} \tag{7.47}$$

其中, γ_k 表示在第 k 个产品的 Bernardo 排序结果。

步骤 11: 对基于用户的协同过滤算法和基于内容的预测值进行线性组合,利用最优信息粒优化方法得到最优的组合系数 $\beta(0 \leqslant \beta \leqslant 1)$,然后代入式 (7.48) 计算组合预测值。

$$\hat{r}_i^*(\text{CF}) = \beta \hat{r}_i^*(\text{CF}) + (1 - \beta) \hat{r}_i^*(\text{CB}) \tag{7.48}$$

步骤 12: 计算所有未评分产品的排序值,根据排序值的大小对目标用户给出推荐结果。

需要指出的是,上面所提出的个性化推荐算法相较于现有的个性化模糊推荐算法来说,其个性化特征主要体现在以下两个方面: ①现有的个性化模糊推荐往往采用 OWA 算子作为工具,利用 OWA 算子的 orness 测度对用户的个性化信息进行挖掘,但该方法需要事先确定 orness 测度水平 α,不同的 α 将产生不同的个性化推荐结果。目前对个性化模糊推荐中 α 应该如何取值的问题还未进行深入的研究，大部分的研究都是人为预先设定 α 的取值，具有很强的主观性，因此限制了其在实际中的应用。本节给出的基于最优信息粒优化的模型，其最优信息粒水平 ε 完全基于数据和用户的信息，通过优化学习的方法来设定个性化参数值，即根据用户的历史信息来提取用户的个性化偏好特征，是一个基于数据驱动的动态自适应学习的过程，因此相对于现有的方法，本节所提出的方法能够产生更加柔性和精准的个性化推荐结果。②目前，在个性化推荐系统中，基于社会网络和信任关系的推荐也是研究的一个热点。显然，社会网络中的信任关系会对个性化推荐的结果产生很大影响。目前，大部分基于社会网络信任关系的推荐模型，都采用图论的方法或群决策中的一致性(共识性)作为个性化特征度量的工具来进行研究。运用图论的方法只能简单地建立社会网络中用户之间的连接(影响)关系，但用户之间影响程度的大小如何度量，以及用户之间存在多重交互影响关系时如何建模，都是目前研究中的难点问题。本节中，我们利用所提出的加权区间二型模糊 Maclaurin 对称平均算子就能够较好地处理用户之间具有多重关联性的问题，通过用户自身的历史信息和邻近用户的信息，根据不同用户与目标用户之间的影响关系来选取不同的参数对用户的个性化信息进行融合。同时，如果单一地采用群决策中的一致性来研究，只能从单一方面来反映网络中用户的一致性，无法反映其他邻近用户对目标用户的影响力传播规律。本节充分考虑到了这个问题，通过建立最优信息粒分布的模型，研究不同信息粒水平下的影响力传播效应(对应的分布向量)，通过建立基于覆盖率和特异性的协同优化模型来优化 AUC 指标，以此得到社会网络结构对个性化推荐的影响。同时，本节中所提的算子具有参数单调性，可以根据邻近用户影响力的高低和目标用户的个性化偏好的匹配程度来选取合适的参数值，以此来对复杂、动态、信息不完全环境下的个性化推荐问题进行更深入的研究。

图 7.4 以流程图的方式来展示算法的框架。

7.4　本　章　小　结

稀疏性问题一直是制约推荐系统研究的关键性问题。现有研究中往往都需要运用较为复杂的数学工具才能进行求解(如矩阵分解、变分优化等)，因此在很大程度上限制了其在实际中的应用。本章从一个全新的视角：用粒计算对推荐系统的稀疏性进行研究，结合最优信息粒分布模型，给出了一种新的稀疏推荐矩阵填充方法，该方法简单易行，具有较高的准确性和较好的柔性与鲁棒性。在此基础上，基于两种较新的多属性决策方法——BWM 和 MULTIMOORA 方法，提出了基于 BWM 和 MULTIMOORA 的区间二型模糊推荐算法。本章丰富了模糊推荐系

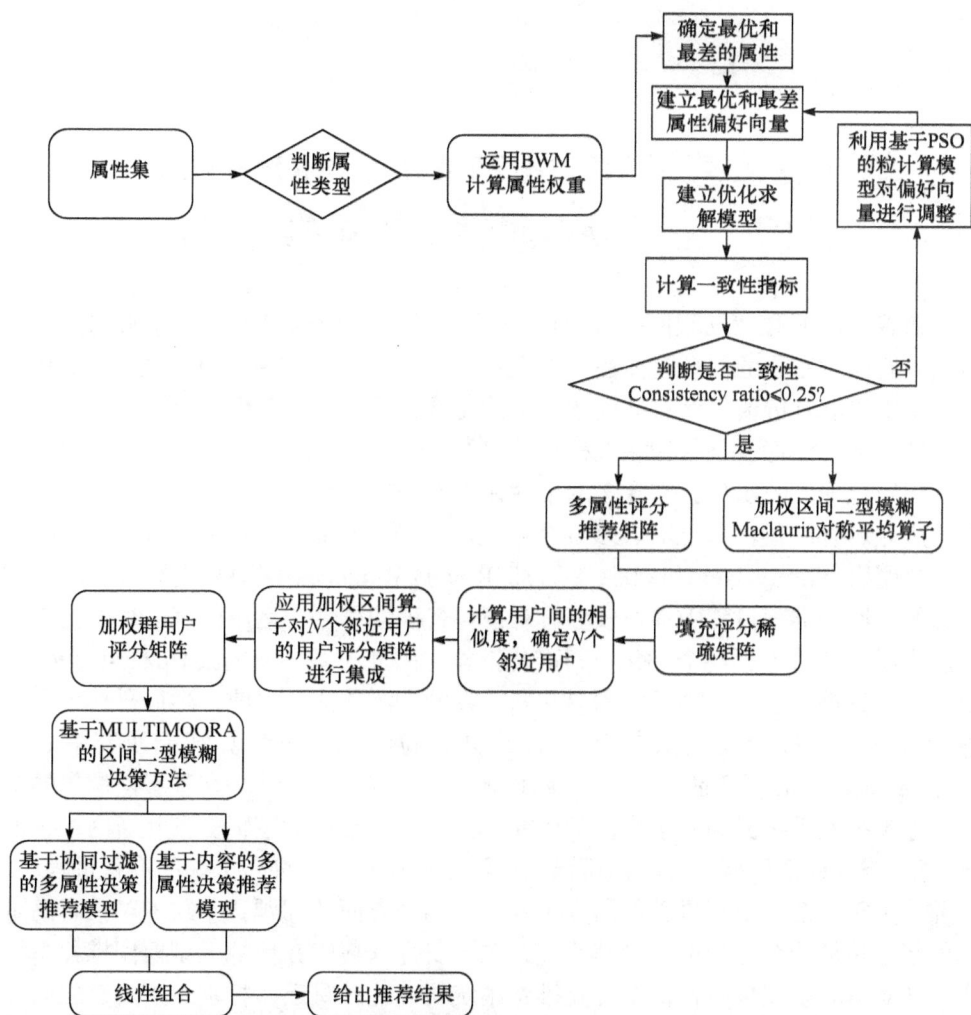

图 7.4　本节所提出的 BWM 和 MULTIMOORA 模糊算法框架

统的理论研究，同时也在一定程度上为多属性个性化推荐系统的研究提供了一个新的方向和视角。

第 8 章 基于 BWM 和 MULTIMOORA 的区间二型模糊多属性个性化推荐应用

随着大数据和"互联网+"时代的来临，人们获取信息的方式越来越便捷。但当人们面对海量的信息时往往显得"束手无策"。为了解决信息过载，以及从海量信息中提取有价值的信息的问题，个性化推荐系统应运而生。个性化推荐之所以区别于传统推荐，是因为它能根据用户的个性和偏好进行有针对性的推荐，避免了同质化现象的出现。在众多的个性化推荐中，个性化电影推荐系统一直是研究的热点。目前，国内外已有较多的个性化电影推荐产品，如网飞(Netflix)、Jinni、萤火虫网络(Firefly Networks)、烂番茄(Rotten Tomatoes)、豆瓣电影等。由于在电影的个性化推荐过程中涉及较多具有模糊特征的属性，运用传统的个性化推荐算法难以实现对电影的个性化、精准化推荐。因此，基于模糊集(fuzzy-based)的个性化电影推荐系统得到了学术界和商业界的广泛关注。目前，悉尼科技大学软件学院 Lu 教授及其团队[313,314]、西班牙格拉纳达大学计算智能研究中心的 Herrera-Viedma 教授团队[315]，以及西班牙哈恩大学 Yera 等[316]在基于模糊集的个性化电影推荐系统方面做了大量的研究。例如，基于模糊逻辑、贝叶斯网络、模糊决策树、模糊泛函网络等方法都已被广泛地应用在了个性化电影的推荐过程中。目前，关于个性化电影推荐的研究主要存在四个方面的问题：①缺少对具有高阶不确定性特征的个性化电影推荐研究，主要研究只集中在传统一型模糊推荐系统中。②对具有多属性特性的个性化推荐系统研究比较匮乏，特别是当属性之间存在关联性时，缺乏有效的方法进行精准的推荐。③对观影用户的个性化偏好挖掘缺乏有效的方法和手段。④对个性化推荐系统的瓶颈问题，如稀疏性、冷启动和可扩展性问题没有比较好的解决方法。特别是对电影评分矩阵的稀疏性研究一直停留在运用奇异值分解和求解半定规划的层面，这两种方法在数学的建模和求解上都具有相当的困难，因此限制了其在现实个性化电影推荐中的应用。

本章我们将用一个个性化电影推荐的实例来验证所提算法的有效性。由于现有的个性化推荐系统的数据集只是针对商品本身的一个总体评分，并没有将商品细分为多个属性进行分项评分。因此，本章中采用作者在加拿大阿尔伯塔大学(University of Alberta)留学时所做的一个在线实验来搜集多属性数据集，运用 7.3节中提出的模型对实际电子商务个性化推荐问题进行建模和求解，证明本章中所提出的基于 BWM 和 MULTIMOORA 的区间二型模糊多属性个性化推荐模型的正确性、有效性和实用性。

8.1 数 据 集

在本书中，我们运用所提出的方法来研究电影的个性化推荐。其主要原因在于电影本身具有多属性的特征，对这些属性的评价往往具有较强主观性和模糊性。同时用户通常会根据自身的偏好来选择电影，并且容易受到具有社会关系结构的成员的影响，因此存在着较多的潜在用户。目前，最为经典的测试电影个性化推荐的数据是明尼苏达大学提供的 MovieLens 测试数据集（https://grouplens.org/datasets/movielens/）。但需要指出的是该数据集并不能直接用于多属性的电影个性化推荐系统。同时，目前也没有公认的对多属性评估推荐系统的数据集进行测试的方法。鉴于此，作者在加拿大阿尔伯塔大学公派留学期间，在阿尔伯塔省埃德蒙顿市最大的在线交流华人论坛网站——埃德蒙顿中文网（http://www.edmontonchina.ca/index.html）做了一个在线实验。我们从 2015 年北美票房最高的电影中选取了 10 部电影进行实验，涉及动作、冒险、喜剧、爱情、科幻等题材。具体信息如表 8.1 所示。

表 8.1 所选的 10 部电影的统计信息

电影名称	类型	发行公司	北美票房/亿美元
侏罗纪世界（A_1）	动作	环球影业	6.519
复仇者联盟 2：奥创纪元（A_2）	科幻	华特·迪士尼电影公司	4.590
速度与激情 7（A_3）	犯罪	环球影业	3.526
头脑特工队（A_4）	动画	华特·迪士尼电影公司，皮克斯动画工作室	3.557
灰姑娘（A_5）	爱情	华特·迪士尼电影公司	2.012
碟中谍 5（A_6）	动作	派拉蒙影业公司	1.950
火星救援（A_7）	科幻	二十世纪福斯电影公司	1.878
完美音调 2（A_8）	喜剧	环球影业	1.838
海绵宝宝（A_9）	动画	派拉蒙影业公司	1.630
末日崩塌（A_{10}）	冒险	华纳兄弟影业公司	1.552

分别从价格（C_1）、导演执导（C_2）、演员表演（C_3）、视觉效果（C_4）和故事情节（C_5）这 5 个属性对每部电影进行评分。每个属性的评分采用二型模糊语言标度来表示。例如，某用户对电影《速度与激情 7》进行评分，认为该电影在价格上是

low(L)，导演执导和视觉效果是 medium(M)，演员表演上的得分是 high(H)，故事情节上的得分是 medium high(MH)，其对应信息如表 8.2 所示。

表 8.2 按照 5 个属性对电影进行评分

评价属性	VL	L	ML	M	MH	H	VH
价格(C_1)		√					
导演执导(C_2)				√			
演员表演(C_3)						√	
视觉效果(C_4)				√			
故事情节(C_5)					√		

注：VL 表示非常低，ML 表示中低，L 表示低，M 表示中，VH 表示非常高，MH 表示中高，H 表示高

在调查实验期间(2015 年 8 月 15 日至 2015 年 9 月 1 日)向受访者发出 80 封邀请函，其中 35 名用户参与了在线实验，响应率为 43.75%。排除了 5 名无效问卷(其中 2 名用户对所有电影的评分均为相同，另外 3 名用户评分的电影少于 6 部，因此不具有统计调查方面的意义)。进一步，我们对受访者的情况进行分析。图 8.1 表示受访者的地理位置。

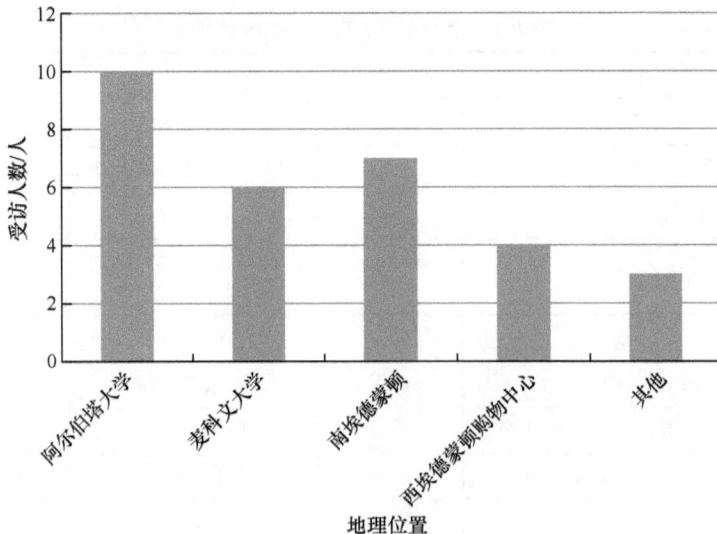

图 8.1 参加在线实验受访者的统计信息

从图 8.1 中，我们可以看出，30 名参与实验的受访者中，来自阿尔伯塔大学的有 10 名，来自麦科文大学的有 6 名，这两所大学中的受访者占到了受访者总数的 53.3%。这也反映出学生是互联网和社交网络的主要用户，同时也是观看电影的最主要的用户群体。同时，这两所大学的电视传媒学院作为加拿大非常著名的

影视学院，吸引了来自世界各地对电影感兴趣的学子，使得电影产业成为埃德蒙顿的重要支柱产业之一。此外，南埃德蒙顿和西埃德蒙顿购物中心拥有埃德蒙顿最大的两家影城，附近的居民拥有更为便利的观影机会。因此，本次实验的受访者有 90%来自以上四个地方。

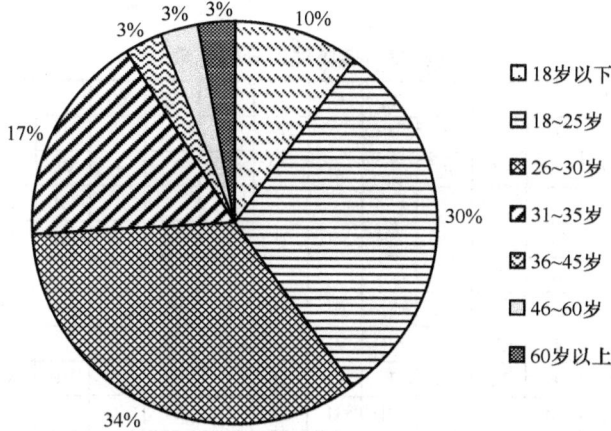

图 8.2　参加在线实验受访者的年龄分布信息

根据图 8.2 可以看出低于 18 岁的实验受访者占到总数的 10%，18～25 岁的受访者占到总数的 30%，26～30 岁的受访者占到总数的 34%，可以进一步看出 35 岁以下的受访者占到总数的 91%，说明青少年与青年群体仍然是观看电影和参与各种互联网活动的主要群体。

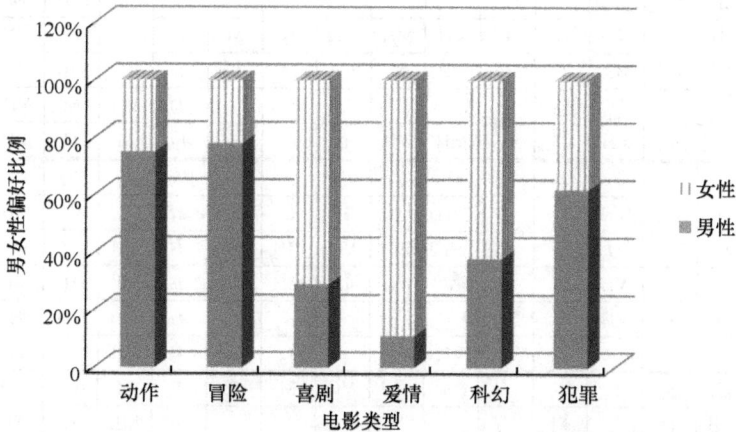

图 8.3　参加在线实验受访者观影的偏好信息

图 8.3 显示了不同受访者的观影偏好，可以明显地看出，男性和女性在观影

时存在着明显的不同。男性受访者对动作、冒险、犯罪等题材比较偏好，而女性对这些题材的电影却不太感兴趣。对女性受访者而言，爱情和喜剧题材的电影更受她们的关注。值得注意的是，科幻类的电影同时都受到男女两性的青睐。最终得到了一个包括 30 名用户 $(U_1 \sim U_{30})$ 和 10 部电影 $(A_1 \sim A_{10})$ 的多属性评分数据集，评分数据集如表 8.3 所示。

表 8.3　多属性评分数据集

U_1	C_1	C_2	C_3	C_4	C_5	U_2	C_1	C_2	C_3	C_4	C_5	U_3	C_1	C_2	C_3	C_4	C_5
A_1	VH	MH	M	L	VL	A_1						A_1	L	VL	MH	H	M
A_2	MH	H	M	VH	VL	A_2	VL	H	VH	MH	L	A_2	VH	M	VH	M	L
A_3						A_3						A_3	ML	H	M	M	VL
A_4	MH	VH	L	VL	H	A_4	VH	MH	H	L	M	A_4	ML	M	M	H	VL
A_5	M	MH	VL	M	VL	A_5						A_5	VH	M	VL	L	H
A_6						A_6	M	MH	VL	M	VL	A_6	M	MH	H	M	VL
A_7	MH	VH	VL	L	ML	A_7	MH	VH	L	VL	H	A_7					
A_8	VH	MH	H	L	M	A_8	L	VL	M	H	M	A_8	VH	M	VH	M	L
A_9	H	MH	VH	M	ML	A_9	MH	H	M	VH	VL	A_9					
A_{10}	VL	H	VH	MH	L	A_{10}						A_{10}	M	VH	MH	L	VL

U_4	C_1	C_2	C_3	C_4	C_5	U_5	C_1	C_2	C_3	C_4	C_5	U_6	C_1	C_2	C_3	C_4	C_5
A_1	VH	M	M	VL	L	A_1						A_1	VH	M	VH	M	L
A_2	VL	L	VH	MH	L	A_2	VL	H	VH	MH	L	A_2	H	MH	M	H	VL
A_3	MH	VH	L	VL	H	A_3	MH	VH	L	VL	H	A_3					
A_4	VH	MH	H	L	M	A_4	VH	M	MH	L	ML	A_4	L	VL	MH	H	M
A_5	M	M	MH	H	L	A_5	MH	H	M	VL	L	A_5	VH	M	M	H	L
A_6	M	MH	VL	M	VL	A_6						A_6	ML	H	M	M	VL
A_7	MH	VH	L	VL	L	A_7	VH	MH	H	L	M	A_7	L	VL	MH	H	M
A_8	VL	H	VH	MH	L	A_8	M	M	VH	M	L	A_8	M	MH	VL	M	VL
A_9						A_9						A_9	VH	M	M	H	L
A_{10}	MH	H	M	VH	VL	A_{10}	MH	VH	L	VL	H	A_{10}	M	VH	MH	L	L

U_7	C_1	C_2	C_3	C_4	C_5	U_8	C_1	C_2	C_3	C_4	C_5	U_9	C_1	C_2	C_3	C_4	C_5
A_1	VL	H	VH	MH	L	A_1	VH	MH	H	L	M	A_1	L	VL	MH	H	M
A_2	VH	M	VH	M	L	A_2	VL	H	VH	MH	L	A_2	VH	M	VH	M	L
A_3	MH	H	L	VL	H	A_3	M	M	H	VL	M	A_3	ML	H	M	M	VL
A_4	MH	M	M	VH	VL	A_4						A_4	MH	VH	H	M	L
A_5						A_5	VH	MH	M	H	L	A_5	M	M	VL	L	H
A_6	M	VH	M	L	VL	A_6	M	MH	VL	M	VL	A_6	M	H	M	H	VL
A_7	VH	MH	H	L	M	A_7						A_7	ML	VH	M	M	VL
A_8	H	MH	M	VL	ML	A_8	MH	VH	H	M	L	A_8	VH	M	M	M	L
A_9	MH	VH	L	VL	H	A_9	MH	M	VH	VL	L	A_9					
A_{10}	H	ML	M	H	VL	A_{10}	VL	L	VH	H	MH	A_{10}	M	VH	MH	L	VL

续表

U_{10}	C_1	C_2	C_3	C_4	C_5	U_{11}	C_1	C_2	C_3	C_4	C_5	U_{12}	C_1	C_2	C_3	C_4	C_5
A_1	VL	H	VH	MH	L	A_1	MH	H	VH	L	ML	A_1					
A_2						A_2						A_2	VH	M	VH	M	L
A_3	MH	VH	L	VL	H	A_3	VL	H	VH	MH	L	A_3					
A_4	ML	H	M	H	VL	A_4	VH	MH	H	L	M	A_4	ML	H	M	H	VL
A_5	MH	H	M	VH	VL	A_5	M	H	VH	H	M	A_5					
A_6	M	H	VH	H	M	A_6	M	MH	VL	M	VL	A_6	M	M	MH	H	L
A_7	VH	MH	H	L	M	A_7	MH	VH	L	VL	H	A_7	ML	H	M	H	VL
A_8	M	MH	VL	L	H	A_8	VH	MH	L	VL	ML	A_8	L	VL	MH	H	M
A_9	MH	VH	L	VL	M	A_9	MH	H	M	VH	VL	A_9	VH	M	VH	H	L
A_{10}	VH	H	MH	L	ML	A_{10}	H	ML	H	MH	M	A_{10}					

U_{13}	C_1	C_2	C_3	C_4	C_5	U_{14}	C_1	C_2	C_3	C_4	C_5	U_{15}	C_1	C_2	C_3	C_4	C_5
A_1	VH	MH	M	L	VL	A_1	VH	MH	M	L	VL	A_1					
A_2	MH	H	M	VH	VL	A_2	MH	H	M	VH	VL	A_2	M	H	VH	H	M
A_3	MH	VH	L	VL	H	A_3	H	MH	VH	M	ML	A_3	VH	M	MH	H	VL
A_4						A_4	MH	VH	L	VL	H	A_4	H	M	ML	L	VL
A_5	M	MH	VL	M	VL	A_5	M	MH	VL	M	VL	A_5	VH	M	M	H	VL
A_6	VH	MH	H	L	M	A_6	H	MH	VH	VL	ML	A_6					
A_7	MH	VH	VL	L	ML	A_7	MH	VH	VL	L	ML	A_7	M	M	VH	H	M
A_8						A_8	VH	MH	H	L	M	A_8	H	M	ML	L	VL
A_9	H	MH	VH	M	ML	A_9						A_9					
A_{10}	VL	H	VH	MH	L	A_{10}	VL	H	VH	MH	L	A_{10}	VH	M	MH	H	VL

U_{16}	C_1	C_2	C_3	C_4	C_5	U_{17}	C_1	C_2	C_3	C_4	C_5	U_{18}	C_1	C_2	C_3	C_4	C_5
A_1	VH	MH	M	L	VL	A_1	M	L	H	VH	L	A_1					
A_2	MH	H	M	VH	VL	A_2	MH	H	M	VH	VL	A_2	VH	M	VH	H	M
A_3						A_3	VH	M	MH	H	VL	A_3	H	M	ML	L	VL
A_4	MH	VH	L	VL	H	A_4	VH	MH	H	L	M	A_4					
A_5	M	MH	VL	M	VL	A_5						A_5	VH	M	MH	H	VL
A_6	L	ML	M	H	VH	A_6	M	MH	VL	M	VL	A_6	VH	M	VH	H	M
A_7	MH	VH	VL	L	ML	A_7	MH	VH	L	VL	H	A_7					
A_8	VH	MH	H	L	M	A_8	H	M	ML	L	VL	A_8	H	M	ML	L	VL
A_9	H	MH	VH	M	ML	A_9	MH	H	M	VH	VL	A_9	VH	M	MH	H	VL
A_{10}	VL	H	VH	MH	L	A_{10}	H	MH	L	ML	VL	A_{10}	VH	M	MH	H	VL

U_{19}	C_1	C_2	C_3	C_4	C_5	U_{20}	C_1	C_2	C_3	C_4	C_5	U_{21}	C_1	C_2	C_3	C_4	C_5
A_1	VH	MH	M	L	VL	A_1	VL	H	VH	MH	L	A_1	VH	M	MH	H	VL
A_2	MH	H	M	VH	VL	A_2						A_2	M	H	VH	H	M
A_3	M	VH	ML	L	VL	A_3	VH	M	MH	H	VL	A_3					
A_4	MH	VH	L	VL	H	A_4	VH	MH	H	L	M	A_4	H	M	ML	L	VL
A_5	M	MH	VL	M	VL	A_5	VH	M	MH	H	VL	A_5	VH	M	MH	H	VL
A_6	H	MH	VH	M	ML	A_6	M	MH	VL	M	VL	A_6					
A_7	MH	VH	VL	L	ML	A_7	MH	VH	L	VL	H	A_7	M	H	VH	H	M
A_8	VH	MH	H	L	M	A_8	M	VH	H	ML	L	A_8	H	M	ML	L	VL
A_9						A_9	MH	H	M	VH	VL	A_9	MH	VH	L	M	M
A_{10}	VL	H	VH	MH	L	A_{10}	M	MH	VL	M	VL	A_{10}	VH	M	MH	H	VL

U_{22}	C_1	C_2	C_3	C_4	C_5	U_{23}	C_1	C_2	C_3	C_4	C_5	U_{24}	C_1	C_2	C_3	C_4	C_5
A_1	VH	MH	M	L	VL	A_1	VH	M	MH	H	VL	A_1	VH	M	MH	H	VL
A_2	MH	H	M	VH	VL	A_2	VL	H	VH	MH	L	A_2	M	H	VH	H	M
A_3						A_3	M	H	VH	H	M	A_3	H	VH	L	M	M
A_4	MH	VH	L	VL	H	A_4	VH	MH	H	L	M	A_4	H	M	ML	L	VL
A_5						A_5	MH	VH	L	VL	H	A_5	VH	M	MH	H	VL
A_6	M	MH	VL	M	VL	A_6	M	MH	VL	M	VL	A_6	M	H	VH	H	M
A_7	MH	VH	VL	L	ML	A_7						A_7	H	M	ML	L	VL
A_8	VH	MH	H	L	M	A_8	MH	VH	L	VL	H	A_8	H	M	ML	L	VL
A_9	H	MH	VH	M	ML	A_9						A_9					
A_{10}						A_{10}	MH	H	M	VH	VL	A_{10}	VH	M	MH	H	VL

U_{25}	C_1	C_2	C_3	C_4	C_5	U_{26}	C_1	C_2	C_3	C_4	C_5	U_{27}	C_1	C_2	C_3	C_4	C_5
A_1	VH	MH	M	L	VL	A_1	M	MH	VL	M	VL	A_1	VH	M	MH	H	VL
A_2	MH	H	M	VH	VL	A_2	VL	H	VH	MH	L	A_2	M	H	VH	H	M
A_3	H	MH	VH	M	ML	A_3						A_3	VH	M	MH	H	VL
A_4	MH	VH	L	VL	H	A_4	VH	MH	H	L	M	A_4	H	M	ML	L	VL
A_5	M	MH	VL	M	VL	A_5	VL	H	VH	MH	L	A_5					
A_6						A_6	M	MH	VL	M	VL	A_6	M	H	VH	H	M
A_7	MH	VH	VL	L	ML	A_7	MH	VH	L	VL	H	A_7	MH	VH	VL	L	ML
A_8	VH	MH	H	L	M	A_8	VH	M	MH	H	VL	A_8	H	M	ML	L	VL
A_9						A_9	MH	H	M	VH	VL	A_9	ML	L	M	H	L
A_{10}	VL	H	VH	MH	L	A_{10}	VH	MH	H	L	M	A_{10}	VH	M	MH	H	VL

续表

U_{28}	C_1	C_2	C_3	C_4	C_5	U_{29}	C_1	C_2	C_3	C_4	C_5	U_{30}	C_1	C_2	C_3	C_4	C_5
A_1	VH	MH	M	L	VL	A_1	H	MH	VH	M	ML	A_1	VH	M	MH	H	VL
A_2	MH	H	M	VH	VL	A_2	VL	H	VH	MH	L	A_2					
A_3	MH	VH	L	VL	H	A_3	H	M	ML	L	VL	A_3	M	H	VH	H	M
A_4						A_4	VH	MH	H	L	M	A_4	H	M	ML	L	VL
A_5	M	MH	VL	M	VL	A_5	M	MH	VL	M	VL	A_5	VH	M	MH	H	VL
A_6	MH	VH	VL	L	ML	A_6	M	MH	VL	M	VL	A_6	M	H	VH	H	M
A_7						A_7	MH	VH	L	VL	L	A_7	H	M	ML	L	VL
A_8	VH	MH	H	L	M	A_8	MH	H	M	VH	VL	A_8					
A_9	H	MH	VH	M	ML	A_9						A_9	MH	VL	M	L	H
A_{10}	VL	H	VH	MH	L	A_{10}	VH	MH	H	L	M	A_{10}	VH	M	MH	H	VL

8.2　评价属性及其权重确定

30 名用户对 5 个属性的重要性进行评分, 评分数值采用区间二型模糊数来表示, 评分结果如表 8.4 所示。

表 8.4　属性重要性评分矩阵

用户	C_1	C_2	C_3	C_4	C_5
U_1	VL	ML	H	M	VH
U_2	L	L	MH	MH	H
U_3	ML	MH	M	MH	MH
U_4	M	H	MH	ML	H
U_5	L	ML	H	L	MH
U_6	ML	L	H	VL	VH
U_7	M	VL	VH	M	VH
U_8	VL	L	H	MH	MH
U_9	VL	M	H	H	VH
U_{10}	ML	MH	VH	M	H
U_{11}	L	L	M	ML	MH
U_{12}	MH	ML	ML	L	M
U_{13}	H	M	MH	MH	H
U_{14}	ML	H	VH	H	VH
U_{15}	L	VH	M	VL	VH

用户	C_1	C_2	C_3	C_4	C_5
U_{16}	VL	ML	M	L	MH
U_{17}	VL	L	MH	ML	H
U_{18}	ML	VL	VH	M	VH
U_{19}	M	M	VH	MH	H
U_{20}	ML	MH	L	M	ML
U_{21}	L	L	M	ML	MH
U_{22}	VL	VL	MH	H	H
U_{23}	VL	ML	H	VH	VH
U_{24}	L	ML	VH	L	H
U_{25}	L	VL	H	L	VH
U_{26}	ML	M	MH	M	H
U_{27}	L	L	H	MH	VH
U_{28}	VL	VL	H	H	MH
U_{29}	L	L	MH	ML	H
U_{30}	M	MH	VH	VL	VH

基于表 8.4 中的属性重要性信息，根据第 7 章中给出的基于信息粒优化的 BWM 属性权重求解方法，计算 5 个属性的权重，具体计算步骤如下。

步骤 1：确定最好和最差的属性。计算出属性 $C_1 \sim C_5$ 的平均重要度。

$$w(C_1) = \left[(0.103, 0.220, 0.292, 0.390; 1.000), (0.161, 0.218, 0.255, 0.305; 0.900)\right]$$

$$w(C_2) = \left[(0.203, 0.340, 0.416, 0.510; 1.000), (0.271, 0.337, 0.376, 0.425; 0.900)\right]$$

$$w(C_3) = \left[(0.590, 0.763, 0.825, 0.886; 1.000), (0.676, 0.748, 0.787, 0.825; 0.900)\right]$$

$$w(C_4) = \left[(0.300, 0.460, 0.540, 0.630; 1.000), (0.380, 0.453, 0.496, 0.545; 0.900)\right]$$

$$w(C_5) = \left[(0.693, 0.856, 0.903, 0.950; 1.000), (0.775, 0.840, 0.872, 0.903; 0.900)\right]$$

$$(8.1)$$

运用 KM 算法计算出 5 个属性的质心区间：

$$C(w(C_1)) = [0.234, 0.298], C(w(C_2)) = [0.352, 0.367]$$

$$C(w(C_3)) = [0.759, 0.766], C(w(C_4)) = [0.468, 0.482]$$

$$C(w(C_5)) = [0.847, 0.851] \tag{8.2}$$

根据区间数大小的比较方法，容易得到 $C_5 \succ C_3 \succ C_4 \succ C_2 \succ C_1$。因此，最好的属性为 C_5，最差的属性为 C_1。

根据上述分析，建立如下所示的最优和最差偏差向量

$$A_B = \left\{ \tilde{\mathbf{7}}(\mathrm{VH}), \tilde{\mathbf{5}}(\mathrm{MH}), \tilde{\mathbf{2}}(\mathrm{VL}), \tilde{\mathbf{4}}(\mathrm{M}), \tilde{\mathbf{1}}(\mathrm{L}) \right\}$$

$$A_W = \left\{ \tilde{\mathbf{1}}(L), \tilde{\mathbf{3}}(ML), \tilde{\mathbf{6}}(H), \tilde{\mathbf{4}}(M), \tilde{\mathbf{7}}(VH) \right\} \tag{8.3}$$

步骤 2：建立属性权重求解模型。根据式 (7.29) 和式 (7.30)，建立如下的优化求解模型。

$$\min \xi_l^*$$

$$\text{s.t.} \begin{cases} \left| \dfrac{c_l(\tilde{w}_5)}{c_l(\tilde{w}_1)} - 7 \right| \leqslant \xi_l^*, \left| \dfrac{c_l(\tilde{w}_5)}{c_l(\tilde{w}_2)} - 5 \right| \leqslant \xi_l^* \\[3mm] \left| \dfrac{c_l(\tilde{w}_5)}{c_l(\tilde{w}_3)} - 2 \right| \leqslant \xi_l^*, \left| \dfrac{c_l(\tilde{w}_5)}{c_l(\tilde{w}_4)} - 4 \right| \leqslant \xi_l^* \\[3mm] \left| \dfrac{c_l(\tilde{w}_2)}{c_l(\tilde{w}_1)} - 3 \right| \leqslant \xi_l^*, \left| \dfrac{c_l(\tilde{w}_3)}{c_l(\tilde{w}_1)} - 6 \right| \leqslant \xi_l^* \\[3mm] \left| \dfrac{c_l(\tilde{w}_4)}{c_l(\tilde{w}_1)} - 4 \right| \leqslant \xi_l^*, \left| \dfrac{c_l(\tilde{w}_5)}{c_l(\tilde{w}_1)} - 7 \right| \leqslant \xi_l^* \\[3mm] \displaystyle\sum_{j=1}^{n} c_l(\tilde{w}_j) \leqslant 1 \\[3mm] c_l(\tilde{w}_j) \geqslant 0 \end{cases} \tag{8.4}$$

和

$$\min \xi_r^*$$

$$\text{s.t.} \begin{cases} \left| \dfrac{c_r(\tilde{w}_5)}{c_r(\tilde{w}_1)} - 7 \right| \leqslant \xi_r^*, \left| \dfrac{c_r(\tilde{w}_5)}{c_r(\tilde{w}_2)} - 5 \right| \leqslant \xi_r^* \\[3mm] \left| \dfrac{c_r(\tilde{w}_5)}{c_r(\tilde{w}_3)} - 2 \right| \leqslant \xi_r^*, \left| \dfrac{c_r(\tilde{w}_5)}{c_r(\tilde{w}_4)} - 4 \right| \leqslant \xi_r^* \\[3mm] \left| \dfrac{c_r(\tilde{w}_2)}{c_r(\tilde{w}_1)} - 3 \right| \leqslant \xi_r^*, \left| \dfrac{c_r(\tilde{w}_3)}{c_r(\tilde{w}_1)} - 6 \right| \leqslant \xi_r^* \\[3mm] \left| \dfrac{c_r(\tilde{w}_4)}{c_r(\tilde{w}_1)} - 4 \right| \leqslant \xi_r^*, \left| \dfrac{c_r(\tilde{w}_5)}{c_r(\tilde{w}_1)} - 7 \right| \leqslant \xi_r^* \\[3mm] \displaystyle\sum_{j=1}^{n} c_l(\tilde{w}_j) \geqslant 1 \\[3mm] c_r(\tilde{w}_j) \geqslant 0 \end{cases} \tag{8.5}$$

利用 Lingo 软件求解模型 (8.4) 和模型 (8.5) 得到

$$w_1^* = [0.051, 0.054], \ w_2^* = [0.1671, 0.182], \ w_3^* = [0.303, 0.319]$$
$$w_4^* = [0.144, 0.125], \ w_5^* = [0.357, 0.372]$$

和 $\xi_l^* = 0.47, \xi_r^* = 0.51$。

步骤 3：计算一致性比率。根据式（7.31），计算一致性比率

$$\text{Consistency ratio} = \frac{\max\{0.47, 0.51\}}{3.73} = 0.137 > 0.1 \tag{8.6}$$

不满足一致性条件，则基于式（7.32），给出信息粒优化模型

$$\max_{A_B, A_W \in P(\text{IT2})} Q$$
$$\text{s.t.} \ 2\alpha = \alpha_1 + \alpha_2 \tag{8.7}$$

设定信息粒的阈值 α，进行如下变换

$$\left[c_l(\tilde{a}_{Bj}), c_l(\tilde{a}_{jw}) \right] = \left[\max\left(\frac{1}{9}, c_l(\tilde{a}_{Bj}) - \alpha\left(\frac{8}{9}\right) \right), \min\left(1, c_l(\tilde{a}_{jw}) + \alpha\left(\frac{8}{9}\right) \right) \right] \tag{8.8}$$

将上述结果进一步粒化，得到

$$z = c_l(\tilde{a}_{Bj}) + \left(c_r(\tilde{a}_{jw}) - c_l(\tilde{a}_{Bj}) \right) x \tag{8.9}$$

经过 PSO 算法求解，得到最优参数设置为 $x=300$，学习因子 $c_1 = c_2 = 2$，得到调整（更新）后的最优和最差偏好向量

$$\tilde{A}_B = \left\{ \tilde{\mathbf{7}}(\text{VH}), \tilde{\mathbf{5}}(\text{MH}), \tilde{\mathbf{2}}(\text{VL}), \tilde{\mathbf{4}}(\text{M}), \tilde{\mathbf{1}}(\text{L}) \right\}$$

$$\tilde{A}_W = \left\{ \tilde{\mathbf{1}}(\text{L}), \tilde{\mathbf{3}}(\text{M}), \tilde{\mathbf{5}}(\text{H}), \tilde{\mathbf{4}}(\text{M}), \tilde{\mathbf{7}}(\text{VH}) \right\}$$

根据调整后的最优和最差偏好向量，建立优化模型，得到调整后的解为

$$w_1^* = [0.046, 0.051], \ w_2^* = [0.162, 0.177], \ w_3^* = [0.284, 0.305]$$
$$w_4^* = [0.152, 0.181], \ w_5^* = [0.346, 0.363]$$

和 $\xi_l^* = 0.28, \xi_r^* = 0.32$。在此基础上，计算新的一致性比率为

$$\text{Consistency ratio} = \frac{\max\{0.28, 0.32\}}{3.73} = 0.086 < 0.1 \tag{8.10}$$

显然，计算结果满足一致性要求。

8.3　基于区间二型模糊信息的个性化推荐模型应用

根据 8.2 节中得到的属性权重，结合第 7 章中所提出的推荐模型，下面给出具体的推荐步骤。

步骤 1：利用加权区间二型模糊 Maclaurin 对称平均算子对用户评估的产品在所有属性下的信息进行融合，得到全体用户的综合评分信息，如表 8.5 所示。

表 8.5　基于加权区间二型模糊 Maclaurin 对称平均算子的群用户综合评分矩阵

用户	A_1	A_2	A_3	A_4	A_5	A_6	A_7	A_8	A_9	A_{10}
U_1	M	ML		H	MH		VL	L	MH	M
U_2		VH		MH		M	VL	VL	L	
U_3	MH	VH	H	VL	L	VH		L		VH
U_4	VL	L	ML	L	M	L	VL	H		L
U_5		M	M	VL	VH		L	H		MH
U_6	MH	H		M	VH	MH	L	MH	M	M
U_7	M	VL	L	VH		H	VL	MH	ML	L
U_8	M	L	VL		VH	MH		H	M	ML
U_9	M	ML	ML	VL	VH	MH	VL	H		L
U_{10}	H		ML	VL	MH	H		MH	M	L
U_{11}	MH		ML	MH	H	VL	L	VH	M	H
U_{12}		VH		MH		M	VL	VL	L	
U_{13}	H	MH	M		VH	H	VL		M	VH
U_{14}	VL	L	ML	L	M	L		H		L
U_{15}		M	M	VL	H		L	H		MH
U_{16}	H	H		M	VH	MH		MH	M	M
U_{17}	MH	L	VL	VH		H	VL	MH	ML	L
U_{18}		L	VL		VH	MH		H	M	ML
U_{19}	M	ML	ML	VL	VH	MH	VL	H		L
U_{20}	M		ML	VL	MH	H	L	MH	M	L
U_{21}	H	ML		H	MH		VL	L	MH	M
U_{22}	MH	VH		MH		M	VL	VL	L	
U_{23}	H	VH	H	VL	L	VH		L		VH
U_{24}	L	L	ML	L	M	L	VL	H		L
U_{25}	MH	M	M	VL			L	H		MH
U_{26}	M	H		M	MH	MH	L	MH	M	M
U_{27}	H	VL	L	VH		H	VL	MH	ML	L
U_{28}	MH	L	VL		MH	MH		H	M	ML
U_{29}	MH	ML	ML	VL	VH	MH	VL	H		L
U_{30}	VH		ML	VL	VH	H	L		M	VL

以用户 U_1 对第一部电影 A_1 的综合评分为例，说明具体的计算过程。

$$\text{WIT2FMSM}_{\omega}^{(k)}(\text{VH, MH, M, L, VL})$$
$$= \left[(0.23, 0.31, 0.31, 0.42; 1.00), (0.32, 0.41, 0.31, 0.38; 0.90)\right] \approx \text{M} \tag{8.11}$$

步骤2：利用第7章中提出的信息粒填充方法，将表8.5的稀疏矩阵填充完整，所得结果如表 8.6 所示。

表 8.6　基于填充信息的群用户综合评分矩阵

用户	A_1	A_2	A_3	A_4	A_5	A_6	A_7	A_8	A_9	A_{10}
U_1	M	ML	L#	H	MH	ML#	VL	L	MH	M
U_2	VH#	VH	ML#	MH	VH#	M	VL	VL	L	ML#
U_3	MH	VH	H	VL	L	VH	L#	L	M#	VH
U_4	VL	L	ML	L	M	L	VL	H	MH#	L
U_5	MH#	M	M	VL	VH	MH#	L	H	L#	MH
U_6	MH	H	H#	M	VH	MH	L	MH	M	M
U_7	M	VL	L	VH	MH#	H	VL	MH	ML	L
U_8	M	L	VL	H#	M	MH	ML#	H	M	ML
U_9	M	ML	ML	VL	VH	MH	VL	H	VL#	L
U_{10}	H	M#	ML	VL	MH	H	L	M	M	L
U_{11}	MH	L#	ML	MH	H	VL	L	VH	M	H
U_{12}	VH#	VH	H#	MH	L#	M	VL	VL	L	VH#
U_{13}	H	MH	M	ML#	VH	H	VL	M#	M	VH
U_{14}	VL	L	ML	L	M	L	VL	H	H#	L
U_{15}	ML#	M	M	VL	H	VH#	L	H	VL#	MH
U_{16}	H	H	M#	M	VH	MH	L	MH	M	M
U_{17}	MH	L	VL	VH	H#	H	VL	MH	ML	L
U_{18}	VH#	L	VL	M#	VH	MH	ML#	H	M	ML
U_{19}	M	ML	ML	VL	VH	MH	VL	H	H#	L
U_{20}	M	VL#	ML	VL	MH	M	L	MH	M	L
U_{21}	H	ML	VL#	H	MH	M#	VL	L	MH	M
U_{22}	MH	VH	H#	MH	VH#	M	VL	VL	L	M#
U_{23}	H	VH	H	VL	L	VH	H#	L	M#	VH
U_{24}	L	L	ML	L	M	L	VL	H	ML#	L
U_{25}	MH	M	M	VL	H	M#	L	H	H#	MH

续表

用户	A_1	A_2	A_3	A_4	A_5	A_6	A_7	A_8	A_9	A_{10}
U_{26}	M	H	MH#	M	MH	MH	L	MH	M	M
U_{27}	H	VL	L	VH	H#	H	VL	MH	ML	L
U_{28}	MH	L	VL	M#	MH	MH	ML#	H	M	ML
U_{29}	MH	ML	ML	VL	VH	MH	VL	H	MH#	L
U_{30}	VH	H#	ML	VL	VH	H	L	VL#	M	VL

#为填充的信息粒

步骤3：现有一个目标用户U_*已对其中4部电影进行过评分，对电影A_1的评分值为VH，对电影A_2的评分值为H，对电影A_5的评分值为VL，对电影A_8的评分值为M。首先计算30位用户与目标用户的相似度，确定N个最邻近目标用户（本节中$N=5$），结算结果如下所示。

$$\begin{aligned}
&\mathrm{Sim}(U_*,U_1)=0.735, \quad \mathrm{Sim}(U_*,U_2)=0.626, \quad \mathrm{Sim}(U_*,U_3)=0.845\\
&\mathrm{Sim}(U_*,U_4)=0.802, \quad \mathrm{Sim}(U_*,U_5)=0.743, \quad \mathrm{Sim}(U_*,U_6)=0.627\\
&\mathrm{Sim}(U_*,U_7)=0.878, \quad \mathrm{Sim}(U_*,U_8)=0.812, \quad \mathrm{Sim}(U_*,U_9)=0.524\\
&\mathrm{Sim}(U_*,U_{10})=0.651, \quad \mathrm{Sim}(U_*,U_{11})=0.903, \quad \mathrm{Sim}(U_*,U_{12})=0.726\\
&\mathrm{Sim}(U_*,U_{13})=0.494, \quad \mathrm{Sim}(U_*,U_{14})=0.698, \quad \mathrm{Sim}(U_*,U_{15})=0.737\\
&\mathrm{Sim}(U_*,U_{16})=0.633, \quad \mathrm{Sim}(U_*,U_{17})=0.592, \quad \mathrm{Sim}(U_*,U_{18})=0.927\\
&\mathrm{Sim}(U_*,U_{19})=0.717, \quad \mathrm{Sim}(U_*,U_{20})=0.505, \quad \mathrm{Sim}(U_*,U_{21})=0.638\\
&\mathrm{Sim}(U_*,U_{22})=0.809, \quad \mathrm{Sim}(U_*,U_{23})=0.645, \quad \mathrm{Sim}(U_*,U_{24})=0.723\\
&\mathrm{Sim}(U_*,U_{25})=0.942, \quad \mathrm{Sim}(U_*,U_{26})=0.577, \quad \mathrm{Sim}(U_*,U_{27})=0.691\\
&\mathrm{Sim}(U_*,U_{28})=0.747, \quad \mathrm{Sim}(U_*,U_{29})=0.672, \quad \mathrm{Sim}(U_*,U_{30})=0.766
\end{aligned} \tag{8.12}$$

根据上述计算结果，与目标用户相似度最高的5个用户依次为U_{25}、U_{18}、U_{11}、U_7、U_3。

步骤4：对N个最邻近用户$\{U_k^*\}(k=1,2,\cdots,N)$进行赋权。

$$w(U_k^*)=\frac{\mathrm{Sim}(U_*,U_k^*)}{\displaystyle\sum_{k=1}^{N}\mathrm{Sim}(U_*,U_k^*)} \tag{8.13}$$

根据式(8.13)对5个最邻近用户进行赋权，计算结果如下所示。

$$w(U_{25}^*)=0.209, \quad w(U_{18}^*)=0.206, \quad w(U_{11}^*)=0.201$$

$$w(U_7^*)=0.195, \quad w(U_3^*)=0.189$$

步骤 5：应用加权区间二型模糊 Maclaurin 对称平均算子，得到群用户–属性的综合评分矩阵 $R = \left(r_{ij} \right)_{n \times m}$。

$$\text{WIT2FMSM}_\omega \left(\tilde{r}_{ij}^{(1)}, \tilde{r}_{ij}^{(2)}, \cdots, \tilde{r}_{ij}^{(5)} \right) = \tilde{r}_{ij} \tag{8.14}$$

以全体邻近用户对电影 A_1 在属性 C_1 下的集成值计算为例（在本算例中 $k = 3$）。

$$\text{WIT2FMSM}_\omega^{(k)} \left(\tilde{r}_{11}^{(U_{25}^*)}, \tilde{r}_{11}^{(U_{18}^*)}, \tilde{r}_{11}^{(U_{11}^*)}, \tilde{r}_{11}^{(U_7^*)}, \tilde{r}_{11}^{(U_3^*)} \right)$$

$$= \text{WIT2FMSM}_\omega^{(k)} \left(\text{MH}, \text{VH}, \text{MH}, \text{M}, \text{MH} \right) \tag{8.15}$$

$$= \left[(0.45, 0.52, 0.52, 0.63; 1.00), (0.57, 0.62, 0.62, 0.71; 0.90) \right] \approx \text{MH}$$

群用户–属性评分矩阵如表 8.7 所示。

表 8.7　群用户–属性评分矩阵

全体邻近用户	电影 A_1	电影 A_2	电影 A_3	电影 A_4	电影 A_5	电影 A_6	电影 A_7	电影 A_8	电影 A_9	电影 A_{10}
邻近用户 1	ML	L	ML	VH	VH	MH	VL	VH	H	M
邻近用户 2	VH	VL	M	M	VH	H	L	VH	MH	MH
邻近用户 3	M	VL	VL	ML	MH	H	ML	MH	M	L
邻近用户 4	VH	VL	M	M	VH	H	L	VH	MH	MH
邻近用户 5	MH	L	ML	VL	VH	MH	VL	VH	MH	MH

步骤 6：运用 MULTIMOORA 方法对所有电影进行排序。

根据 7.3.2 小节中给出的区间二型模糊 MULTIMOORA 方法，分别计算比率系统、参考点法、全乘模型下的排序结果，计算结果如表 8.8 所示。

表 8.8　基于区间二型模糊 MULTIMOORA 方法的电影综合排序结果

电影	比率系统			参考点法		全乘模型		
	RS	d_{A_i}	排序	$\max d_j$	排序	y_i	d_{A_i}	排序
A_1	VH	0.75	3	0.34	3	VH	0.95	1
A_2	MH	0.82	1	0.27	1	MH	0.87	2
A_3	H	0.77	2	0.32	2	M	0.64	5
A_4	H	0.45	8	0.52	7	L	0.59	7
A_5	L	0.52	7	0.49	6	VH	0.51	9
A_6	VH	0.67	5	0.37	4	M	0.73	4
A_7	H	0.74	4	0.42	5	H	0.76	3
A_8	VL	0.25	10	0.72	10	ML	0.56	8
A_9	H	0.62	6	0.63	8	VL	0.61	6
A_{10}	MH	0.38	9	0.68	9	L	0.47	10

步骤 7：运用 Bernardo 方法对三种排序结果进行集结，得到最终的排序结果。

基于经典的 Bernardo 线性分配方法，首先给出群体协商矩阵，如表 8.9 所示。

表 8.9　群体协商矩阵

电影	1	2	3	4	5	6	7	8	9	10
A_1	1	0	2	0	0	0	0	0	0	0
A_2	2	1	0	0	0	0	0	0	0	0
A_3	0	2	0	0	1	0	0	0	0	0
A_4	0	0	0	0	0	0	2	1	0	0
A_5	0	0	0	0	0	1	1	0	1	0
A_6	0	0	0	2	1	0	0	0	0	0
A_7	0	0	1	1	1	0	0	0	0	0
A_8	0	0	0	0	0	0	0	1	0	2
A_9	0	0	0	0	0	0	2	0	1	0
A_{10}	0	0	0	0	0	0	0	0	2	1

基于上述群体协商矩阵，建立 Bernardo 优化模型，求解得到 10 部电影的最终排序结果，如表 8.10 所示。

表 8.10　基于 Bernardo-MULTIMOORA 改进的电影综合排序结果

电影	A_1	A_2	A_3	A_4	A_5	A_6	A_7	A_8	A_9	A_{10}
推荐排序	4	8	7	10	1	3	9	2	5	6

步骤 8：针对目标用户 U_* 给出其未评分产品的预测值。

首先我们建立包含目标用户和最邻近用户的群用户综合评分矩阵，具体信息如表 8.11 所示。

表 8.11　群用户综合评分矩阵

全体邻近用户	电影 A_1	电影 A_2	电影 A_3	电影 A_4	电影 A_5	电影 A_6	电影 A_7	电影 A_8	电影 A_9	电影 A_{10}
U_*	VH	H			VL			M		
U_3^*	MH	VH	H	VL	L	VH	L	L	M	VH
U_7^*	M	VL	L	VH	MH	H	VL	MH	ML	H
U_{11}^*	MH	L	ML	MH	H	VL	L	VH	M	H
U_{18}^*	VH	L	VL	M	VH	MH	ML	H	M	ML
U_{25}^*	MH	M	M	VL	H	M	L	H	H	MH

　　然后根据式(8.16)和式(8.17)分别计算针对目标用户待推荐电影的两种预测值。

　　(1)协同过滤预测值：

$$\hat{r}_i^*(\mathrm{CF}) = \overline{r} + \frac{\sum \gamma_k \mathrm{Sim}\left(U_*, U_k^*\right)\left(r_{kj} - \overline{r_k}\right)}{\sum \gamma_k \mathrm{Sim}\left(U_*, U_k^*\right)} \tag{8.16}$$

　　(2)基于内容的预测值：

$$\hat{r}_i^*(\mathrm{CB}) = \overline{r} + \frac{\sum \gamma_k \mathrm{Sim}\left(U_*, U_k^*\right) r_{kj}}{\sum \gamma_k \mathrm{Sim}\left(U_*, U_k^*\right)} \tag{8.17}$$

其中，γ_k 表示在第 k 个产品的 Bernardo 排序结果。

　　计算结果如下

$$\hat{r}_3^*(\mathrm{CF}) = \left[(0.44, 0.64, 0.64, 0.84; 1.00), (0.54, 0.64, 0.64, 0.74; 0.90)\right]$$

$$\hat{r}_4^*(\mathrm{CF}) = \left[(0.23, 0.34, 0.34, 0.51; 1.00), (0.28, 0.34, 0.34, 0.42; 0.90)\right]$$

$$\hat{r}_6^*(\mathrm{CF}) = \left[(0.76, 0.93, 0.93, 0.98; 1.00), (0.85, 0.93, 0.93, 0.96; 0.90)\right]$$

$$\hat{r}_7^*(\mathrm{CF}) = \left[(0.11, 0.15, 0.15, 0.28; 1.00), (0.13, 0.15, 0.15, 0.21; 0.90)\right]$$

$$\hat{r}_9^*(\mathrm{CF}) = \left[(0.59, 0.79, 0.79, 0.94; 1.00), (0.69, 0.79, 0.79, 0.87; 0.90)\right]$$

$$\hat{r}_{10}^*(\mathrm{CF}) = \left[(0.71, 0.88, 0.88, 0.97; 1.00), (0.79, 0.88, 0.88, 0.92; 0.90)\right]$$

和

$$\hat{r}_3^*(\mathrm{CB}) = \left[(0.45, 0.52, 0.52, 0.63; 1.00), (0.49, 0.52, 0.52, 0.71; 0.90)\right]$$

$$\hat{r}_4^*(\mathrm{CB}) = \left[(0.32, 0.47, 0.47, 0.56; 1.00), (0.39, 0.47, 0.47, 0.52; 0.90)\right]$$

$$\hat{r}_6^*(\mathrm{CB}) = \left[(0.82, 0.91, 0.91, 1.00; 1.00), (0.85, 0.91, 0.91, 0.96; 0.90)\right]$$

$$\hat{r}_7^*(\mathrm{CB}) = \left[(0.21, 0.27, 0.27, 0.35; 1.00), (0.25, 0.27, 0.27, 0.32; 0.90)\right]$$

$$\hat{r}_9^*(\mathrm{CB}) = \left[(0.68, 0.81, 0.81, 0.88; 1.00), (0.71, 0.81, 0.81, 0.84; 0.90)\right]$$

$$\hat{r}_{10}^*(\mathrm{CB}) = \left[(0.75, 0.86, 0.86, 0.95; 1.00), (0.79, 0.86, 0.86, 0.72; 0.90)\right]$$

　　步骤 9：对基于用户的协同过滤预测值和基于内容的预测值进行线性组合，利用最优信息粒优化得到最优的组合系数 β。

$$\hat{r}_i^* = \beta \hat{r}_i^*(\mathrm{CF}) + (1 - \beta) \hat{r}_i^*(\mathrm{CB}) \tag{8.18}$$

我们将衡量推荐系统的重要指标——平均绝对误差(mean absolute error,

MAE)作为目标函数，建立信息粒优化模型来观察组合系数取值对 MAE 的影响，结果如图 8.4 所示。

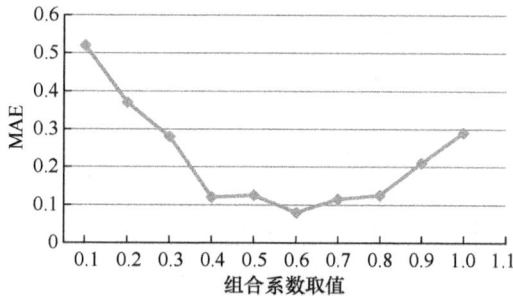

图 8.4　组合系数取值对 MAE 的影响

根据图 8.4，可以看出，对于本算例，当 $\beta = 0.6$ 时，推荐的 MAE 最小。将 $\beta = 0.6$ 代入式 (8.18)，得到待推荐电影的预测得分值：

$$\hat{r}_3^* = \left[(0.444, 0.592, 0.592, 0.756; 1.000), (0.520, 0.592, 0.592, 0.728; 0.900) \right]$$

$$\hat{r}_4^* = \left[(0.266, 0.392, 0.392, 0.530; 1.000), (0.324, 0.392, 0.392, 0.460; 0.900) \right]$$

$$\hat{r}_6^* = \left[(0.784, 0.922, 0.922, 0.988; 1.000), (0.850, 0.922, 0.922, 0.960; 0.900) \right]$$

$$\hat{r}_7^* = \left[(0.150, 0.198, 0.198, 0.308; 1.000), (0.178, 0.198, 0.198, 0.254; 0.900) \right]$$

$$\hat{r}_9^* = \left[(0.626, 0.798, 0.798, 0.916; 1.000), (0.698, 0.798, 0.798, 0.858; 0.900) \right]$$

$$\hat{r}_{10}^* = \left[(0.726, 0.872, 0.872, 0.962; 1.000), (0.790, 0.872, 0.872, 0.840; 0.900) \right]$$

步骤 10：计算所有未评分产品的排序值，根据排序值的大小对目标用户给出推荐结果。

利用 KM 算法计算上述结果的质心区间：

$$\hat{r}_3^* = [0.586, 0.608], \hat{r}_4^* = [0.392, 0.395], \hat{r}_6^* = [0.904, 0.913]$$

$$\hat{r}_7^* = [0.207, 0.214], \hat{r}_9^* = [0.784, 0.788], \hat{r}_{10}^* = [0.843, 0.858]$$

因此，6 部电影的推荐次序为 $A_6 \succ A_{10} \succ A_9 \succ A_3 \succ A_4 \succ A_7$。

为了进一步说明邻近用户数的选取对 MAE 的影响，我们分别计算不同邻近用户数下的 MAE，结果如图 8.5 所示。

从图 8.5 中可以看出，当邻近用户数 $N=5$ 时，推荐系统的 MAE 最小 (0.0574)，因此本算例对邻近用户数的取值是合理的。

同理，为了研究参数 k 的取值对 MAE 的影响，我们分别计算不同参数 $(1 \leqslant k \leqslant 5, k \in Z)$ 下的 MAE，结果如图 8.6 所示。

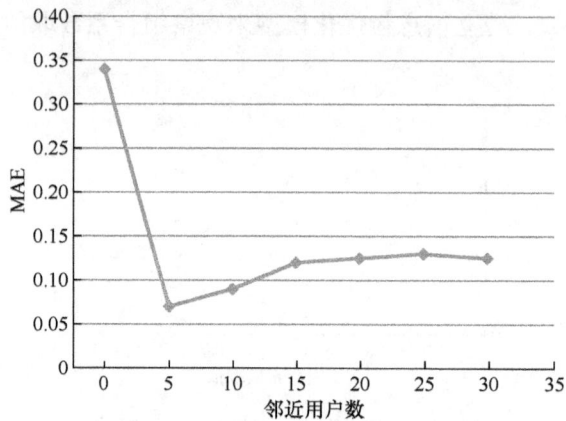

图 8.5　邻近用户数取值对 MAE 的影响

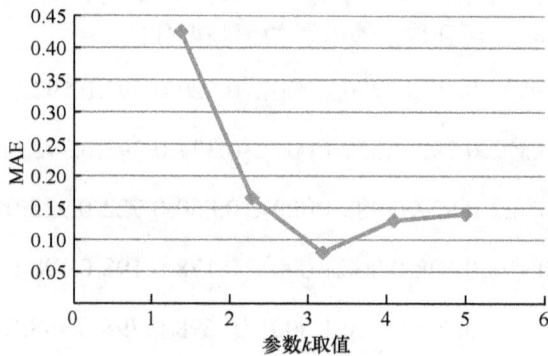

图 8.6　参数 k 取值对 MAE 的影响

从图 8.6 中可以看出，当参数 $k=3$ 时，推荐系统的 MAE 最小（0.0893），因此在本算例中对参数 k 的取值也是合理的。

8.4　对 比 分 析

为了验证方法的有效性，将本章所提出的方法分别与文献[196]和文献[174]中的两种方法进行对比。

(1) 文献[196]中首先采用决策实验分析方法确定属性权重，将本算例中的数据代入，计算得到 5 个属性的权重：$w_1=0.15$，$w_2=0.23$，$w_3=0.08$，$w_4=0.27$，$w_5=0.27$。然后采用经典的 TOPSIS 方法将不同的电影在不同属性下的评分值用贴近度来代替，确定每部电影到最优理想解之间的距离，并进一步计算每部电影与最优理想解之间的贴近度，贴近度越大，则优先进行推荐。计算结果如表 8.12 所示。

表 8.12　基于文献[196]中 DEMATLE-TOPSIS 方法的推荐排序结果

电影	正理想解距离	负理想解距离	贴近度	推荐排序
A_3	0.643	0.375	0.631	4
A_4	0.592	0.357	0.623	5
A_6	0.826	0.214	0.794	1
A_7	0.363	0.346	0.512	6
A_9	0.615	0.322	0.656	3
A_{10}	0.737	0.252	0.745	2

根据表 8.12 的结果不难看出,采用文献[196]中的方法可以得到相同的推荐排序结果，说明本章所提出的方法的可靠性和有效性。

(2)接下来采用 Martínez 等[174]提出的多粒度语言推荐方法，首先，将本例中的二型模糊语言变量降型为一型模糊语言变量。建立基于基本术语集(basic linguistic term set，BLTS)的推荐系统评分矩阵，计算结果如表 8.13 所示。

表 8.13　基于文献[174]中多粒度语言推荐方法的排序结果

电影	C_1	C_2	C_3	C_4	C_5
A_3	(0.00, 0.20, 0.50)	(0.25, 0.40, 0.60)	(0.04, 0.10, 0.20)	(0.47, 0.60, 0.70)	(0.11, 0.30, 0.40)
A_4	(0.00, 0.40, 0.70)	(0.04, 0.17, 0.00)	(0.00, 0.12, 0.25)	(0.23, 0.30, 0.50)	(0.20, 0.44, 0.50)
A_6	(0.00, 0.50, 0.60)	(0.00, 0.12, 0.25)	(0.00, 0.07, 0.15)	(0.12, 0.20, 0.40)	(0.15, 0.20, 0.50)
A_7	(0.00, 0.10, 0.20)	(0.00, 0.07, 0.15)	(0.00, 0.20, 0.50)	(0.00, 0.25, 0.51)	(0.00, 0.30, 0.40)
A_9	(0.20, 0.40, 0.80)	(0.16, 0.20, 0.30)	(0.00, 0.40, 0.70)	(0.17, 0.20, 0.50)	(0.21, 0.30, 0.50)
A_{10}	(0.70, 0.80, 0.90)	(0.09, 0.11, 0.00)	(0.30, 0.50, 0.60)	(0.33, 0.40, 0.50)	(0.07, 0.10, 0.40)

其次，将表 8.13 中的排序结果与参考向量 p_e 进行比较。

$$p_e = \begin{bmatrix} (0.70, 0.80, 0.90) \\ (0.25, 0.40, 0.60) \\ (0.30, 0.50, 0.60) \\ (0.47, 0.60, 0.70) \\ (0.20, 0.44, 0.50) \end{bmatrix} \qquad (8.19)$$

根据式(8.19)计算中心值评价矩阵，结果如表 8.14 所示。

表 8.14　中心值评价矩阵

电影	C_1	C_2	C_3	C_4	C_5
A_3	0.00	5.00	1.63	2.57	4.27
A_4	4.20	7.40	3.00	4.93	5.10
A_6	1.60	2.30	1.29	6.25	4.82
A_7	3.50	6.60	5.42	4.90	2.40
A_9	2.80	4.00	2.63	4.90	3.00
A_{10}	1.90	5.80	4.10	1.82	2.70

最后，计算目标用户和待推荐电影之间的相似度，结果如表 8.15 所示。

表 8.15　电影个性化推荐结果

电影	A_3	A_4	A_6	A_7	A_9	A_{10}
相似度	0.69	0.65	0.91	0.51	0.77	0.86
推荐排序	4	5	1	6	3	2

显然，所得计算结果完全相同。为了进一步说明方法的有效性。我们研究这三种方法的 MAE 曲线，结果如图 8.7 所示。

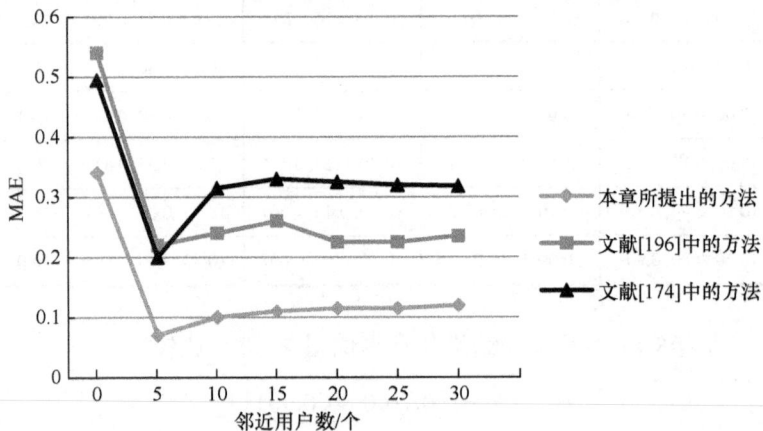

图 8.7　三种方法的比较分析

从图 8.7 中可以看出，在各种邻近用户数的取值下，本章提出的方法的 MAE 均小于其他两种方法所产生的 MAE，进一步说明了本章所提出的方法的有效性。

相比较上述两种方法，本章所提出的方法有以下优点。

（1）能够处理稀疏矩阵的填充问题。文献[196]和文献[174]所给出的两种方法均没有考虑推荐矩阵的稀疏性问题。虽然，可以用基于核的矩阵分解方法或变分优化方法进行求解，但这两种方法都需要处理非线性优化模型，需要运用半定规划(semi-definite programming，SDP)进行求解，当稀疏矩阵的规模较大时，求解是非常困难的。同时，这两种方法对推荐矩阵的稀疏性也是有一定要求的。本章所给出的方法只需要建立简单的信息粒优化模型，模型求解相对简单，只需要通过 PSO 算法或遗传算法(genetic algorithm，GA)等常规智能优化方法便可以进行求解，极大限度地降低了模型求解的计算复杂性。

(2)能够柔性地调节参数的取值，产生比较精确的推荐。文献[196]和文献[174]对推荐系统中参数的取值比较随意，有较强的主观性。本章所给出的方法基于粒计算优化技术，从数据本身通过粒学习(granular learning)来寻找最优的参数设定值，是一种完全基于数据的方法。同时，可以将衡量推荐系统的关键性指标——MAE 作为信息粒建模的目标函数，根据用户的个性化需求来挖掘用户的偏好信息。基于最优信息粒分布的优化模型的解具有很好的鲁棒性，因此，采用本章给出的方法进行参数值设定简单易行，并且具有较高的推荐精度。

(3)能够处理各种不确定形式的推荐系统问题。文献[196]和文献[174]中分别处理的是一型模糊推荐系统和多粒度语言推荐系统。这两种方法仅能针对特定的对象进行研究，对于具有高阶不确定性的推荐系统(如二型模糊推荐系统)，其方法就不适用了。目前，针对二型模糊推荐系统研究的难点主要在于二型模糊集自身计算的复杂性。而粒计算就为解决这一问题提供了一种好的途径。粒计算的范围涵盖区间、模糊集、粗糙集、软集、概率密度函数，也就是说粒计算是相对模糊集更广义的高级表现形式。因此，不管是多么复杂的模糊集，都可以转化为信息粒，我们可以通过信息粒的运算来实现对二型模糊集的各种复杂处理。这样就为将二型模糊集运用于推荐系统提供了一个好的研究切入点。同理，我们可以将这种思想推广到粗糙集、软集、随机模糊集等环境，这样就为处理各种不确定形式的推荐系统提供了一个新的研究思路。

8.5 本 章 小 结

基于多属性决策的个性化推荐是当前推荐系统研究的一个热点问题。尤其是对二型模糊及其他具有高阶不确定性的个性化推荐系统，同时也一直是模糊推荐系统研究中的一个难点问题。本章以个性化电影推荐为例，将所提出的基于 BWM 和 MULTIMOORA 的区间二型模糊多属性个性化推荐模型应用于电影的个性化推荐中。综合运用模糊集理论、决策理论、粒计算方法给出了最优的推荐结果，并在此基础上与两种现有的方法进行了比较分析，所得结果验证了本章提出的方法的有效性。

第 9 章　总结与展望

9.1　本书的主要结果及结论

本书以二型模糊的信息集成与决策方法为研究主题，以个性化推荐系统为研究对象，以五个重要问题为研究主线，开展了系统的、深入的、详细的研究工作，并取得了一些初步的研究成果。本书的主要结论(创新点)可以概括为以下五个方面。

(1)通过引入 Maclaurin 对称平均来研究二型模糊信息的集成方法。提出了一系列基于 Maclaurin 对称平均及其对偶和扩展形式的区间二型模糊信息集成算子。首先，本书所提出的算子能够有效地处理具有多重关联性的二型模糊信息集成问题，克服了 Bonferroni 平均算子只能处理两两具有关联性的信息集成问题的不足。其次，本书所提出的算子除了具有传统信息集成算子所具有的全部性质，还具有参数的单调性，即决策者可以根据自己的风险偏好和实际需要选择合适的参数对复杂环境下的决策信息进行融合，因此具有较好的柔性和鲁棒性。同时，本书所提出的算子(族)还能够衍生出一系列的区间二型模糊 OWA 算子[加权的有序加权平均(weighted ordered weighted average，WOWA)算子和导引有序加权平均(induced ordered weighted average，IOWA)算子]，并且这些算子都具有很好的解析性质，较 Chiclana 和 Zhou[72]提出的基于模糊扩展原理的二型模糊 OWA 算子，无论是在计算的复杂性方面还是在集成结果精确性方面都有较大程度的提高。

(2)基于三种初等平均算子(算术、几何、调和)，结合组合优化的思想，提出了一种新的区间二型模糊组合排序值方法，该方法相较于现有的区间二型模糊集的排序方法，如质心区间(KM 算法)排序法、变异系数排序法、符号距离排序法、可能度排序法等，不但满足线性序，还满足 admissible 序，并且从数学的角度来看，能够形成一个完备格。具有非常漂亮的性质和简洁的结果，在一定程度上解决了具有特殊形式(三角、梯形、多边形)区间二型模糊集的排序问题，在理论上有一定的创新。并且该结果得到了广泛的认可和应用，已在信息科学领域的高水平杂志上发表。

(3)基于二型模糊信息的多属性决策方法是模糊决策领域的一个难点问题。相较于传统的一型模糊集决策和其他扩展模糊集决策(直觉模糊决策、犹豫模糊决策、毕达哥拉斯模糊决策)来说，其研究相对匮乏。目前，基于二型模糊决策的研究仅限于对传统多属性决策方法的简单拓展，缺乏新颖和深刻、系统的结果。同时，已有研究中忽视了对数据驱动和行为因素的思考，使得其处理复杂决策环境下的二型模糊决策问题存在一定的缺陷。鉴于行为决策和数据驱动已经成为管理决策科学领域当前的两大研究热点，如何将人的行为偏好和专家知识有机地结合起来，以数据驱动代替模型驱动，是在二型模糊决策领域中的一个十分有意义的问题。本书首先从行为决策的角度出发，将前景理论与经典的 VIKOR 方法结合，充分考虑不确定环境下的动态参考点选择问题，提出了基于前景理论和 VIKOR 方法的区间二型模糊决策方法，并将其应用于高科技风险投资项目的评估推荐系统中。同时，进一步将行为经济学中的 FTP 效用函数引入区间二型模糊决策问题的研究中，针对大数据驱动的管理决策特征，提出了基于模糊聚类思想的二型模糊决策方法求解大规模复杂决策问题。为研究区间二型模糊行为决策方法做了有益的探讨。同时，结合多目标优化理论，针对决策者偏好信息所具有的高阶不确定性和复杂性，提出了基于 LINMAP 的区间二型模糊优化决策模型，该模型采用二型模糊信息对决策者的偏好进行度量，得到偏好序关系下的二型模糊 LINMAP 决策模型。该模型除了能对具有高阶不确定偏好信息进行更好的描述，还能从根本上避免求解过程中平凡解的产生。并与 Chen[109] 所提出的方法进行了比较分析，分析结果表明，本书所提出的方法更具有一般性，即在一定的条件下，文献[109]中的模型只是本书研究的特例。这些方法的提出，进一步丰富了二型模糊决策问题的理论体系，为进一步研究基于广义二型模糊信息及数据驱动的二型模糊决策问题奠定了理论基础。

(4) 目前，个性化推荐系统面临三个关键的瓶颈问题：稀疏性、冷启动和可扩展性。其中，稀疏性的研究是最为关键的，也是理论研究的热点问题。现有的方法往往对矩阵的稀疏程度有一定的要求（不能过于稀疏），同时，其基本的分析工具为矩阵分解、变分优化等，许多问题最后归结为求解一个半定规划问题，在数学上处理的难度较大，因此在实际中比较难以运用。本书中，我们以目前计算智能中最为有效的工具——粒计算为研究的切入点，充分运用其强大的数据挖掘和知识表达能力，以特异性和覆盖率两个决策属性为依据，建立了基于最优信息粒分布的个性化稀疏矩阵的填充方法，该方法建模思想简单，同时求解方法也较为简便。并且具有很好的鲁棒性，为个性化模糊推荐系统稀疏性的研究提供了一种全新的思路。

(5) 基于多属性决策方法的推荐系统研究目前才刚刚起步。目前，在文献中还没有将多属性决策方法和二型模糊集理论结合运用在个性化推荐系统中的研究。本书将目前两种较新颖的决策方法——BWM 和 MULTIMOORA 方法进行融合，结合信息粒优化的技术，分别从协同过滤和基于内容两个方面进行研究，提出了基于 BWM 和 MULTIMOORA 的区间二型模糊多属性个性化推荐模型，并将其应用于电影的个性化推荐系统中。一方面在基于二型模糊信息的多属性个性化评估推荐系统上进行一些有益的探索；另一方面对研究大数据背景下的管理与决策起到了一定的推动作用。因此，本书的研究具有较好的理论意义和应用价值。

9.2 展　　望

本书虽然取得了一些有价值的研究成果，但在许多方面还有待进一步的完善与改进。

(1) 本书所给出的区间二型模糊信息集成算子虽然较现有的信息集成算子有一定程度的改进，但在实际信息集成过程中，参数的选择是一个关键的问题，如何根据决策者的风险偏好选择合适的参数是一个非常重要的理论问题，有待后续进一步的研究。

(2) 本书探讨了多种二型模糊的多属性决策方法，但主要集中于对区间二型模糊决策理论与方法的探讨，对于广义二型模糊决策方法几乎没有涉及，其主要原因在于广义二型模糊的高计算复杂性。目前对于广义二型模糊决策的研究一直是理论上的难点问题，有深刻结果和实质性进展的研究很少。目前，作者已经从粒计算的视角对广义二型模糊的决策问题进行了研究，并取得了一些阶段性的成果，后续将主要从决策信息粒化、决策信息建模及粒模型求解三个方面对广义二型模糊的决策理论与方法进行研究。

(3) 本书重点关注了个性化推荐系统稀疏性问题的解决方法，对于冷启动和可扩展性问题的研究还不深入。同时对用户偏好的挖掘及社会网络等行为因素的提取方面还未涉及，这些问题有待后续进一步深入研究。

(4) 本书对于粒计算视角下的多属性区间二型模糊个性化推荐模型，仅研究了基于协同过滤和内容推荐的混合算法，对基于关联规则、知识发现及其他的混合推荐算法研究得比较少。

除此之外，对研究问题的凝练不足及对理论探讨方面还不够深入也是本书研究需要改进的方面。在后续的研究中，将重点针对以下四个方面进行系统的、深入的研究。

(1) 从粒计算的视角来研究二型模糊的信息集成与决策方法。建立二型模糊集与信息粒的转换机制，把复杂的二型模糊计算问题转化为相对简单的粒计算问题，实现真正意义上的词计算，为广义二型模糊决策问题的研究提供一个新的视角。同时，对本书中提出的最优信息粒模型进行改进，将目标函数中的单目标、单属性优化变为多目标、多属性的协同优化，同时在约束条件中加入动态因子，建立新的鲁棒优化模型。充分利用粒计算在数据处理方面的强大能力，开展基于大数据的二型模糊决策方法研究，实现由模型驱动向数据驱动的决策范式转变。

（2）将粒计算方法与优化方法进行结合，研究多源异构信息的稀疏矩阵填充方法。利用特征选择和机器学习等方法，研究异构信息的融合机制，给出非线性粒优化模型与线性锥优化模型的转化方法，借助线性锥优化模型良好的解析性质，研究推荐矩阵的稀疏优化理论与算法、算法的收敛性及灵敏度分析方法，建立一套相对严格的系数推荐矩阵填充方法，从理论上保证模型和算法的有效性与可靠性。

（3）考虑将用户的行为特征和社会网络关系纳入个性化推荐系统的研究中。将行为经济学中的行为决策理论与社会网络中的信任关系、"小世界"等联系起来，研究用户个性化偏好信息的提取方法，以及社会网络结构对推荐结果的影响。运用 OWA 算子对个性化偏好信息进行提取与挖掘。同时，运用图论中的 Hamilton（哈密顿）联通图来研究社会网络的拓扑性质，找出在社会网络关系下用户之间的影响关系，进一步探究考虑社会成员信任关系的个性化推荐算法。

（4）进一步研究基于多属性决策的评估推荐系统。改进个性化推荐系统的平均决策误差的单一评价标准，研究最佳邻近用户的动态调整方法，建立用户的行为偏好与推荐商品效用之间的双边匹配方法。同时针对大数据背景下的多属性评估推荐系统，分别研究基于主成分分析（principal component analysis，PCA）、偏最小二乘（partial least squares，PLA）和流形学习（manifold learning）的属性降维模型。研究属性动态调整的个性化推荐算法，针对基于多种决策方法融合的评估推荐模型，给出其组合系数的确定方法。

随着大数据时代的来临，基于个性化信息的商务推荐也迎来了新的挑战。随着"互联网+"的兴起，推荐系统的研究也逐渐由个性化推荐向精准化推荐转变。因此，在今后的研究中，在对基于社会网络的个性化模糊推荐问题进行研究的基础上，需要探究如何实现推荐结果的精准化，以及采用模糊理论方法实现精准的推荐。同时，充分考虑大数据决策的特征，厘清数据驱动与模型驱动之间的关系，实现二型模糊决策的研究范式由线性化向扁平化的转变，逐步探索全景式二型模糊决策的新理论、新框架和新手段。以此为基础，进一步深入研究基于大数据驱动的二型模糊个性化和精准化推荐模型，并将其应用到在线商务的个性化和精准化推荐中。

参 考 文 献

[1] 刘建国, 周涛, 汪秉宏. 个性化推荐系统的研究进展. 自然科学进展, 2009, 19(1): 1-15.

[2] 刘建国, 周涛, 郭强, 等. 个性化推荐系统评价方法综述. 复杂系统与复杂性科学, 2009, 6(3): 1-10.

[3] Ricci F, Rokach L, Shapira B. Introduction to Recommender Systems Handbook. Boston: Springer, 2011.

[4] Adomavicius G, Tuzhilin A. Toward the next generation of recommender systems: a survey of the state-of-the-art and possible extensions. IEEE Transactions on Knowledge and Data Engineering, 2005, 17(6): 734-749.

[5] Manouselis N, Costopoulou C. Analysis and classification of multi-criteria recommender systems. World Wide Web, 2007, 10(4): 415-441.

[6] 周涛. 个性化推荐技术的十大挑战. 程序员, 2012, 6: 107-111.

[7] 陈国青, 王刊良, 郭迅华, 等. 新兴电子商务: 参与者行为. 北京: 清华大学出版社, 2013.

[8] 陈国青, 熊辉, 曹永知, 等. 新兴电子商务: 深度模式分析与不确定性建模. 北京: 清华大学出版社, 2013.

[9] Cao Y, Li Y. An intelligent fuzzy-based recommendation system for consumer electronic products. Expert Systems with Applications, 2007, 33(1): 230-240.

[10] Frankel F, Reid R. Big data: distilling meaning from data. Nature, 2008, 455(7209): 30.

[11] 李国杰, 程学旗. 大数据研究: 未来科技及经济社会发展的重大战略领域——大数据的研究现状与科学思考. 中国科学院院刊, 2012, 27(6): 647-657.

[12] 徐宗本, 冯芷艳, 郭迅华, 等. 大数据驱动的管理与决策前沿课题. 管理世界, 2014, (11): 158-163.

[13] 冯芷艳, 郭迅华, 曾大军, 等. 大数据背景下商务管理研究若干前沿课题. 管理科学学报, 2013, 16(1): 1-9.

[14] 孟小峰, 慈祥. 大数据管理: 概念、技术与挑战. 计算机研究与发展, 2013, 50(1): 146-169.

[15] Zadeh L A. Fuzzy sets. Information and Control, 1965, 8(3): 338-353.

[16] Dubois D, Prade H. The legacy of 50 years of fuzzy sets: a discussion. Fuzzy Sets and Systems, 2015, 281: 21-31.

[17] Zadeh L A. Fuzzy logic—a personal perspective. Fuzzy Sets and Systems, 2015, 281: 4-20.

[18] Munda G, Nijkamp P, Rietveld P. Qualitative multi-criteria methods for fuzzy evaluation problems: an illustration of economic-ecological evaluation. European Journal of Operational Research, 1995, 82(1): 79-97.

[19] Petrovic D, Roy R, Petrovic R. Supply chain modelling using fuzzy sets. International Journal of Production Economics, 1999, 59(1/3): 443-453.

[20] Pishvaee M S, Torabi S A. A possibilistic programming approach for closed-loop supply chain network design under uncertainty. Fuzzy Sets and Systems, 2010, 161(20): 2668-2683.

[21] Lertworasirikul S, Fang S C, Joines J A, et al. Fuzzy data envelopment analysis(DEA): a possibility approach. Fuzzy Sets and Systems, 2003, 139(2): 379-394.

[22] Wang L X. Stable adaptive fuzzy control of nonlinear systems. IEEE Transactions on Fuzzy Systems, 1993, 1(2): 146-155.

[23] Pedrycz W. Fuzzy neural networks and neurocomputations. Fuzzy Sets and Systems, 1993, 56(1): 1-28.

[24] Bellman R E, Zadeh L A. Decision-making in a fuzzy environment. Management Science, 1970, 17(4): 141-164.

[25] Yager R R. Pythagorean membership grades in multicriteria decision making. IEEE Transactions on Fuzzy Systems, 2014, 22(4): 958-965.

[26] Yager R R. Fuzzy decision making including unequal objectives. Fuzzy Sets and Systems, 1978, 1(2): 87-95.

[27] Slowinski R. Fuzzy Sets in Decision Analysis, Operations Research and Statistics. New York: Springer Science & Business Media, 2012.

[28] Kacprzyk J. Group decision making with a fuzzy linguistic majority. Fuzzy Sets and Systems, 1986, 18(2): 105-118.

[29] Pedrycz W, Ekel P, Parreiras R. Fuzzy Multicriteria Decision-Making: Models, Methods and Applications. Berkeley: John Wiley & Sons, 2011.

[30] Xu Z, Liao H. Intuitionistic fuzzy analytic hierarchy process. IEEE Transactions on Fuzzy Systems, 2014, 22(4): 749-761.

[31] Rodriguez R M, Martinez L, Herrera F. Hesitant fuzzy linguistic term sets for decision making. IEEE Transactions on Fuzzy Systems, 2012, 20(1): 109-119.

[32] Herrera-Viedma E, Martinez L, Mata F, et al. A consensus support system model for group decision-making problems with multigranular linguistic preference relations. IEEE Transactions on Fuzzy Systems, 2005, 13(5): 644-658.

[33] Zadeh L A. The concept of a linguistic variable and its application to approximate reasoning—I. Information Sciences, 1975, 8(3): 199-249.

[34] Mendel J M, Wu D. Perceptual reasoning for perceptual computing. IEEE Transactions on Fuzzy Systems, 2008, 16(6): 1550-1564.

[35] 莫红, 王飞跃. 语言动力系统与二型模糊逻辑. 合肥: 中国科学技术大学出版社, 2013.

[36] Mendel J M. Uncertain Rule-Based Fuzzy Systems: Introduction and New Directions. New York: Springer, 2017.

[37] Mendel J M, John R I B. Type-2 fuzzy sets made simple. IEEE Transactions on Fuzzy Systems, 2002, 10(2): 117-127.

[38] Karnik N N, Mendel J M. Operations on type-2 fuzzy sets. Fuzzy Sets and Systems, 2001, 122(2): 327-348.

[39] Karnik N N, Mendel J M. Centroid of a type-2 fuzzy set. Information Sciences, 2001, 132(1): 195-220.

[40] Mendel J M. Type-2 fuzzy sets and systems: an overview. IEEE Computational Intelligence Magazine, 2007, 2(1): 20-29.

[41] Mendel J M. Advances in type-2 fuzzy sets and systems. Information Sciences, 2007, 177(1): 84-110.

[42] Wu D, Mendel J M. Enhanced Karnik-Mendel algorithms. IEEE Transactions on Fuzzy Systems, 2009, 17(4): 923-934.

[43] Liu X, Mendel J M, Wu D. Study on enhanced Karnik-Mendel algorithms: initialization explanations and computation improvements. Information Sciences, 2012, 184(1): 75-91.

[44] Liu X, Mendel J M. Connect Karnik-Mendel algorithms to root-finding for computing the centroid of an interval type-2 fuzzy set. IEEE Transactions on Fuzzy Systems, 2011, 19(4): 652-665.

[45] Mendel J M, Liu F, Zhai D. α-plane representation for type-2 fuzzy sets: theory and applications. IEEE Transactions on Fuzzy Systems, 2009, 17(5): 1189-1207.

[46] Zhai D, Mendel J M. Uncertainty measures for general type-2 fuzzy sets. Information Sciences, 2011, 181(3): 503-518.

[47] Zhai D, Mendel J M. Computing the centroid of a general type-2 fuzzy set by means of the centroid-flow algorithm. IEEE Transactions on Fuzzy Systems, 2011, 19(3): 401-422.

[48] Zhai D, Mendel J M. Enhanced centroid-flow algorithm for computing the centroid of general type-2 fuzzy sets. IEEE Transactions on Fuzzy Systems, 2012, 20(5): 939-956.

[49] Wu D, Mendel J M. Uncertainty measures for interval type-2 fuzzy sets. Information Sciences, 2007, 177(23): 5378-5393.

[50] Wu D, Mendel J M. Linguistic summarization using IF-THEN rules and interval type-2 fuzzy sets. IEEE Transactions on Fuzzy Systems, 2011, 19(1): 136-151.

[51] Wu D, Mendel J M, Coupland S. Enhanced interval approach for encoding words into interval type-2 fuzzy sets and its convergence analysis. IEEE Transactions on Fuzzy Systems, 2012, 20(3): 499-513.

[52] Hao M, Mendel J M. Similarity measures for general type-2 fuzzy sets based on the α-plane representation. Information Sciences, 2014, 277: 197-215.

[53] Mendel J M. General type-2 fuzzy logic systems made simple: a tutorial. IEEE Transactions on Fuzzy Systems, 2014, 22(5): 1162-1182.

[54] Hagras H. Type-2 FLCs: a new generation of fuzzy controllers. IEEE Computational Intelligence Magazine, 2007, 2(1): 30-43.

[55] Wagner C, Hagras H. Toward general type-2 fuzzy logic systems based on zSlices. IEEE Transactions on Fuzzy Systems, 2010, 18(4): 637-660.

[56] Hagras H, Alghazzawi D M, Aldabbagh G. Employing type-2 fuzzy logic systems in the efforts to realize ambient intelligent environments [Application Notes]. IEEE Computational Intelligence Magazine, 2015, 10(1): 44-51.

[57] Bernardo D, Hagras H, Tsang E. A genetic type-2 fuzzy logic-based system for the generation of summarised linguistic predictive models for financial applications. Soft Computing, 2013, 17(12): 2185-2201.

[58] Hagras H, Wagner C. Towards the wide spread use of type-2 fuzzy logic systems in real world applications. IEEE Computational Intelligence Magazine, 2012, 7(3): 14-24.

[59] 莫红, 王涛. 广义区间二型模糊集合的词计算. 自动化学报, 2012, 38(5): 707-715.

[60] 莫红, 王飞跃, 肖志权, 等. 基于区间二型模糊集合的语言动力系统稳定性. 自动化学报,

2011, 37(8): 1018-1024.

[61] 莫红, 王飞跃, 赵亮. 一一映射下区间二型模糊集合的语言动力学轨迹. 模式识别与人工智能, 2010, 23(2): 144-147.

[62] 陈薇, 孙增圻. 二型模糊系统研究与应用. 模糊系统与数学, 2005, 19(1): 126-135.

[63] 赵涛, 肖建. 基于包含度的区间二型模糊粗糙集. 自动化学报, 2013, 39(10): 1714-1721.

[64] 赵涛, 肖建. 二型直觉模糊集. 控制理论与应用, 2012, 29(9): 1215-1222.

[65] 邓廷权, 王占江, 汪培培, 等. 二型模糊集的模糊熵研究. 控制与决策, 2012, 27(3): 408-412.

[66] 张伟斌, 胡怀中, 刘文江. 路口群落交通流的区间二型模糊预测与多级模糊控制. 系统工程理论与实践, 2008, 28(7): 111-118.

[67] 胡怀中, 赵戈, 杨华南. 一种区间型二型模糊集重心的快速解法. 控制与决策, 2010, 25(4): 637-640.

[68] 潘永平, 黄道平, 孙宗海. Ⅱ型模糊控制综述. 控制理论与应用, 2011, 28(1): 13-23.

[69] Mendel J M, John R, Liu F. Interval type-2 fuzzy logic systems made simple. IEEE Transactions on Fuzzy Systems, 2006, 14(6): 808-821.

[70] Bustince Sola H, Fernandez J, Hagras H, et al. Interval type-2 fuzzy sets are generalization of interval-valued fuzzy sets: towards a wider view on their relationship. IEEE Transactions on Fuzzy Systems, 2015, 23(5): 1876-1882.

[71] Zhou S M, John R I, Chiclana F, et al. On aggregating uncertain information by type-2 OWA operators for soft decision making. International Journal of Intelligent Systems, 2010, 25(6): 540-558.

[72] Chiclana F, Zhou S M. Type-reduction of general type-2 fuzzy sets: the type-1 OWA approach. International Journal of Intelligent Systems, 2013, 28(5): 505-522.

[73] Gong Y, Hu N, Zhang J, et al. Multi-attribute group decision making method based on geometric Bonferroni mean operator of trapezoidal interval type-2 fuzzy numbers. Computers & Industrial Engineering, 2015, 81: 167-176.

[74] Qin J, Liu X. Frank aggregation operators for triangular interval type-2 fuzzy set and its application in multiple attribute group decision making. Journal of Applied Mathematics, 2014, 2014: 1-24.

[75] Wu D, Mendel J M. Aggregation using the linguistic weighted average and interval type-2 fuzzy sets. IEEE Transactions on Fuzzy Systems, 2007, 15(6): 1145-1161.

[76] Liu X, Mendel J M, Wu D. Analytical solution methods for the fuzzy weighted average. Information Sciences, 2012, 187: 151-170.

[77] Liu X, Wang Y M. An analytical solution method for the generalized fuzzy weighted average problem. International Journal of Uncertainty, Fuzziness and Knowledge-Based Systems, 2013, 21(3): 455-480.

[78] Wu Q, Wang F, Zhou L, et al. Method of multiple attribute group decision making based on 2-dimension interval type-2 fuzzy aggregation operators with multi-granularity linguistic information. International Journal of Fuzzy Systems, 2017, 19(6): 1880-1903.

[79] Qin J. Interval type-2 fuzzy Hamy mean operators and their application in multiple criteria

decision making. Granular Computing, 2017, 2(4): 249-269.

[80] Saaty T L, Vargas L G. Models, Methods, Concepts & Applications of the Analytic Hierarchy Process. New York: Springer Science & Business Media, 2012.

[81] Saaty T L. The modern science of multicriteria decision making and its practical applications: the AHP/ANP approach. Operations Research, 2013, 61(5): 1101-1118.

[82] Zimmermann H J. Fuzzy Sets, Decision Making, and Expert Systems. New York: Springer Science & Business Media, 2012.

[83] Xu Z, Cai X. Uncertain power average operators for aggregating interval fuzzy preference relations. Group Decision and Negotiation, 2012, 21(3): 381-397.

[84] Liu X, Pan Y, Xu Y, et al. Least square completion and inconsistency repair methods for additively consistent fuzzy preference relations. Fuzzy Sets and Systems, 2012, 198: 1-19.

[85] Zhu B, Xu Z. Consistency measures for hesitant fuzzy linguistic preference relations. IEEE Transactions on Fuzzy Systems, 2014, 22(1): 35-45.

[86] Dong Y, Chen X, Herrera F. Minimizing adjusted simple terms in the consensus reaching process with hesitant linguistic assessments in group decision making. Information Sciences, 2015, 297: 95-117.

[87] Herrera-Viedma E, Herrera F, Chiclana F, et al. Some issues on consistency of fuzzy preference relations. European Journal of Operational Research, 2004, 154(1): 98-109.

[88] Tanino T. Fuzzy preference orderings in group decision making. Fuzzy Sets and Systems, 1984, 12(2): 117-131.

[89] Gong Z, Xu X, Zhang H, et al. The consensus models with interval preference opinions and their economic interpretation. Omega, 2015, 55: 81-90.

[90] Wu J, Chiclana F. A social network analysis trust-consensus based approach to group decision-making problems with interval-valued fuzzy reciprocal preference relations. Knowledge-Based Systems, 2014, 59: 97-107.

[91] Saaty T L. A scaling method for priorities in hierarchical structures. Journal of Mathematical Psychology, 1977, 15(3): 234-281.

[92] Kahraman C, Öztayşi B, Sarı İ U, et al. Fuzzy analytic hierarchy process with interval type-2 fuzzy sets. Knowledge-Based Systems, 2014, 59: 48-57.

[93] Abdullah L, Najib L. A new type-2 fuzzy set of linguistic variables for the fuzzy analytic hierarchy process. Expert Systems with Applications, 2014, 41(7): 3297-3305.

[94] Pedrycz W, Song M. Analytic hierarchy process(AHP)in group decision making and its optimization with an allocation of information granularity. IEEE Transactions on Fuzzy Systems, 2011, 19(3): 527-539.

[95] Pedrycz W, Song M. A granulation of linguistic information in AHP decision-making problems. Information Fusion, 2014, 17: 93-101.

[96] Wu T, Liu X W, Liu S L. A fuzzy ANP with interval type-2 fuzzy sets approach to evaluate enterprise technological innovation ability. IEEE International Conference on Fuzzy System (Fuzzy-IEEE), 2015: 1-8.

[97] Chen S M, Lee L W. Fuzzy multiple criteria hierarchical group decision-making based on

interval type-2 fuzzy sets. IEEE Transactions on Systems Man and Cybernetics-Part A Systems and Humans, 2010, 40(5): 1120-1128.

[98] Chen T Y. Likelihoods of interval type-2 trapezoidal fuzzy preference relations and their application to multiple criteria decision analysis. Information Sciences, 2015, 295: 303-322.

[99] Chen T Y. An interval type-2 fuzzy PROMETHEE method using a likelihood-based outranking comparison approach. Information Fusion, 2015, 25: 105-120.

[100] Chen T Y. A PROMETHEE-based outranking method for multiple criteria decision analysis with interval type-2 fuzzy sets. Soft Computing, 2014, 18(5): 923-940.

[101] Chen T Y. An interval type-2 fuzzy technique for order preference by similarity to ideal solutions using a likelihood-based comparison approach for multiple criteria decision analysis. Computers & Industrial Engineering, 2015, 85: 57-72.

[102] Chen S M, Lee L W. Fuzzy multiple attributes group decision-making based on the interval type-2 TOPSIS method. Expert Systems with Applications, 2010, 37(4): 2790-2798.

[103] Sang X, Liu X. An analytical solution to the TOPSIS model with interval type-2 fuzzy sets. Soft Computing, 2016, 20(3): 1213-1230.

[104] Runkler T, Coupland S, John R. Interval type-2 fuzzy decision making. International Journal of Approximate Reasoning, 2017, 80: 217-224.

[105] Qin J, Liu X, Pedrycz W. A multiple attribute interval type-2 fuzzy group decision making and its application to supplier selection with extended LINMAP method. Soft Computing, 2017, 21(12): 3207-3226.

[106] Chen T Y, Chang C H, Lu J R. The extended QUALIFLEX method for multiple criteria decision analysis based on interval type-2 fuzzy sets and applications to medical decision making. European Journal of Operational Research, 2013, 226(3): 615-625.

[107] Ghorabaee M K, Amiri M, Sadaghiani J S, et al. Multiple criteria group decision-making for supplier selection based on COPRAS method with interval type-2 fuzzy sets. The International Journal of Advanced Manufacturing Technology, 2014, 75(5/8): 1115-1130.

[108] Ghorabaee M K, Amiri M, Sadaghiani J S, et al. Multi-criteria project selection using an extended VIKOR method with interval type-2 fuzzy sets. International Journal of Information Technology & Decision Making, 2015, 14(5): 993-1016.

[109] Chen T Y. An ELECTRE-based outranking method for multiple criteria group decision making using interval type-2 fuzzy sets. Information Sciences, 2014, 263: 1-21.

[110] 胡军华, 张砚. 基于相似度的区间二型模糊多准则群决策方法. 系统工程与电子技术, 2013, 35(6): 1242-1248.

[111] Baležentis T, Zeng S. Group multi-criteria decision making based upon interval-valued fuzzy numbers: an extension of the MULTIMOORA method. Expert Systems with Applications, 2013, 40(2): 543-550.

[112] Chen T Y. A linear assignment method for multiple-criteria decision analysis with interval type-2 fuzzy sets. Applied Soft Computing, 2013, 13(5): 2735-2748.

[113] Chen T Y. An interval type-2 fuzzy LINMAP method with approximate ideal solutions for multiple criteria decision analysis. Information Sciences, 2015, 297: 50-79.

[114] Chen T Y. An interactive method for multiple criteria group decision analysis based on interval type-2 fuzzy sets and its application to medical decision making. Fuzzy Optimization and Decision Making, 2013, 12(3): 323-356.

[115] Wang J C, Tsao C Y, Chen T Y. A likelihood-based QUALIFLEX method with interval type-2 fuzzy sets for multiple criteria decision analysis. Soft Computing, 2015,19(8): 2225-2243.

[116] Wang J C, Chen T Y. A simulated annealing-based permutation method and experimental analysis for multiple criteria decision analysis with interval type-2 fuzzy sets. Applied Soft Computing, 2015, 36: 57-69.

[117] Balin A, Baraçli H. A fuzzy multi-criteria decision making methodology based upon the interval type-2 fuzzy sets for evaluating renewable energy alternatives in Turkey. Technological and Economic Development of Economy, 2017, 23(5): 742-763.

[118] Bozdag E, Asan U, Soyer A, et al. Risk prioritization in failure mode and effects analysis using interval type-2 fuzzy sets. Expert Systems with Applications, 2015, 42(8): 4000-4015.

[119] Sang X, Liu X. An interval type-2 fuzzy sets-based TODIM method and its application to green supplier selection. Journal of the Operational Research Society, 2016, 67(5): 722-734.

[120] Wang J Q, Yu S M, Wang J, et al. An interval type-2 fuzzy number based approach for multi-criteria group decision-making problems. International Journal of Uncertainty, Fuzziness and Knowledge-Based Systems, 2015, 23(4): 565-588.

[121] Han Z, Wang J, Zhang H, et al. Group multi-criteria decision making method with triangular type-2 fuzzy numbers. International Journal of Fuzzy Systems, 2016, 18(4): 673-684.

[122] Wang W, Liu X, Qin Y. Multi-attribute group decision making models under interval type-2 fuzzy environment. Knowledge-Based Systems, 2012, 30: 121-128.

[123] Mendel J M. A comparison of three approaches for estimating (synthesizing) an interval type-2 fuzzy set model of a linguistic term for computing with words. Granular Computing, 2016, 1(1): 59-69.

[124] Wu T, Liu X, Qin J. A linguistic solution for double large-scale group decision-making in e-commerce. Computers & Industrial Engineering, 2018, 116: 97-112.

[125] Zhong L, Yao L. An ELECTRE I-based multi-criteria group decision making method with interval type-2 fuzzy numbers and its application to supplier selection. Applied Soft Computing, 2017, 57: 556-576.

[126] Qin J, Liu X, Pedrycz W. An extended TODIM multi-criteria group decision making method for green supplier selection in interval type-2 fuzzy environment. European Journal of Operational Research, 2017, 258(2): 626-638.

[127] Chiang J. Fuzzy linear programming based on statistical confidence interval and interval-valued fuzzy set. European Journal of Operational Research, 2001, 129(1): 65-86.

[128] Chen T Y. Multiple criteria group decision-making with generalized interval-valued fuzzy numbers based on signed distances and incomplete weights. Applied Mathematical Modelling, 2012, 36(7): 3029-3052.

[129] Chen T Y. A signed-distance-based approach to importance assessment and multi-criteria group decision analysis based on interval type-2 fuzzy set. Knowledge and Information Systems,

2013, 35(1): 193-231.

[130] Chen T Y. An interactive signed distance approach for multiple criteria group decision-making based on simple additive weighting method with incomplete preference information defined by interval type-2 fuzzy sets. International Journal of Information Technology & Decision Making, 2014, 13(5): 979-1012.

[131] Mitchell H B. Ranking type-2 fuzzy numbers. IEEE Transactions on Fuzzy Systems, 2006, 14(2): 287-294.

[132] Chen S M, Yang M W, Lee L W, et al. Fuzzy multiple attributes group decision-making based on ranking interval type-2 fuzzy sets. Expert Systems with Applications, 2012, 39(5): 5295-5308.

[133] Gong Y, Feng L, Liu G. Fuzzy multi-attribute group decision making method with incomplete weight information under interval type-2 fuzzy environment. Journal of Intelligent & Fuzzy Systems, 2014, 27(1): 307-316.

[134] Qin J, Liu X. Multi-attribute group decision making using combined ranking value under interval type-2 fuzzy environment. Information Sciences, 2015, 297: 293-315.

[135] Sang X, Liu X. Possibility mean and variation coefficient based ranking methods for type-1 fuzzy numbers and interval type-2 fuzzy numbers. Journal of Intelligent & Fuzzy Systems, 2016, 30(4): 2157-2168.

[136] Chen S M, Wang C Y. Fuzzy decision making systems based on interval type-2 fuzzy sets. Information Sciences, 2013, 242: 1-21.

[137] Celik E, Bilisik O N, Erdogan M, et al. An integrated novel interval type-2 fuzzy MCDM method to improve customer satisfaction in public transportation for Istanbul. Transportation Research Part E: Logistics and Transportation Review, 2013, 58: 28-51.

[138] Qin J, Liu X, Pedrycz W. An extended VIKOR method based on prospect theory for multiple attribute decision making under interval type-2 fuzzy environment. Knowledge-Based Systems, 2015, 86: 116-130.

[139] Hu J, Xiao K, Chen X, et al. Interval type-2 hesitant fuzzy set and its application in multi-criteria decision making. Computers & Industrial Engineering, 2015, 87: 91-103.

[140] 胡军华, 蓝霞, 陈鹏. 基于区间梯形二型犹豫模糊数的多准则决策方法. 控制与决策, 2015, 30(5): 780-788.

[141] Atanassov K T. Intuitionistic fuzzy sets. Fuzzy Sets and Systems, 1986, 20(1): 87-96.

[142] Torra V. Hesitant fuzzy sets. International Journal of Intelligent Systems, 2010, 25(6): 529-539.

[143] Naim S, Hagras H. A hybrid approach for multi-criteria group decision making based on interval type-2 fuzzy logic and intuitionistic fuzzy evaluation. 2012 IEEE International Conference on Fuzzy Systems(FUZZ-IEEE), 2012.

[144] Naim S, Hagras H. A type 2-hesitation fuzzy logic based multi-criteria group decision making system for intelligent shared environments. Soft Computing, 2014, 18(7): 1305-1319.

[145] Chen S M, Hong J A. Fuzzy multiple attributes group decision-making based on ranking interval type-2 fuzzy sets and the TOPSIS method. IEEE Transactions on Systems, Man, and Cybernetics: Systems, 2014, 44(12): 1665-1673.

[146] Onar C S, Oztaysi B, Kahraman C. Strategic decision selection using hesitant fuzzy TOPSIS and interval type-2 fuzzy AHP: a case study. International Journal of Computational Intelligence Systems, 2014, 7(5): 1002-1021.

[147] Liu K, Liu Y, Qin J. An integrated ANP-VIKOR methodology for sustainable supplier selection with interval type-2 fuzzy sets. Granular Computing, 2018, 3(3): 1-16.

[148] Naim S, Hagras H. A general type-2 fuzzy logic based approach for multi-criteria group decision making. 2013 IEEE International Conference on Fuzzy Systems(FUZZ-IEEE), 2013.

[149] Bilgin A, Hagras H, Malibari A, et al. Towards a linear general type-2 fuzzy logic based approach for computing with words. Soft Computing, 2013, 17(12): 2203-2222.

[150] Ngan S C. A type-2 linguistic set theory and its application to multi-criteria decision making. Computers & Industrial Engineering, 2013, 64(2): 721-730.

[151] 王坚强, 韩知秋. 基于二型三角诱导 OWA 算子的多准则决策方法. 控制与决策, 2013, 28(7): 1037-1040, 1054.

[152] 易明. 基于 Web 挖掘的个性化信息推荐. 北京: 科学出版社, 2010.

[153] 项亮. 推荐系统实践. 北京: 人民邮电出版社, 2012.

[154] 金淳, 张一平. 基于 Agent 的顾客行为及个性化推荐仿真模型. 系统工程理论与实践, 2013, 33(2): 463-472.

[155] 詹尼士 D, 赞克 M, 弗里德里克 G. 推荐系统. 蒋凡译. 北京: 人民邮电出版社, 2013.

[156] Karacapilidis N, Hatzieleftheriou L. Exploiting similarity measures in multi-criteria based recommendations//Bauknecht K, Tjoa A M, Quirchmayr G. E-Commerce and Web Technologies. Heidelberg: Springer, 2003: 424-434.

[157] Leung C W, Chan S C, Chung F. A collaborative filtering framework based on fuzzy association rules and multiple-level similarity. Knowledge and Information Systems, 2006, 10(3): 357-381.

[158] Lee D S, Kim G Y, Choi H I. A web-based collaborative filtering system. Pattern Recognition, 2003, 36(2): 519-526.

[159] Komkhao M, Lu J, Li Z, et al. Incremental collaborative filtering based on Mahalanobis distance and fuzzy membership for recommender systems. International Journal of General Systems, 2013, 42(1): 41-66.

[160] Astrain J J, Echarte F, Cordoba A, et al. Clustering method for social network annotations. IEEE Latin America Transactions, 2010, 8(1): 88-93.

[161] Li Y M, Kao C P. TREPPS: a trust-based recommender system for peer production services. Expert Systems with Applications, 2009, 36(2): 3263-3277.

[162] 黄洪, 杨卓俊, 王奔. 模糊逻辑在电子商务商品推荐系统中的应用. 计算机系统应用, 2012, 21(3): 171-175.

[163] Zhang Z, Lin H, Liu K, et al. A hybrid fuzzy-based personalized recommender system for telecom products/services. Information Sciences, 2013, 235: 117-129.

[164] Zenebe A, Norcio A F. Representation, similarity measures and aggregation methods using fuzzy sets for content-based recommender systems. Fuzzy Sets and Systems, 2009, 160(1): 76-94.

[165] Lu H, Chen Y, Dai H. Clothing recommendation based on fuzzy mathematics. International Journal of Advanced Operations Management, 2013, 5(1): 14-30.

[166] Lee S. Personal recommendation based on a user's understanding. Computer Applications in Engineering Education, 2012, 20(1): 62-71.

[167] 牟向伟, 陈燕. 基于模糊描述逻辑的个性化推荐系统建模. 计算机应用研究, 2011, 28(4): 1429-1433.

[168] 那日萨, 钟佳丰. 基于消费者在线评论的模糊智能产品推荐系统. 系统工程, 2013, 31(11): 116-120.

[169] Porcel C, López-Herrera A G, Herrera-Viedma E. A recommender system for research resources based on fuzzy linguistic modeling. Expert Systems with Applications, 2009, 36(3): 5173-5183.

[170] Wu D, Zhang G, Lu J. A fuzzy preference tree-based recommender system for personalized business-to-business e-services. IEEE Transactions on Fuzzy Systems, 2015, 23(1): 29-43.

[171] Mohanty B K, Passi K. Agent based e-commerce systems that react to buyers' feedbacks-A fuzzy approach. International Journal of Approximate Reasoning, 2010, 51(8): 948-963.

[172] Yager R R. Fuzzy logic methods in recommender systems. Fuzzy Sets and Systems, 2003, 136(2): 133-149.

[173] Ciaramella A, Cimino M G C A, Lazzerini B, et al. A situation-aware resource recommender based on fuzzy and semantic web rules. International Journal of Uncertainty, Fuzziness and Knowledge-Based Systems, 2010, 18(4): 411-430.

[174] Martínez L, Barranco M J, Pérez L G, et al. A knowledge based recommender system with multigranular linguistic information. International Journal of Computational Intelligence Systems, 2008, 1(3): 225-236.

[175] Wong W K, Leung S Y S, Guo Z X, et al. Intelligent product cross-selling system with radio frequency identification technology for retailing. International Journal of Production Economics, 2012, 135(1): 308-319.

[176] Rodríguez R M, Espinilla M, Sánchez P J, et al. Using linguistic incomplete preference relations to cold start recommendations. Internet Research, 2010, 20(3): 296-315.

[177] Herrera F, Herrera-Viedma E. Linguistic decision analysis: steps for solving decision problems under linguistic information. Fuzzy Sets and Systems, 2000, 115(1): 67-82.

[178] Cheng L C, Wang H A. A fuzzy recommender system based on the integration of subjective preferences and objective information. Applied Soft Computing, 2014, 18: 290-301.

[179] Nguyen T T S, Lu H Y, Lu J. Web-page recommendation based on web usage and domain knowledge. IEEE Transactions on Knowledge and Data Engineering, 2014, 26(10): 2574-2587.

[180] 刘胜日. 基于模糊概念格的影视个性化推荐研究. 浙江理工大学硕士学位论文, 2013.

[181] 崔春生. 电子商务推荐系统的理论与应用研究. 北京: 经济科学出版社, 2013.

[182] 崔春生. 基于集团序方法的推荐系统输出. 系统工程理论实践, 2013, 33(7): 1845-1851.

[183] Martinez-Cruz C, Porcel C, Bernabé-Moreno J, et al. A model to represent users trust in recommender systems using ontologies and fuzzy linguistic modeling. Information Sciences,

2015, 311: 102-118.

[184] Li M, Liu L, Li C B. An approach to expert recommendation based on fuzzy linguistic method and fuzzy text classification in knowledge management systems. Expert Systems with Applications, 2011, 38(7): 8586-8596.

[185] Heinonen P, Mannelin M, Iskala H, et al. Development of a fuzzy expert system for a nutritional guidance application. IFSA-EUSFLAT Conference, 2009.

[186] Kant V, Bharadwaj K K. Fuzzy computational models of trust and distrust for enhanced recommendations. International Journal of Intelligent Systems, 2013, 28(4): 332-365.

[187] Boratto L, Carta S, Fenu G. Investigating the role of the rating prediction task in granularity-based group recommender systems and big data scenarios. Information Sciences, 2017, 378: 424-443.

[188] Nilashi M, Ibrahim O B, Ithnin N, et al. A multi-criteria recommendation system using dimensionality reduction and neuro-fuzzy techniques. Soft Computing, 2015, 19(11): 3173-3207.

[189] Park H S, Park M H, Cho S B. Mobile information recommendation using multi-criteria decision making with Bayesian network. International Journal of Information Technology & Decision Making, 2015, 14(2): 317-338.

[190] Fuchs M, Zanker M. Multi-Criteria Ratings for Recommender Systems: An Empirical Analysis in the Tourism Domain. Heidelberg: Springer, 2012.

[191] Hdioud F, Frikh B, Ouhbi B. Multi-criteria recommender systems based on multi-attribute decision making. Proceedings of International Conference on Information Integration and Web-Based Applications & Services, 2013.

[192] del Vasto-Terrientes L, Valls A, Zielniewicz P, et al. A hierarchical multi-criteria sorting approach for recommender systems. Journal of Intelligent Information Systems, 2016, 46(2): 313-346.

[193] Soui M, Ghedira K, Abed M. A novel multi-criteria decision making approach for personalisation system. International Journal of Services and Operations Management, 2014, 19(2): 191-211.

[194] 王茜, 杨莉云, 杨德礼. 面向用户偏好的属性值评分分布协同过滤算法. 系统工程学报, 2010, 25(4): 561-568.

[195] 梁昌勇, 冷亚军, 王勇胜, 等. 电子商务推荐系统中群体用户推荐问题研究. 中国管理科学, 2013, 21(3): 153-158.

[196] 张文力. 结合模糊数学与多目标决策方法的混合多准则推荐系统. 电子科技大学硕士学位论文, 2013.

[197] 朱国玮, 周利. 基于遗忘函数和领域最近邻的混合推荐研究. 管理科学学报, 2012, 15(5): 55-64.

[198] 陈秀明, 刘业政. 多粒度犹豫模糊语言环境下未知权重的多属性群推荐方法. 控制与决策, 2016, 31(9): 1631-1637.

[199] Victor P, Cornelis C, de Cock M, et al. Gradual trust and distrust in recommender systems. Fuzzy Sets and Systems, 2009, 160(10): 1367-1382.

[200] Tajeddine A, Kayssi A, Chehab A, et al. Fuzzy reputation-based trust model. Applied Soft

Computing, 2011, 11 (1): 345-355.

[201] Su Z, Li M, Guo C, et al. Fuzzy set theory-based trust models in multi-agent environment. Journal of Internet Technology, 2012, 13 (1): 159-172.

[202] Serrano-Guerrero J, Herrera-Viedma E, Olivas J A, et al. A google wave-based fuzzy recommender system to disseminate information in university digital libraries 2.0. Information Sciences, 2011, 181 (9): 1503-1516.

[203] Deng S, Huang L, Xu G. Social network-based service recommendation with trust enhancement. Expert Systems with Applications, 2014, 41 (18): 8075-8084.

[204] Luo J, Liu X, Fan M. A trust model based on fuzzy recommendation for mobile ad-hoc networks. Computer Networks, 2009, 53 (14): 2396-2407.

[205] 邢星. 社交网络个性化推荐方法研究. 大连海事大学博士学位论文, 2013.

[206] Wu Z, Wu H. An agent-based fuzzy recommendation system using shoppers' preferences for e-commerce application. International Journal of Uncertainty, Fuzziness and Knowledge-Based Systems, 2010, 18 (4): 471-492.

[207] Castro J, Yera R, Martínez L. An empirical study of natural noise management in group recommendation systems. Decision Support Systems, 2017, 94: 1-11.

[208] Li Y M, Wu C T, Lai C Y. A social recommender mechanism for e-commerce: combining similarity, trust, and relationship. Decision Support Systems, 2013, 55 (3): 740-752.

[209] Lee C S, Wang M H. A fuzzy expert system for diabetes decision support application. IEEE Transactions on Systems, Man, and Cybernetics, Part B: Cybernetics, 2011, 41 (1): 139-153.

[210] Lee C S, Wang M H, Hagras H. A type-2 fuzzy ontology and its application to personal diabetic-diet recommendation. IEEE Transactions on Fuzzy Systems, 2010, 18 (2): 374-395.

[211] Lee C S, Wang M H, Lan S T. Adaptive personalized diet linguistic recommendation mechanism based on type-2 fuzzy sets and genetic fuzzy markup language. IEEE Transactions on Fuzzy Systems, 2015, 23 (5): 1777-1802.

[212] Almohammadi K, Hagras H, Yao B, et al. A type-2 fuzzy logic recommendation system for adaptive teaching. Soft Computing, 2017, 21 (4): 965-979.

[213] Akay D, Kulak O, Henson B. Conceptual design evaluation using interval type-2 fuzzy information axiom. Computers in Industry, 2011, 62 (2): 138-146.

[214] Cheng S H, Chen S M, Huang Z C. Autocratic decision making using group recommendations based on ranking interval type-2 fuzzy sets. Information Sciences, 2016, 361: 135-161.

[215] Lu J, Wu D, Mao M, et al. Recommender system application developments: a survey. Decision Support Systems, 2015, 74: 12-32.

[216] Buder J, Schwind C. Learning with personalized recommender systems: a psychological view. Computers in Human Behavior, 2012, 28 (1): 207-216.

[217] Lu J, Shambour Q, Xu Y, et al. BizSeeker: a hybrid semantic recommendation system for personalized government-to-business e-services. Internet Research, 2010, 20 (3): 342-365.

[218] Wang W, Wang Z. Total orderings defined on the set of all fuzzy numbers. Fuzzy sets and Systems, 2014, 243: 131-141.

[219] 朱岩, 林泽楠. 电子商务中的个性化推荐方法评述. 中国软科学, 2009, (2): 183-192.

[220] 赵亮, 胡乃静, 张守志. 个性化推荐算法设计. 计算机研究与发展, 2002, 39(8): 986-991.

[221] 崔春生. 基于泛函网络的组合推荐算法. 系统工程理论实践, 2014, 34(4): 1034-1042.

[222] 李杰, 徐勇, 王云峰, 等. 面向个性化推荐的强关联规则挖掘. 系统工程理论与实践, 2009, 29(8): 144-152.

[223] 伍之昂, 曹杰. 电子商务推荐系统导论. 北京: 科学出版社, 2014.

[224] Maclaurin C. A second letter to Martin Folkes, Esq.; concerning the roots of equations, with the demonstration of other rules in algebra. Philosophical Transactions, 1729, 36: 59-96.

[225] Bonferroni C. Sulle medie multiple di potenze. Bollettino dell'Unione Matematica Italiana, 1950, 5(3/4): 267-270.

[226] Xu Z, Yager R R. Intuitionistic fuzzy Bonferroni means. IEEE Transactions on Systems, Man, and Cybernetics, Part B: Cybernetics, 2011, 41(2): 568-578.

[227] Zhu B, Xu Z S. Hesitant fuzzy Bonferroni means for multi-criteria decision making. Journal of the Operational Research Society, 2013, 64(12): 1831-1840.

[228] Zhu B, Xu Z, Xia M. Hesitant fuzzy geometric Bonferroni means. Information Sciences, 2012, 205: 72-85.

[229] 匡继昌. 常用不等式. 济南: 山东科学技术出版社, 2004.

[230] Qin J, Liu X. An approach to intuitionistic fuzzy multiple attribute decision making based on Maclaurin symmetric mean operators. Journal of Intelligent & Fuzzy Systems, 2014, 27(5): 2177-2190.

[231] Zhang X, Haining Z. S-geometric convexity of a function involving Maclaurin's elementary symmetric mean. Journal of Inequalities in Pure and Applied Mathematics, 2007, 8(2): 156-165.

[232] 石焕南. 受控理论与解析不等式. 哈尔滨: 哈尔滨工业大学出版社, 2012.

[233] Spearman C. The proof and measurement of association between two things. The American Journal of Psychology, 1987, 100(3/4): 441-471.

[234] 中国科技论文在线. 在线简介. http://www.paper.edu.cn/templates/introduction.shtml[2003-08-11].

[235] Dubois D, Prade H. Ranking fuzzy numbers in the setting of possibility theory. Information Sciences, 1983, 30(3): 183-224.

[236] Chen S M, Wang C H. Fuzzy risk analysis based on ranking fuzzy numbers using α-cuts, belief features and signal/noise ratios. Expert Systems with Applications, 2009, 36(3): 5576-5581.

[237] Wang Y M, Yang J B, Xu D L, et al. On the centroids of fuzzy numbers. Fuzzy sets and systems, 2006, 157(7): 919-926.

[238] Abbasbandy S, Hajjari T. A new approach for ranking of trapezoidal fuzzy numbers. Computers & Mathematics with Applications, 2009, 57(3): 413-419.

[239] Ezzati R, Allahviranloo T, Khezerloo S, et al. An approach for ranking of fuzzy numbers. Expert Systems with Applications, 2012, 39(1): 690-695.

[240] Gong Y. The new weighted magnitude mean value and variance of fuzzy numbers. Journal of Intelligent & Fuzzy Systems, 2014, 26(5): 2303-2313.

[241] Zimmermann H J. Fuzzy Set Theory—and Its Applications. 4 ed. New York: Springer Science & Business Media, 2001.

[242] 罗承忠. 模糊集引论. 2 版. 北京: 北京师范大学出版社, 2007.

[243] Bustince H, Fernández J, Kolesárová A, et al. Generation of linear orders for intervals by means of aggregation functions. Fuzzy Sets and Systems, 2013, 220: 69-77.

[244] Yager R R. On ordered weighted averaging aggregation operators in multicriteria decisionmaking. IEEE Transactions on Systems, Man and Cybernetics, 1988, 18(1): 183-190.

[245] Liu X, Chen L. On the properties of parametric geometric OWA operator. International Journal of Approximate Reasoning, 2004, 35(2): 163-178.

[246] Horn R A, Johnson C R. Matrix Analysis. New York: Cambridge University Press, 2012.

[247] 陈宝林. 最优化理论与算法. 2 版. 北京: 清华大学出版社, 2005.

[248] Srinivasan V, Shocker A D. Linear programming techniques for multidimensional analysis of preferences. Psychometrika, 1973, 38(3): 337-369.

[249] Wan S P, Li D F. Fuzzy LINMAP approach to heterogeneous MADM considering comparisons of alternatives with hesitation degrees. Omega, 2013, 41(6): 925-940.

[250] Li D F. Extension of the LINMAP for multiattribute decision making under Atanassov's intuitionistic fuzzy environment. Fuzzy Optimization and Decision Making, 2008, 7(1): 17-34.

[251] Zhang X, Xu Z. Interval programming method for hesitant fuzzy multi-attribute group decision making with incomplete preference over alternatives. Computers & Industrial Engineering, 2014, 75: 217-229.

[252] Hajiagha S H R, Hashemi S S, Zavadskas E K, et al. Extensions of LINMAP model for multi criteria decision making with grey numbers. Technological and Economic Development of Economy, 2012, 18(4): 636-650.

[253] 岳超源. 决策理论与方法. 北京: 科学出版社, 2003.

[254] Park K S, Kim S H. Tools for interactive multiattribute decisionmaking with incompletely identified information. European Journal of Operational Research, 1997, 98(1): 111-123.

[255] Gomes L, Lima M. TODIM: Basics and application to multicriteria ranking of projects with environmental impacts. Foundations of Computing and Decision Sciences, 1992, 16(4): 113-127.

[256] Chen S J, Chen S M. Fuzzy risk analysis based on similarity measures of generalized fuzzy numbers. IEEE Transactions on Fuzzy Systems, 2003, 11(1): 45-56.

[257] Li D F. A ratio ranking method of triangular intuitionistic fuzzy numbers and its application to MADM problems. Computers & Mathematics with Applications, 2010, 60(6): 1557-1570.

[258] Zeng W, Li H. Relationship between similarity measure and entropy of interval valued fuzzy sets. Fuzzy Sets and Systems, 2006, 157(11): 1477-1484.

[259] Hu J, Zhang Y, Chen X, et al. Multi-criteria decision making method based on possibility degree of interval type-2 fuzzy number. Knowledge-Based Systems, 2013, 43: 21-29.

[260] 刘思峰, 谢乃明. 灰色系统理论及其应用. 4 版. 北京: 科学出版社, 2008.

[261] Liu S, Lin Y. Grey Information: Theory and Practical Applications. London: Springer-Verlag, 2006.

[262] Liu S, Forrest J Y L. Grey Systems: Theory and Applications. Heidelberg: Springer, 2010.

[263] Conniffe D. The flexible three parameter utility function. Annals of Economics and Finance,

2007, 8(1): 57-63.

[264] Houthakker H S. Revealed preference and the utility function. Economica, 1950, 17(66): 159-174.

[265] Abbas A E. Moments of utility functions and their applications. European Journal of Operational Research, 2007, 180(1): 378-395.

[266] Xie D. Power risk aversion utility functions. EconWPA, 2002.

[267] Fishburn P C. Condorcet social choice functions. SIAM Journal on Applied Mathematics, 1977, 33(3): 469-489.

[268] Gao J, Li M, Liu H. Generalized ordered weighted utility averaging-hyperbolic absolute risk aversion operators and their applications to group decision-making. European Journal of Operational Research, 2015, 243(1): 258-270.

[269] Kahneman D, Tversky A. Prospect theory: an analysis of decision under risk. Econometrica: Journal of the Econometric Society, 1979, 47 (2): 263-291.

[270] Tversky A, Kahneman D. Advances in prospect theory: cumulative representation of uncertainty. Journal of Risk and Uncertainty, 1992, 5(4): 297-323.

[271] Abdellaoui M, Bleichrodt H, Paraschiv C. Loss aversion under prospect theory: a parameter-free measurement. Management Science, 2007, 53(10): 1659-1674.

[272] Schmidt U, Starmer C, Sugden R. Third-generation prospect theory. Journal of Risk and Uncertainty, 2008, 36(3): 203-223.

[273] Liu Y, Fan Z P, Zhang Y. Risk decision analysis in emergency response: a method based on cumulative prospect theory. Computers & Operations Research, 2014, 42: 75-82.

[274] Henderson V. Prospect theory, liquidation, and the disposition effect. Management Science, 2012, 58(2): 445-460.

[275] Pasquariello P. Prospect theory and market quality. Journal of Economic Theory, 2014, 149: 276-310.

[276] Schmidt U, Zank H. Risk aversion in cumulative prospect theory. Management Science, 2008, 54(1): 208-216.

[277] Opricovic S. Multicriteria optimization of civil engineering systems. Faculty of Civil Engineering, Belgrade, 1998, 2(1): 5-21.

[278] Wakker P P. Prospect Theory: For Risk and Ambiguity. New York: Cambridge University Press, 2010.

[279] Tversky A, Kahneman D. The framing of decisions and the psychology of choice. Science, 1981, 211(4481): 453-458.

[280] Tom S M, Fox C R, Trepel C, et al. The neural basis of loss aversion in decision-making under risk. Science, 2007, 315(5811): 515-518.

[281] Levy M, Levy H. Prospect theory: much ado about nothing?. Management Science, 2002, 48(10): 1334-1349.

[282] Bleichrodt H, Pinto J L, Wakker P P. Making descriptive use of prospect theory to improve the prescriptive use of expected utility. Management Science, 2001, 47(11): 1498-1514.

[283] Wu G, Markle A B. An empirical test of gain-loss separability in prospect theory. Management

Science, 2008, 54(7): 1322-1335.

[284] Baltussen G, Post T, van Vliet P. Violations of cumulative prospect theory in mixed gambles with moderate probabilities. Management Science, 2006, 52(8): 1288-1290.

[285] Bleichrodt H, Keskin U, Rohde K I M, et al. Discounted utility and present value-a close relation. Operations Research, 2015, 63(6): 1420-1430.

[286] 徐泽水. 不确定多属性决策方法及应用. 北京：清华大学出版社, 2004.

[287] 徐玖平, 陈建中. 群决策理论与方法及实现. 北京：清华大学出版社, 2009.

[288] Liu P, Zhang X, Liu W. A risk evaluation method for the high-tech project investment based on uncertain linguistic variables. Technological Forecasting and Social Change, 2011, 78(1): 40-50.

[289] 史宁中. 统计检验的理论与方法. 北京：科学出版社, 2008.

[290] Cabrerizo F J, Herrera-Viedma E, Pedrycz W. A method based on PSO and granular computing of linguistic information to solve group decision making problems defined in heterogeneous contexts. European Journal of Operational Research, 2013, 230(3): 624-633.

[291] Pedrycz W, Skowron, A, Kreinovich, V. Handbook of Granular Computing. Chichester: John Wiley & Sons, 2008.

[292] Pedrycz W. Granular computing: an introduction. Proceedings Joint 9th IFSA World Congress and 20th NAFIPS International Conference, 2001.

[293] Bargiela A, Pedrycz W. Granular Computing: An Introduction. New York: Springer Science & Business Media, 2012.

[294] Bargiela A, Pedrycz W. Toward a theory of granular computing for human-centered information processing. IEEE Transactions on Fuzzy Systems, 2008, 16(2): 320-330.

[295] Zadeh L A. Fuzzy logic = computing with words. IEEE Transactions on Fuzzy Systems, 1996, 4(2): 103-111.

[296] Pedrycz W. Knowledge-Based Clustering: From Data to Information Granules. Chichester: John Wiley & Sons, 2005.

[297] Pedrycz W, Al-Hmouz R, Balamash A S, et al. Hierarchical granular clustering: an emergence of information granules of higher type and higher order. IEEE Transactions on Fuzzy Systems, 2015, 23(6): 2270-2283.

[298] Gacek A, Pedrycz W. Clustering granular data and their characterization with information granules of higher type. IEEE Transactions on Fuzzy Systems, 2015, 23(4): 850-860.

[299] Pedrycz W. Granular Computing: Analysis and Design of Intelligent Systems. Raton: CRC Press, 2013.

[300] Pedrycz W, Homenda W. Building the fundamentals of granular computing: a principle of justifiable granularity. Applied Soft Computing, 2013, 13(10): 4209-4218.

[301] Pedrycz W, Bargiela A. An optimization of allocation of information granularity in the interpretation of data structures: toward granular fuzzy clustering. IEEE Transactions on Systems, Man, and Cybernetics, Part B: Cybernetics, 2012, 42(3): 582-590.

[302] Pedrycz W. Granular Computing: An Emerging Paradigm. New York: Springer Science & Business Media, 2001.

[303] Yao Y. Three-way decisions with probabilistic rough sets. Information Sciences, 2010, 180(3):341-353.

[304] 于洪, 王国胤, 李天瑞, 等. 三支决策: 复杂问题求解方法与实践. 北京: 科学出版社, 2015.

[305] Vandereycken B. Low-rank matrix completion by Riemannian optimization. SIAM Journal on Optimization, 2013, 23(2): 1214-1236.

[306] 张立卫, 吴佳, 张艺. 变分分析与优化. 北京: 科学出版社, 2013.

[307] Ben-Tal A, Nemirovski A. Robust optimization-methodology and applications. Mathematical Programming, 2002, 92(3): 453-480.

[308] Rezaei J. Best-worst multi-criteria decision-making method. Omega, 2015, 53: 49-57.

[309] Rezaei J. Best-worst multi-criteria decision-making method: some properties and a linear model. Omega, 2016, 64: 126-130.

[310] Saaty T L. The Analytic Hierarchy Process. New York: McGraw-Hill, 1980.

[311] Brauers W K M, Zavadskas E K. Project management by MULTIMOORA as an instrument for transition economies. Technological and Economic Development of Economy, 2010, 16(1): 5-24.

[312] Bernardo J J. An assignment approach to choosing R&D experiments. Decision Sciences, 1977, 8(2): 489-501.

[313] Wu D, Lu J, Zhang G. A fuzzy tree matching-based personalized e-learning recommender system. IEEE Transactions on Fuzzy Systems, 2015, 23(6): 2412-2426.

[314] Castro J, Lu J, Zhang G, et al. Opinion dynamics-based group recommender systems. IEEE Transactions on Systems, Man, and Cybernetics: Systems, 2018, 48(12): 2394-2406.

[315] Porcel C, Herrera-Viedma E. Dealing with incomplete information in a fuzzy linguistic recommender system to disseminate information in university digital libraries. Knowledge-Based Systems, 2010, 23(1): 32-39.

[316] Yera R, Castro J, Martínez L. A fuzzy model for managing natural noise in recommender systems. Applied Soft Computing, 2016, 40: 187-198.